爺們的天空

金門學術研究略論

羅志平　著

▍自序

　　這應該是一本正經八百的學術論述，卻用了一個有點譁眾取寵的書名。剛開始我也很掙扎，好在還有一個副標題，讀者不致於被誤導，但要講清楚二者之間的關係，也不容易。金門是一個還沒有完全被「異化」的傳統閩南社會，雖然近年來女權意識抬頭，一些金門籍的傑出女性，在各行各業引領風騷，但在金門的家族傳統、宗族文化中，仍然沒有話語權。

　　基本上，金門是一個以男性為主的宗族社會。首先，它曾是戰地，駐守著十萬大軍，是英雄島，是男孩變成男人的轉運站，淡水河邊的men's talk，內容多數與金門有關。半世紀前的那場戰役，在古寧頭的地表平添了數座不知名的墳塚；在太武山的上空則盤旋著幾縷未能落葉歸根的幽魂。金門人怕他們作祟，為之立廟祭拜，尊之為「將軍爺」，這些爺們受王爺管轄。金門的王爺很多，至少有40幾個姓，以蘇府和池府王爺最著名；城隍爺更是金門重要的信仰，後浦城隍祭，經常是萬人空巷；還有不太受約束，原在村頭路口，逐漸跑到特產店的風獅爺，快要變成金門的代言人。金門人利用不全然是宗教的信仰，虔誠地奉祀這些爺們。此外，金門的古聖先賢、英雄豪傑，也都享有爺們的待遇，像是「牧馬侯」、「南明魯王」「延平郡王」、「胡璉將軍」，以及兩位「蔣總統」，都是金門人心中的爺。還有，金門人甚多長壽，隨便喊一聲爺爺，會有很多人回應。

　　這些是金門人共同的爺，還有各宗祠、各家戶的爺。每到祭祖吃頭時節，現在的爺們，換上古代爺們穿的長袍馬褂，跪在宗祠始祖考妣牌位前，向祖先報告，子孫綿延，這是爺們的特權與責任。歷史，簡單的說，就是從爺爺的爺爺一直以來的故事。沒有祖先，就沒有我們，叫人

一聲爺爺，或被人叫聲爺爺，都是令人愉快的事。沒有三代同堂，哪來爺爺，爺爺一詞代表「幸福」，必須活得久，才能嚐到此等況味。看看爺爺們做過哪些事、說過哪些話；想些什麼、要些什麼；穿什麼、吃什麼，這一切的一切，簡稱為「學術研究」。

我其實不太敢用「學術研究」一詞，即便已當了十幾年的教授，仍覺學術深度不夠。這本書，名為「略論」，顯示有點心虛，嚴格說來，只能算是個人的讀書報告。金門有很多類似的調查報告，但那是拿公部門的錢，接受委託，所以要報告。我自己花錢做研究，無須向人報告。正因為不為什麼而寫，可以稍微隨興一點，在遣詞用字上，賣弄幾句自以為是的幽默。

因為沒有人幫忙寫序，只好自己讚美自己。要弄出這樣一本書真的不容易，聰明才智還在其次，最苦的是時間與體力。在一個「視茫茫、髮蒼蒼、齒牙動搖」的年紀，手指頭常不聽使喚，鍵盤愈敲愈無力，想好的句子會突然忘記，一旦停頓之後，就再也接不下去。這本書的部份章節是在教授休假時所寫，回來上課後就再沒去理它，一放就是兩年，以致很多資料未及時更新。不過，話說回來，金門學術研究，新人不時冒出頭，作品累積的程度，遠超過我翻書的速度，我再怎麼努力也追不上他們的進度。

這書既然是因「教授休假研究」而來，自然要感謝我任職的學校。我在義守大學生活了將近四分之一世紀，資歷已到了想要退休便可申請的時候。這個學校給了我一個可以安身立命的位子，讓我無後顧之憂，盡情揮灑，教學、研究、寫作，不受拘束，我之所以能夠寫出一堆亂七八糟的文章，最當感謝的便是我那可以看到義大世界摩天輪的研究室，「轉吧轉吧七彩霓虹燈」，對我而言，也是一種激勵。

因家在台北，經常有人問：「為何不回台北？」也不是沒想過，只因不太積極，錯過了，機會便不再。經過這20幾年的沉澱，終於覺悟，一切都是緣分，這是我與高雄的緣，我與義守的緣，說「我愛高雄」有點矯情，但從當兵時就落腳高雄柴山，高雄港十三號碼頭又是我輩年輕時返鄉的大門，高雄絕對是除金門故鄉之外，最美麗的回憶。

高雄港曾是離家鄉最近的水岸，聞到海水的味道，就知道家近了；高雄也是金門遊子鄉愁的起點，一旦踏上陸地，鄉愁至少便是一年。一個船期十天，一趟路要搖十幾個小時，但每年都會回家去看看。如今，交通方便，不到一小時飛機便可抵達，卻不知為何，回去一趟竟比出國還難。每個人表達鄉愁的方式不同，有人用相機、有人用繪畫、有人用音樂，我則用文字。

　　寫這樣一本書，怎可能不想起金門，不想起故鄉？人到中年，容易多愁善感，甚至開始「溫情主義」起來，連自己都有點受不了。以前何曾想過研究金門，這幾年寫金門，竟然寫到欲罷不能。學術種類多的是，研究也什麼都可做，為何獨鍾情於金門，表面上是「我愛金門」，實際上是因為「無聊」！現在的我，有太多的時間可以胡思亂想，想太多不好受，把想的東西寫下來，是一種解脫，一種宣洩。可以打發時間，可以讓我不愛言談的個性，找到一個情緒留連的空間。

　　至於能成就多大的學術價值，我沒那麼在意。但我仍然期盼這是一本好書，值得花時間去讀，畢竟我對書中內容用情既深且久，知我者必可在此書中看到我存在的影子；不知我者，也可經由此書一窺金門豐富的內涵。最後，感謝書中被論述的鄉賢前輩、學者專家，金門因你們而偉大，你們是金門真正的財富，言詞若有不敬，請一笑置之。

2016年4月寫於中和家居

目次 contents

Chapter 1
導論

　　任何書寫金門的文章或專書，總是不例外的，會在開頭時抄一些資料，從金門為什麼要叫金門，到歷史上的金門、地理上的金門，簡單介紹一下。不知道金門何時解嚴，金門縣長換過幾個，金門的經緯度多少，都情有可原；沒去過金門，也沒關係。但是，說不知道金門在哪裡，不知道金門是什麼東西，會讓很多金門人生氣。「金門」一詞，就算沒有響叮噹，如雷貫耳，絕對是一個可以輕易搜尋到的詞彙。對許多人來說，金門有高粱酒、有貢糖、有風獅爺，以前還有「軍中樂園」。不管喜歡或不喜歡，金門是一座島，島上有一高山，名為太武山，這是不需要爭辯的事實。

　　對這樣一座島，真的不知道要用什麼詞語來形容它，「海濱鄒魯」、「海上仙洲」、「反共堡壘」、「海上花園」、「賭博島」、「免稅島」。每個名詞背後都有一個故事，每個故事都代表一部份的金門，金門的故事說不完。金門人向來愛說故事，從古代恩主公講到現代恩主公；從戰地政務講到兩岸小三通；從「八二三」講到「八三么」。真真假假，虛虛實實，講的人依舊口沫橫飛，熱情不減，聽的人卻已意興闌珊。不想聽也無妨，把它寫成書，留傳給後代，想到時就拿出來翻翻，緬懷一下。寫金門的書真的很多，比較令人困擾的是，書名都很像，內容也大同小異。

　　為了整頓這種亂象，金門地區的一些文史愛好者，組了一個名為「金門學」的研究會，在金門縣文化局的補助下，出版一堆名為「金門學叢刊」的圖文著作。於是，「金門學」一詞便成了金門相關書寫的代名詞，涵蓋層面超級廣博，只要有「金門」一詞便可，其歷史竟然可以

追溯到十六世紀中葉，從明代洪受寫《滄海紀遺》開始。[1]為了宣傳「金門學」，從2006到2014年，金門縣文化局與一些學術單位共同舉辦了五次的「金門學學術研討會」，發表了百餘篇學術論文。

重金邀請來的這些人，幾乎都是知名學者與大學教授，或當主講人、或當評論人、或發表文章，都是一時之選。但仔細看看，多數論文與研討會主題難以聯結，甚至不相干。2015年10月金門國家公園舉辦了一場名為「金門歷史、文化與生態」國際學術研討會，其中一場次由成大教授陳益源主持，名為「『金門學』的出路」，發表的三篇論文為〈自然景觀的人文深化：以《金門志‧藝文志》為例〉、〈浯島金語：金門話特殊語彙初探〉、〈新加坡華人宗鄉會館的轉型——以福建會館和金門會館為例〉，文章中看不到金門學，也看不到所謂的「出路」。

「金門學」不是具體的一門學問，或一套專屬的學術研究，比較像是一種泛稱，指涉與金門相關的各種書寫。因此，「金門學」一詞，甚至連關鍵詞都構不成。在國家圖書館期刊論文系統中檢索，談「金門學」的文章僅十餘篇，幾乎全在《金門文藝》和《金門日報》的副刊上，而稱得上學術文章的僅有一篇，[2]顯示「金門學」這一詞彙還沒有被認可，也意味金門學的研究還停留在金門島上。「金門學」不應與「金門學術研究」劃上等號，不管怎麼說，「學術」一詞有其尊嚴，在古代指追尋研究學問的方法與水平，在現代則包括有系統的專門學問，泛指高等教育和研究，從事高等教育和研究的科學與文化群體，常被稱呼為學術界或學府。

書寫不等於研究，研究成果也不必然比一般的調查報告有價值。但學術終究是學術，學位論文是經過審查認可的，其嚴謹性不能與一般的自行研究相提並論。自從高等教育引進金門後，金門人開始熱衷讀研究所，在職的、退休的；當官的、當兵的，全都成了同學。金門的博士牆已快要被擠爆，擁有碩士頭銜的男女滿街跑。許多人拿學位是，反正閒著也是閒著。一般的研究生經常不清楚要研究什麼，但金門這些唸研

1　郭哲銘，〈金門學芻議〉，《金門文藝》9（2005.11），頁18。
2　莊健國，〈金門學入門工具書——評郭哲銘編著《浯鄉小事典》小而美〉，《全國新書資訊月刊》106（2007.10），頁30-32。

究所的，學分尚未修完，論文已經準備要出版，他們是帶著論文去唸書的，指導教授只是掛個名，有誰比他們更了解金門？

在「台灣碩博士論文加值系統」中，搜尋論文名稱中有「金門」的，博士論文28本，碩士論文890本；[3]用「金門縣」搜尋有188筆、「金門地區」171筆、「金門島」19筆、「金門人」4筆、「浯島」2筆、「浯洲」1筆；用「金門學」、「金門學術」、「金門研究」搜尋，論文題目中沒有資料，關鍵詞也沒有。如此多的學位論文中，銘傳大學有247本，金門大學141本，這兩個學校對提升金門的學術研究水準，功不可沒。還有，坐船到對岸唸研究所，也愈來愈受歡迎，通常要看到名片時才會驚訝，金門又多了一個博士！

金門這樣一個「小」島，「三天兩夜」就可以玩透透，有什麼好研究的，竟然可以寫出900多本學位論文，除了吐舌頭之外，沒有別的動作可以表達驚訝。讀者難免好奇，究竟在研究什麼？還真的一言難盡，天上飛的砲彈、地下埋的炸彈；太武山上的花、浯江溪畔的沙；水頭的房子、瓊林的院子；高粱釀的美酒、黃牛製的肉乾；花草樹木、蟲魚鳥獸；社會經濟、兩岸關係；古往今來、繼往開來。光是將這些論文題目看一遍，就已經是學問了，何況去了解內容。學問始於好奇，因為好奇，加上一點點不以為然的心態，我花了數年的時間，將它們整理出幾個類別，想看看這些論文，究竟在說些什麼。

全書九章，九為虛數，意味很大。除導論與結論外，分成七大主題，之下又分別有二到五個小節。沒有嚴格的體例或固定格式，大致上會在每一單元開始時先說明一下歷史背景，再依時間或旨趣，將相關的著作與論文，合併敘述或分開析論。基本上，這些著作都超越我的專業，我能理解的有限，能評論的、敢評論的少之又少。只是，「述而不論」又違背原先寫作的動因。是以，沒有長篇大論的批評，只有偶爾三言兩語，稍微表達一下感想。至於為何寫這些，不寫那些；選這個，不選那個，只能說純粹是主觀意願與個人喜好，沒什麼道理。

第二章「古蹟與建築」，先說明古蹟的意義與價值。金門的古蹟甚

3　2016年5月1日檢索。有6筆為烈嶼，未顯示金門。

多，金門人向來引以傲，地方政府也著實盡心盡力在維護，尤其是金門國家公園設立後，對修護古蹟和資助研究，貢獻很大。金門在戰地政務時代封閉了50年，傳統的閩南文化聚落反而可以較完整的保存下來。一些來自台灣本島的建築學者，開啟了金門的古蹟與聚落研究，其中某些人甚至在金門定居下來，參與金門的一些改造計劃。至於碑碣研究，大抵上是地方文史愛好者的調查紀錄。

第三章「史學與文物」、第四章「歷史與人物」，屬於作者的專業，因此篇幅較大，搜集的資料較多，論述也較深入。在學術殿堂混了20幾年，對學術這一行還是沒有摸透，對那些被譏諷為大拜拜的學術研討會，參加的意願向來不高。辦研討會，先決條件是要有錢，稍有規模的，尤其是國際性的，動輒幾十萬起跳。雖然大家都知道，研討會的論文沒價值，通常也是粗製濫造，本校的教師評鑑中，一篇SSCI或SCI的論文最高可得180分，國內研討會的論文只有4分，看了就心酸。

近年來，金門極力想用戰地文化申請世界遺產登錄。戰地史蹟是金門的特色，是金門觀光的賣點，對這幾場戰役，金門人心裡充滿矛盾。尤其是兩岸小三通之後，面對大陸觀光客，「反攻大陸」一詞太諷刺，「三民主義統一中國」，根本就是開玩笑。一些原本寫滿反共抗俄標語的軍事堡壘，現在都改稱和平公園或和平廣場。戰爭會結束，苦難會過去，金門人正以包容的心迎接觀光客的到來。兩岸小三通意外開啟金門人的尋根熱情，族譜編修一時之間成了金門的顯學。金門舊有姓式大約有180個，但目前僅有100種左右的族譜，修譜活動應會繼續下去。經過十幾年的紛擾，金門終於蓋了一座民俗博物館，讓民俗文物有地方安置，只是，不知是空間太大，或是東西太少，或是我們還沒弄懂何謂博物館，連廣場的雜草都不願長。

金門人愛說故事，具體的表現就是修史。沒有一個地方政府像金門一樣，擁有如此多的志書，縣志、鄉志、鎮志、村史；史蹟、史話、史稿；三不五時就來個編修、續修、纂修、重修。把史書寫得像傳奇、像散文，內容則像資料彙編。金門這個被稱作僑鄉的家園，「落番」的故事永遠吸引人，訪談不夠，還拍成紀錄片。離鄉背井是金門人的宿命，台灣究竟有多少金門人居住，無法統計，實在是不知道怎樣才算是「金

門人」。有「新金門人」，也有古代金門人，那些先賢烈士，即便不在金門出生，仍然受金門人敬愛。

第五章「宗教與信仰」，宮廟與宗祠是金門極其重要的建築，正所謂「無宮無廟不成村」、「宮前祖厝後」。金門合法登記的宮廟和宗祠超過300座，來金門觀光旅遊，廟宇是最明顯的地上景觀。外部的建築形制、內部的雕飾彩繪，無不精彩絕倫。奠安大典、迎神賽會，總是熱鬧無比。這幾年的「後浦城隍祭」，已成觀光旅遊賣點，相關的著述、研究、紀錄，成果豐碩。風獅爺信仰、蘇王爺信仰、愛國將軍信仰，體現了金門人善良純樸、樂天知命的個性。迷信與信仰，常在一念之間，金門人對天、地、人、神、鬼，一向都是虔誠敬畏。

第六章「社會與經濟」，重點在「小三通」，此一政策是兩岸關係的試金石，是兩岸全面往來的實驗品，對金門的未來似乎也很重要，相關的研究論文和專書，數量居各種研究之冠。小三通為金門的觀光旅遊業帶來希望，對治安卻造成隱憂。犯罪問題、交通問題、防災問題、都得重新全盤檢討。對習慣慢步調生活的金門百姓，小三通是福是禍，需要時間證明，但未雨綢繆，大家都有責任。金門的未來在「人」，金門要有人住，有人來，才有發展。金門沒有工商企業，留不住人才，只有靠觀光吸引人來。美景、美食是觀光的動因，金門有高粱美酒，有潛力雄厚的飲食文化，有五星級大飯店，有可以買到國際精品的免稅商店，金門正敞開大門，歡迎五路財神。交通比較麻煩，隨時要有「去不了」、「回不來」的心理準備，「霧鎖金門」是金門人的美麗與哀愁。

第七章「文學與藝術」，作品多於研究。「金門學」的各項研究有其局限性，研究的對象、研究的空間、研究者大部份的時間都待在金門。唯有文學與藝術，即便沒來過金門，或只偶然邂逅，也能創作出讓人感動的作品。金門文學的作家很多，作品也多，但或許是因為還不成氣候，還不到可以成為學術研究的地步。目前，只有少數幾位具知名度、成就已獲肯定的作家和藝術家，經常在報章雜誌上出現，但真要以他們為對象進行學術研究，還不到時候。本章重點不在析論，而是記述各方面的成果。喜歡寫作的金門人很多，被尊稱為「作家」的人也很多。事實上，在金門藝文圈，專業創作的人很少，大部份都是業餘興

趣，在工作之外，寫作、畫畫、攝影、雕塑，時間久了，也都能自成一家。

　　第八章「自然與生態」，探討金門的動植物研究。解嚴開放後，金門像瘋了似的開發、建設；高樓別墅一棟接一棟、水泥大路一條又一條，濫墾濫伐的情形相當嚴重，不徒地表景觀改變，生態系統也因而受傷害。慶幸的是金門國家公園的存在，阻擋金門繼續沉淪。到金門旅遊，其實就是在金門國家公園內行走，金門大部份的著名景點都在國家公園內。金門國家公園除了資助修護、保存古蹟建築之外，更積極投入生態保育工作，委託學者專家調查研究動植物生態，出版專書、影音光碟，行銷金門也教育觀光客。近年，受到政治力的干擾，金門國家公園的存在常受抨擊。這是一個兩難的抉擇，是幸福？是災難？誰也說不準，"To be, or not to be, that is the question."

　　第九章「結論」。我的結論很奇特，那就是只有結，沒有論。首先，從事金門書寫的這些人，都還健在，都還在創作中，俗話說「蓋棺論定」，現在還不到釘他們的時候；其次，金門的學術研究也真龐雜，好壞參差不齊，無法用幾句話就把它了結；其三，也是最困難的部份，個人才識有限，對這麼大的一個議題，光是「敘述」便已覺力不從心，何況是「批評」。我也很想「成一家之言」，但不能「信口開河」。是故，「結論」就留給能夠看完這本書的讀者去做吧！

Chapter 2
古蹟與建築

🏛️ 古蹟研究

一、古蹟的定義與價值

　　「古」指過去；「蹟」指行跡、遺跡，即古人留下的痕跡，「古蹟」意指古代遺跡。有意義的古蹟，必須具備「人的事蹟」、「技術的創新」與「藝術的開拓」等三項指標。一般而言，人們對古蹟的聯想就是古老的建築，屬於人類文化資產的一部份。根據《中華民國文化資產保存法》（簡稱文資法）第三條（1982年5月頒布），所謂「文化資產」指具有歷史、文化、藝術、科學等價值，並經指定或登錄之下列資產：

1、古蹟、歷史建築、聚落：指人類為生活需要所營建之具有歷史、文化價值之建造物及附屬設施群。

2、遺址：指蘊藏過去人類生活所遺留具歷史文化意義之遺物、遺跡及其所定著之空間。

3、文化景觀：指神話、傳說、事蹟、歷史事件、社群生活或儀式行為所定著之空間及相關連之環境。

4、傳統藝術：指流傳於各族群與地方之傳統技藝與藝能，包括傳統工藝美術及表演藝術。

5、民俗及有關文物：指與國民生活有關之傳統並有特殊文化意義之風俗、信仰節慶及相關文物。

6、古物：指各時代、各族群經人為加工具有文化意義之藝術作品、生活及禮器物及圖書文獻等。

7、自然地景：指具保育自然價值之自然區域、地形、植物及礦物。

就古蹟與歷史建築部份，在《文化資產保存法施行細則》第三條中另有說明：「本法第三條第二款所稱古建築物，指年代久遠之建築物，其全部或重要部份仍完整者；包括城郭、關塞、市街、宮殿、衙署、書院、宅第、寺塔、祠廟、牌坊、陵墓、堤閘、橋樑及其他建築物。[1]《文化資產保存法》將古蹟分為三種，分別為國家古蹟（一級古蹟）、直轄市古蹟（二級古蹟）及縣市級古蹟（三級古蹟），其中1997年之前指定者，以一級、二級、三級區分，之後指定者則以主管機關劃分，目前這兩種分級方式，雙軌並存。

我國現有古蹟概況－按縣市別

縣市別	合計（2004年）	國定及第一級	省、直轄市定及第二級	縣（市）定及第三級	2007年合計	2007年歷史建築
總計	590	40	139	411	670	789
台北縣	46	2	6	38	56	22
宜蘭縣	17	-	-	17	27	67
桃園縣	10	-	1	9	10	43
新竹縣	16	1	-	15	21	16
苗栗縣	7	-	1	6	8	14
台中縣	15	-	1	14	16	18
彰化縣	34	2	4	28	35	42
南投縣	15	1	-	14	14	22
雲林縣	6	-	1	5	10	22
嘉義縣	9	1	-	7	9	5
台南縣	15	-	1	14	14	17
高雄縣	20	2	1	17		
屏東縣	14	-	3	11	18	19
台東縣	4	2	-	2	0	43
花蓮縣	7	-	-	7	6	29
澎湖縣	23	6	2	15	23	23
基隆市	7	1	2	4	12	23
新竹市	23	-	5	18	23	3
台中市	9	-	1	8	13	38
嘉義市	11	-	-	11	14	12
台南市	112	10	9	93	112	6
台北市	114	10	78	26	140	125
高雄市	20	1	14	5	22	18
金門縣	33	1	7	25	43	144
連江縣	3	-	1	2	3	0

資料來源：《內政部統計通報》（2005年第14週）；國立台北藝術大學編，《2007台灣文化資產保存年鑑》，行政院文化建設委員會文化資產總管理處籌備處出版。

---

[1]　共16種類型，參閱李汾陽，《文化資產概論》（台北市：秀威資訊科技，2010年），頁54。

古蹟會隨著時間的流逝而損毀，或因人為而破壞，因此，其級別會有變動。地方級的古蹟若有級別轉換或除名，得報上級主管機關核准。從1998年開始陸續有國家古蹟完成公告，2004年底我國列入保存維護之古蹟計有590處，較上一年年底增加35處；其中國定及第一級古蹟40處，省、直轄市定及第二級古蹟139處，縣（市）定及第三級古蹟411處。上項古蹟以祠廟171處最多，宅第58處次多，陵墓28處再次之。至2007年時，三級古蹟合計共增加180處。到2008年底，國定古蹟共有71處，若加上尚未轉換的省定古蹟，總計國定古蹟與「準」國定古蹟共88處。[2]

二、金門古蹟現況

　　至2007年底止，金門現有古蹟43處，分別為國定古蹟8處，縣定古蹟35處，相較於台灣各縣市，除了台北與台南，金門的古蹟數最多，尤其是歷史建築更是高達一百多處。2001年以前，金門之古蹟概以宅第、古墓等為主，且多為明清年代文化資產。中央部會文化事務整合後，古蹟主管機關由內政部移轉為行政院文建會，為因應此趨勢，2004年11月17日，金門縣文化局自縣政府民政局接收古蹟與文獻業務，並由文化資產課負責辦理。文化局接管古蹟業務後，在新增的古蹟當中，有4座為民國時代之產物，並且莒光樓等7處由原先登錄為歷史建築，再重新評選為縣定古蹟。其中小西門模範廁（公共衛生建築）、東林古井（古井）也是新增的古蹟類別。

　　金門擁有五千年前人類活動的遺址，並具有一千六百年的開發歷史，匯聚在各鄉鎮的人文盛景成為當地寶貴的資產。金門古蹟包括牌坊、陵墓、祠廟、衛署、宅第、碑碣與其他等項，訴說著歷代以來金門發展史上的重要歷程。[3]目前43處古蹟中，朱子祠由民政局負責管理，莒光樓、總兵署由交通旅遊局負責管理，其他40處古蹟皆由文化局負責管理。這些古蹟分布在金門五個鄉鎮及烏坵鄉。

---

[2]　參閱《台灣大百科全書》（Encyclopedia of Taiwan），〈http://taiwanpedia. culture.tw/web/ content?ID=2654〉

[3]　李柱烽監修，《96續修金門縣志・文化志》，頁143。

金門古蹟分布

	創建年代	古蹟名稱	類型	位置
國定古蹟	明・嘉靖	陳禎墓	陵墓	金沙鎮
國定古蹟	明・嘉靖	陳健墓	陵墓	金沙鎮
縣定古蹟	清・光緒	西山前李宅	宅第	金沙鎮
縣定古蹟	清・嘉慶	浦邊周宅	宅第	金沙鎮
縣定古蹟	民國	睿友學校	宅第	金沙鎮
縣定古蹟	清・乾隆	黃宣顯六路大厝	宅第	金沙鎮
縣定古蹟	明末清初	王世傑古厝與古墓	宅第 陵墓	金沙鎮
縣定古蹟	明・萬曆	官澳龍鳳宮	祠廟	金沙鎮
縣定古蹟	清・光緒	西山前李氏家廟	祠廟	金沙鎮
縣定古蹟	清・道光	東溪鄭氏家廟	祠廟	金沙鎮
縣定古蹟	清・光緒	慈德宮	祠廟	金沙鎮
縣定古蹟	明・嘉靖	黃偉墓	陵墓	金沙鎮
縣定古蹟	明・嘉靖	黃汴墓	陵墓	金沙鎮
縣定古蹟	明・嘉靖	陳禎恩榮坊	牌坊	金沙鎮
縣定古蹟	清・道光	觀德橋	橋樑	金沙鎮
國定古蹟	清・嘉慶	邱良功母節孝坊	牌坊	金城鎮
國定古蹟	清・嘉慶	黃氏酉堂別業	宅第	金城鎮
國定古蹟	清・乾隆	金門朱子祠	祠廟	金城鎮
國定古蹟	明・嘉靖	虛江嘯臥碣群	碑碣	金城鎮
國定古蹟	明・洪武	文台寶塔	寺塔	金城鎮
縣定古蹟	明・清	盧若騰故宅及墓園	宅第.陵墓	金城鎮
縣定古蹟	清・光緒	將軍第	宅第	金城鎮
縣定古蹟	清	邱良功古厝	宅第	金城鎮
縣定古蹟	民國	陳詩吟洋樓	宅第	金城鎮
縣定古蹟	清・光緒	魁星樓（奎閣）	祠廟	金城鎮
縣定古蹟	清・道光	豐蓮山牧馬侯祠	祠廟	金城鎮
縣定古蹟	清・道光	文應舉墓	陵墓	金城鎮
縣定古蹟	明・永曆	漢影雲根碣	碑碣	金城鎮
縣定古蹟	清・康熙	金門鎮總兵署	衙署	金城鎮
縣定古蹟	民國	小西門模範廁	其他建築	金城鎮
縣定古蹟	民國	莒光樓	其他建築	金城鎮
國定古蹟	清・道光	瓊林蔡氏祠堂	祠廟	金湖鎮
縣定古蹟	清・嘉慶	邱良功墓園	陵墓	金湖鎮
縣定古蹟	清・嘉慶	蔡攀龍墓	陵墓	金湖鎮
縣定古蹟	明・永樂	陳顯墓	陵墓	金湖鎮
縣定古蹟	清・道光	瓊林一門三節坊	牌坊	金湖鎮
縣定古蹟	宋・明	海印寺石門關	寺塔	金湖鎮
縣定古蹟	清・乾隆	古龍頭振威第	宅第	金寧鄉
縣定古蹟	清・嘉慶	楊華故居	宅第	金寧鄉
縣定古蹟	清・乾隆	古龍頭水尾塔	寺塔	金寧鄉
縣定古蹟	清・光緒	烈嶼吳秀才厝	宅第	烈嶼鄉
縣定古蹟	宋	烈嶼東林古井	其他建築	烈嶼鄉
縣定古蹟	清・同治	烏坵燈塔	其他建築	烏坵鄉

就分布位置而言，金城鎮最多，金湖鎮次之。就創建年代而言，清代最多，其次為明代。烈嶼東林古井創建於宋代，除了是最早的古蹟外，可能還有更重要的歷史價值。就類型而言，以宅第最多，陵墓次之。金門尚有一百多處歷史建築，某些其實具有被評定為古蹟的條件，某些古蹟也有可能因損毀嚴重或修復太過，以致失去古蹟意義，因此古蹟數目會再變動。例如金門千戶所城古城牆與明遺老街，甚至連金門酒廠，都可以結合歷史情境，產生新的觀光價值。[4]

三、古蹟研究

有關金門各鄉鎮古蹟的介紹，可參閱楊加順主編的《金門縣古蹟護照》。[5]這是一本中英對照的旅遊指南，搭配地圖與圖片說明，對來金門參訪的人有很大的幫助，尤其是書末還附上三天兩夜或四天三夜的建議行程，讓中外遊客可以按圖索驥，節省時間。古蹟往往是觀光旅遊重要的景點，這類導覽書籍相當多，包括早在1970年時金門縣文獻委員會所編的《金門勝蹟》、1991年楊仁江計畫主持的《金門縣的古蹟》、2001年黃振良的《江山何其秀美——金門古蹟導覽》等。當時古蹟尚未嚴格分類，金門的古蹟都被納入台閩古蹟系統中，例如淡江大學教授周宗賢的《臺閩地區古蹟價值之研究》、中央電影公司拍攝的《[臺閩地區]第一級古蹟》，與莊芳榮等人的《臺閩地區第一級古蹟圖集》。

金門開放觀光為金門的古蹟注入新生命，蔡長清、蔡桂妙、張梨慧等學者開始研究金門古蹟與觀光客的互動關係。[6]如何保存古蹟也愈來愈受到重視，2002年「金門文史工作協會」辦了一場「金門地區歷史建築古蹟與文化資產保存研討會」。2003年以後，中國科技大學教授閻亞寧陸續接受金門縣政府的委託，計畫主持許多金門的古蹟調查，包括與黃振良、波多野想等人的合作，例如《金門縣燕南書院暨太文巖寺興建計

4　參閱江柏煒，〈金門文化資產保存議〉，《金門日報》，2004.09.12-13，「副刊文學」版。
5　楊加順主編，《金門縣古蹟護照》，金門縣：金門縣文化局，2005年。
6　蔡長清、蔡桂妙、張梨慧，〈遊客對金門古蹟的認識、動機與滿意度之研究〉，《第十五屆全國技術及職業教育研討會論文集：餐旅及家政類》（台中：嶺東技術學院，2000年），頁83-92；蔡長清、蔡桂妙，〈遊客對古蹟的環境態度之研究——以金門為例〉，《第一屆觀光休閒暨餐旅產業永續經營研討會論文集》（高雄市：高雄餐旅學院，2001年），頁335-344。

畫之復建評估研究調查》、[7]《金門縣定古蹟保存區範圍調查研究（含GIS地理資料庫）》。[8]金門縣政府也於2009年將古蹟保存的現況集結成書，名為《浯洲風華再現》。[9]

古蹟的價值絕對不是只有觀光，古蹟是一個民族最珍貴的文化遺產，可以表現一個民族的傳統精神，並透視一個民族的文明進化；可以讓這個國家的人民認識本國傳統文化的偉大，藉此建立民族的自尊心與自信心，同時可增進國民的認同感及成就感，培養愛鄉、愛國的情操。因此，先進國家均甚為重視古蹟之存在，設法讓現代與傳統並存，將維護古蹟視為生活的一部份。

自2000年起，台灣推動「世界遺產潛力點」的評選，做為文化資產保存的一種示範計畫，到2009年為止共評選了17處，金門是其中之一。金門縣政府正在大力推動這個計畫，然而，金門要想成為「世界遺產潛力點」，必須改變某些作為。根據蔡惠欣的研究，首先，在理論的層次上，嘗試從在地性的普世價值出發，重新以生活、生態與生產之「三生」的觀點，建構金門文化的特色，進而跳脫常規的文化分類模式——閩南文化、僑鄉文化與戰地文化。[10]

換句話說，就是要設法讓古蹟成為生活的一部份，讓常民都能了解古蹟，藉由認識古蹟，親近歷史與人文。1984年法國文化部發起世界古蹟日，將每年九月第三個週末的六、日定為世界古蹟日，此後許多國家、政府為響應此具特別意義的日子，經常在此時舉辦古蹟研討會暨古蹟導覽活動。自從1964年「國際古蹟遺址理事會」（ICOMOS）成立以來，保護古蹟並使其復甦重新獲得活力，一直是人類共同的職責，「聯合國教科文組織」（UNESCO）也通過一些保護歷史或傳統建築的建議。然而，古蹟保存運動的爭議也一直沒有斷過，[11]除了政府的角色

---

7 閻亞寧、黃振良，《金門縣燕南書院暨太文巖寺興建計畫之復建評估研究調查》，金門縣：金門縣文化局，2006年。

8 閻亞寧計畫主持，《金門縣定古蹟保存區範圍調查研究（含GIS地理資料庫）》，金門：金門縣文化局，2009年。

9 楊加順總編輯，《浯洲風華再現：金門縣古蹟維護現況實錄》，金門：金門縣文化局，2009年。

10 蔡惠欣，《如何經營台灣的世界遺產潛力點——以流轉的金門為例》，雲林科技大學文化資產維護研究所，碩士論文，2009年。

11 黃素絹，《古蹟保存之經營管理——國民信託之應用》（國立臺灣大學建築與城鄉研究

外，學界、民間社團、民意代表各有不同的利益與價值觀。這種矛盾與困境已在台灣發生，金門很可能是下一個社會運動的戰場。如何在生態、人文維護與經濟發展上建立共識，是古蹟研究另一個必須嚴肅面對的課題。

聚落研究

一、聚落的意義與研究

「聚落」一詞，英文字為"Settlement"，按英文語意為人類安頓定居於土地上之意；即人們工作、居住、生活的地方。這個字並不是外來翻譯，《漢書‧溝洫志》記載：「或久無害，稍築室宅，遂成聚落。」在古代，聚落較單純，意同村落，近代以來則泛指一切居民點。在考古學上聚落常指早期人類集中居住的區域。「村落」為中文常見語彙，與「聚落」混合使用，表示同一概念，屬於地理學、人類學和社會學相關的概念詞彙。習慣上，村落指較大的聚落或多個聚落形成的群體，即現代意義上人口集中分布的區域。

聚落是人類聚居和生活的場所，聚落環境則是人類有意識開發利用和改造自然而創造出來的生存環境，人類各種形式的聚居地的總稱，其形態可分為城市聚落和鄉村聚落兩種，城市聚落一般由鄉村聚落發展而來。何謂「聚落型態」？戈登‧維利（Gordon R. Willey）在《秘魯維魯河谷史前聚落型態》一書的首頁中說，聚落型態是「人類對自己所居住的地面上所做的各種處理方式，包括了房屋的形式、房屋的安置模式，以及與社群生活有關之建築物的性質及安排方式。」[12]知名考古學家張光直先生也沿用這樣的概念，認為所謂的聚落型態，就是人類對於自己所居住之地景的安排，而這種安排是與物質環境息息相關的。[13]

所，碩士論文，2009年），頁1-2。

[12] Gordon R. Willey, *Prehistoric Settlement Patterns in the Virú Valley, Perú*. U.S. Government Printing Office, 1953.

[13] 張光直，〈談聚落型態考古〉，《考古學專題六講》，台北縣板橋：稻鄉出版社，1999年。K. C. Chang, "Study of the Neolithic Social Grouping-Example from the New

由上述學者的定義，我們可以大概了解，聚落型態就是人類對於自己居住環境的一種安置、處理方式，就像現在我們所居住的都市、城鎮或村落一樣。過去的人也有類似的居住模式，而人類通常會根據他們所處的自然環境條件、自己所具有的建築技術條件等因素，對居住環境進行各種最適宜人居的安排。

　　聚落是聚落地理學的研究物件，聚落的形成與地理環境好壞緊密聯繫，很多著名聚落遺址具有很高的科學研究價值，是人類非常珍貴的歷史文化資產。所謂「文化資產」，泛指以「人」本身的生存與繁衍為中心，進一步發展至人與自然、人與人、人與超自然的種種現象及結果。其內容包括人類的定居行為、居住環境的空間分布及形式，以及特定之社群等。中華民國政府為保存及活用文化資產，充實國民精神生活，發揚多元文化，在1982年時制定《文化資產保存法》，經過多次修訂，最新版本共十章，一百零四條。[14]可登錄之資產共計七大類，其中第一類即為「古蹟、歷史建築、聚落」，指人類為生活需要所營建之具有歷史、文化價值之建造物及附屬設施群。因為《文資法》的公佈實施，「聚落」一詞乃成為正式的法定名稱。[15]

　　聚落是考古學研究的重要課題，早在1841年，德國地理學家科爾（Johann Georg Kohl）在《人類交通居住與地形的關係》一書中，已經注意到對不同種類的聚落進行比較研究。但是關於聚落的分類，一直要到半個世紀後的20世紀初期城市地理學出現後，才受到進一步的重視。聚落地理學首先把聚落劃分為鄉村和城市，然後按類別做進一步劃分。由於聚落都有自己的起源、歷史發展、地理條件、形態結構、規模以及經濟活動和職能等特徵，很難制定一個包括全部因素和屬性的綜合的分類系統，大都根據聚落的職能或形態特徵，輔以適當的指標來進行劃分。

　　台灣關於聚落的學術性研究始於民國50年代，由一群日本專家學者，以近代史學或社會的方法，針對台灣的建築及聚落進行整體性或個

World", *American Anthropologist*, 1958, 60: 298-334.

[14] 法務部，《全國法規資料庫》。

[15] 參閱林會承，《藝文資源調查作業手冊：傳統建築及傳統聚落》，臺北：行政院文化建設委員會，1996年。

案研究。[16]70年代後，受到外國風土建築潮流的影響，國內本土的建築研究在狄瑞德、華昌琳、林衡道、漢寶德等人的投入下逐漸興起，從而形成一股風潮。70年代中葉的聚落研究主要為古蹟研究，80年代以後範圍逐漸擴及原住民及日本殖民時期的聚落。

從民國80年代開始，台灣許多大學的教授或系所，以個別或集體的方式，紛紛投入相關的研究。也有一些接受政府的委託，從事古蹟修復、都市設計、社區營造的田野調查報告。其中包括中原大學建築研究所、成功大學建築研究所、淡江大學建築系、師大地理系，以及中央研究院民族學研究所等，成果相當豐碩。這些教授也指導出很多學位論文，帶領新一代的學者，繼續從事建築與聚落空間的研究。

這些學者最先研究的對象是澎湖，民國90年代以後，逐漸將觸角延伸到金門。金門的聚落研究之所以能成為一門重要的學問，研究成果之所以能夠如此豐碩，得力於以下三個單位：金門國家公園、金門大學、金門縣文化局。除此之外，一些地方文史學者的參與，政府單位的資助，進一步把金門聚落研究推向高峰。各種出版品一再重刊，有學術性的論著，也有圖文並茂、雅俗共賞的旅遊指南、影音光碟。金門的聚落代表金門的意象，金門的聚落發展與金門的歷史人文關係密切。藉由對金門聚落空間結構的研究，進而了解金門社會文化的內在邏輯。[17]聚落研究始於建築，最終則包括宗教信仰、習俗、族譜，這正是金門聚落研究的特色與內涵。

二、金門聚落研究成果

一般來說，聚落的研究可以概略地分成變遷研究及組織研究。聚落的空間及形式會因應自然環境、生存資源、社會環境、人口增減等因素產生改變。變遷研究，依循歷史發展主軸，探討在不同的時間斷面中，聚落內的空間及形式之改變，以及為何變、為何不變，最終目的在尋找變遷之脈絡，了解構成聚落空間形式之意義與價值；組織研究，以選定

---

[16] 林會承，〈澎湖建築與聚落研究的回顧〉，《澎湖研究第一屆學術研討會論文輯》，頁18。

[17] 李琦華、林峰田，〈台灣聚落的空間結構與社會脈絡研究〉，《中華民國建築學會「建築學報」》，第65期（2008年9月），頁45-62。

的歷史斷面來了解當時聚落空間及形式的組織體系，包括單一的主題式研究，如討論聚落的座落、方向、尺度、密度、形式、構成等，以及複合主題式研究，如空間組織、空間層次、領域等。就論著的研究內容來看，又可概略分成以下四大類：1.個別研究；2.主題研究；3.跨地域基礎或比較研究；4.綜合研究。

就第一項而言，涉及人類學、社會學、民間信仰學、史學之範疇；第二項則主要為建築學及人文地理學之範疇。聚落的形成有其複雜的歷史與空間因素，不同的聚落都有各自的特色，很難加以分類。粗略而言，台灣的漢人傳統聚落可以分為城（walled-city）、街（market-town）、及村（village）三大類。村又可分為集村與散村，金門的聚落屬集村式。集村與散村的差別，主要是居民數量多寡。[18]不同類型聚落之形成，都有其時空意義。1995年10月18日金門國家公園管理處正式成立，將具有代表性的各地聚落列入國家公園的保護範圍，其中包含了山后、水頭、瓊林、歐厝、珠山、南山及北山等七大聚落，各個聚落獨樹一幟，亦皆具有獨特的代表風格。綜合以上的分類，金門的聚落研究成果可就以下幾個面向來探討。

（一）聚落的形成與變遷

根據考古調查，金門在新石器時代便有人類活動的遺跡，[19]雖然發現一些貝塚遺址，但並未出現考古學上的聚落。漢人進入金門島的時間，大概在四、五世紀之間，即晉代末年的五胡亂華時期，閩地受到大批自中原南下的難民壓力，就有居民進入金門島安居。唐德宗貞元十九年，閩地觀察使柳冕奏請在金門設置牧馬監，於是有蔡、許、翁、李、蕭、張、黃、王、洪、呂、劉、林等12姓，跟隨牧馬監陳淵來到金門。

金門的聚落都有血緣關係，因此，族譜是了解先人遷徙最重要的古文書。林金榮接受金門國家公園管理處的委託，就族譜資料調查金門聚落的發展與變遷。他認為唐至五代屬於中原人士逃難入閩的動亂時期，金門島的開發應是單純的墾荒工作，未有完整性的政治統轄機構，目

---

[18] 梁正居，《台灣飛行》（臺北：漢光，1987年），頁125。
[19] 參閱陳仲玉，《金門島考古遺址調查研究》，金門：金門國家公園管理處，1997年。

前考古調查尚無聚落遺跡的發現，族譜記載缺乏考據文獻。[20]江柏煒在〈金門的傳統聚落與民居建築〉中，談到金門聚落形成的條件時說，儘管史載漢人對浯洲的開墾早在四、五世紀（東晉、五代），不過正式納入帝國版圖與大規模的移民是發生在十三世紀（宋代）之後，到了十四世紀後半（明代）左右，金門已出現60幾個聚落，大致上就是目前自然村的規模。

目前金門有160幾個自然村，這些村落的形成，在選址上大都以自然環境和生活機能為考量。洪曉聰的《烈嶼傳統聚落之研究：村落領域關係、擇址和空間組織之探討》，以小金門為例，分別就村落之間、村落與自然環境及村落內部的人為環境等三個層面，探討各時期移民村落在大環境變動下所呈現的消長狀態。嚴格說來，金門地區的自然環境並不適合居住，沒有太多選址的空間。以維生機能區分，非都市聚落可細分為鄉街、農村、漁村、鹽村、半漁半農村、山村及礦村等七大類，金門僅具有前五種傳統聚落機能。這些聚落主要以血緣關係作為凝聚力，也就是說，金門的傳統聚落及民居布局，其根本精神乃是宗法倫理的體現。

（二）個別聚落研究

金門的聚落是血緣宗族，李錫祥《金門地區血緣聚落的社會空間組織》從原鄉文化、聚落型態、物質生產與祭祀活動等面向，論證金門地區宗族社會的血緣結合，就是遵循著系譜原則。根據林美容的研究，這種血緣村落大致上有四種類型：一姓村、主姓村、多姓村、雜姓村。[21]不同的聚落有不同的特質，從而形成金門幾個較著名的聚落。王永堅以山后民俗村為例，探討地方文化觀光的策略管理；江柏煒以山后王氏中堡，探討晚清時期的華僑家族及其僑資聚落；[22]山后是重要的民俗文化

---

[20] 林金榮，《金門傳統聚落形成發展族譜資料彙編》（金門：金門國家公園管理處，2009年），頁24。

[21] 林美容，〈一姓村、主姓村與雜姓村：台灣漢人聚落型態的分類〉，《臺灣史田野通訊》18（臺北市：中央研究院民族研究所，1991年），頁11-30。

[22] 江柏煒，〈晚清時期的華僑家族及其僑資聚落：福建金門山后王氏中堡之案例研究〉，《人文及社會科學集刊》15:1，2003.03，頁1-57。

村，中影曾拍過影片並且得過金馬獎，[23]金門國家公園管理處也投入不少資金規劃修復。[24]

以前金門有一句俗諺說：「有水頭的富，無水頭的厝」，意指水頭聚落的洋樓有其深刻的歷史意義，不是有錢就可以蓋出來的。水頭聚落的屯墾距今已有七百年的歷史，相關的介紹和研究散見於各種文章書籍。探討聚落形成與特質的有王惠君和陳威志的〈金門水頭聚落形成與特質之研究〉；[25]論及建築或聚落空間的有許浩龍的《金門水頭聚落居住空間之研究》，探討聚落風水概念下建築基地選擇、房屋興建尺寸原則及室內空間結構的演變；許華山《金門前水頭傳統聚落建築形式之研究》，透過實際測繪調查及訪談整理分析，研究前水頭頂界、中界傳統聚落住民生活行為與建築興建方式的關係，及其順應環境所形成特有之建築形式；李廣榮《地方文化資產如何助益社區永續發展——以金城鎮前水頭社區為例》，以「問卷調查法」了解社區居民面對引進觀光與保有寧靜生活之間的矛盾抉擇；陳儒瑋《歷史場所解說探討——以金門島水頭聚落為例》，稱之為「活」的歷史展示。另外尚有李金生與江柏煒等人所寫的書籍文章，圖文並茂，詳細呈現水頭聚落之美。

金門聚落的擇定大都以實際生活需求為考量，僅有少部份例外。例如明洪武二十年所建的金門守禦千戶所（金門城），以及峰上、田埔、官澳、陳坑（成功）、烈嶼等巡檢司城，是為了軍事目的而建的聚落。金門城自明初以來即為金門商業、軍事重鎮，摩崖石刻、文化遺跡頗多，成為金門城之特色。有關金門城的研究，江柏煒的著作甚為重要，諸如〈從軍事城堡到宗族聚落：福建金門城之研究〉。本文透過正史、地方志、族譜等史料及田野調查資料的考察，討論明清福建金門城的社會與空間變遷。作者指出，清康熙年間為了封鎖明鄭的遷界政策，以及遷治後浦的決定，導致了金門城的沒落。金門城「從軍事城堡到宗族聚落」發展之研究，一方面讓我們瞭解千戶所城的演變，另一方面可作為

---

23 劉藝導演，《金門民俗文化村》，中央電影事業股份有限公司出品，出品日期：1982-01-01，資料來源：電影資料館（1983年中華民國電影年鑑），入圍第十九屆金馬獎（民71年）。
24 劉德雲、張欽協，《山后傳統聚落細部計畫》，金門縣：金門國家公園管理處，2000年。
25 王惠君、陳威志，〈金門水頭聚落形成與特質之研究〉，《國家公園學報》18:2（2008.12），頁29-44。

明清以降中國沿海地區城鎮、聚落體系建立的先行研究。[26]

　　從金門城到後浦，從傳統聚落到國家公園，從明遺老街的修復到後浦歷史空間的實踐，[27]這些研究顯示，金門城是金門社區發展的一個指標。[28]有來自學者的關注，也有來自政府單位的資助。作為一個由軍事城堡演變而來的聚落，後浦的興衰，是部份金門歷史的縮影。許維民《新紀元戰地社區的浮現：金門縣後浦社區的歷史空間實踐》，分別從金門歷史動線的發展、從社區發展的角度，研究後浦的歷史變遷和文化生態。透過歷史地圖的繪製，重建歷史地景，完成一本後浦地方志。[29]金門縣文化局在2007年時以「金門城的歷史風貌再生計畫」，向行政院文化資產總管理處籌備處申請到一筆補助經費，委託金門大學江柏煒、劉華嶽、[30]唐蕙韻、[31]林美吟、[32]戚常卉等不同領域的學者投入規劃研究，[33]充分展現對金門地區文化資產保存價值的尊重。[34]

　　有一句關於金門城的俗諺說：「金門城宮，瓊林祖厝。」瓊林，一個集歷史古蹟、傳統民居、戰地記憶、還有風獅爺神采的花園。瓊林位在金門島中央偏北，早年因地勢平坦，只看得見一片森林，不見屋舍，當時稱為平林。明朝時這裡出了三個進士（蔡貴易、蔡獻臣、蔡守愚），皇帝御賜里名，改為「瓊林」。孫麗琪與陳為信的《金門瓊林：走進萬歲爺的御花園》，雖是一本童書，對瓊林聚落的自然、人文、生

[26] 江柏煒，〈從軍事城堡到宗族聚落──福建金門城之研究〉，《城市與設計學報》7/8（1999.03），頁133-177。

[27] 江柏煒，《金門城北門外明遺老街建築修復與再利用調查研究》，金門：金門縣文化局，2006年。

[28] 參閱王金國、陳炳容，《築夢金門城專輯》，金門：金門縣政府，1996年。

[29] 許維民，《新紀元戰地社區的浮現：金門縣後浦社區的歷史空間實踐》，銘傳大學公共管理與社區發展研究所碩士在職專班，碩士論文，2001年。

[30] 劉華嶽計畫主持，《金門特定區計畫（閩南建築專用區──陽明地區）先期評估與規劃》，金門：金門縣政府，2009年。

[31] 唐蕙韻計畫主持（金門縣文化局委託）；王怡超協同主持，《「金門傳統聚落傳統契約文書調查計畫」研究報告》，金門：國立金門大學，2010年12月。

[32] 林美吟，《金門城歷史聚落保存與再發展細部計畫》，文化建設委員會區域型文化資產保存及活化計畫，96年度執行案，金門縣文化局委託，2008.03-2009.1.

[33] 戚常卉、林美吟，《古城與老酒廠：金門高粱酒傳奇》，金門縣：金門縣文化局（初版），2009年；戚常卉計畫主持（中華民國國家公園學會），《金門宗族組織與祭祖儀式》，金門：金門國家公園管理處委託辦理報告，2009/12；戚常卉計畫主持（中華民國國家公園學會），《金門宗族組織與地方信仰》，金門：金門國家公園管理處委託辦理報告，2010/12。

[34] 蔡家蓁，〈明遺老街修復完工歷史風貌重現〉，《金門日報》，2010/09/03。

活、信仰、地景，以及烽火戰亂有具體生動的記述。走入瓊林，確實讓人有回到不同歷史時空的感覺。胡峻僥《複雜空間的實體寫作——金門瓊林的斷章與續述》，用「碎形」、「複層」的環境景觀理論來描述金門傳統聚落的構成，為瓊林聚落當下所面臨無法永續發展的困境，提出解決之道。[35]張瑞心則以問卷調查的方式，分析瓊林村之居民，探討傳統聚落保存、觀光遊憩衝突與觀光發展之間的差異與關係。[36]兩人的結論有相似之處，建議配合行銷開發瓊林傳統聚落的觀光，增進觀光產業的發展並促進當地居民經濟收入。

位在金門國家公園內的聚落，得天獨厚，經過政府與學者共同努力修復後，大抵都能以全新的面貌吸引觀光客。這七大聚落除了上述的山后、水頭、瓊林外，尚有歐厝、珠山、南山及北山等，其中又以珠山最受重視，珠山可謂金門第一僑村。20世紀初期，在僑匯經濟的支持與知識分子的提倡下，重視小學教育、注重公共衛生、開闢珠山公園、提倡婦女解放，並辦有發行於南洋的僑刊《顯影》（Shining），[37]是當時相當進步的創舉。珠山是薛姓血緣聚落，許志傑《金門珠山薛姓血緣聚落時空間變遷的研究》，探討珠山宗族的移民歷程與社群關係、珠山聚落生活生計的時空間變遷、珠山聚落民居建築的時空間變遷，以及珠山聚落祭祀活動的時空間變遷等。[38]

與珠山有關的研究，範圍甚廣，單就聚落而言，尚有汪荷清、皓宇工程顧問股份有限公司的《金門國家公園珠山傳統聚落細部計畫》；[39]夏鑄九（國立臺灣大學建築與城鄉研究所）的國科會計畫《歷史視野中的中國地方社會比較研究——從僑村到戰地：以福建金門珠山村落為個案之考察》；[40]楊天厚、林麗寬夫婦的《珠山社區總營造——人文采微

[35] 胡峻僥，《複雜空間的實體寫作——金門瓊林的斷章與續述》，雲林科技大學空間設計系碩士班，碩士論文，2006年。
[36] 張瑞心，《傳統聚落保存與觀光遊憩衝突之研究——以金門縣瓊林村為例》，銘傳大學觀光研究所碩士在職專班，碩士論文，2008年。
[37] 江柏煒，〈僑刊史料中的金門（1920s-40s）：珠山「顯影」（Shining）之考察〉，《人文及社會科學集刊》17:1（2005.03），頁159-216。
[38] 許志傑，《金門珠山薛姓血緣聚落時空間變遷的研究》，高雄師範大學地理研究所，碩士論文，2003年。
[39] 汪荷清、皓宇工程顧問股份有限公司，《金門國家公園珠山傳統聚落細部計畫》，台北市：內政部營建署，1997年。
[40] 夏鑄九（國立臺灣大學建築與城鄉研究所），《歷史視野中的中國地方社會比較研究——

成果專輯》；[41]對珠山文史發展了解甚深的江柏煒，也以珠山和歐厝為例，從使用管理維護的觀點，為國家公園內傳統聚落發展擬訂計畫。[42]

（三）綜合與主題研究

金門有160多個自然村落，能獲得青睞，成為研究對象的不到十分之一。一部份是正好位在國家公園內，另一部份則是從事研究的學者們，正好出身於這些聚落，一種對自己出生地的熱愛誘發他們去做研究。

我們可以用一些簡單的二分法將這些個案研究加以歸類，第一種以時間作劃分。屬於過去的叫作變遷研究；屬於未來的則是社區營造與聚落保存規劃。前者為歷史的探討，以目前的研究成果來看，似乎已接近飽和，畢竟歷史是已經發生的事，就算會變遷也不是短時間可以完成。這一類的個案研究未來還是會增加，只是難有突破性的結論。而且，這些個案研究的重點將不是聚落本身，很可能從聚落的歷史意義著手。例如，有關古寧頭的研究，重點可能不是聚落，而是軍事與戰爭。

第二種稱為內外法，即由外部規劃或由內部觀察。金門聚落研究的未來方向，也是比較具實用價值的仍是社區營造方面的規劃，也只有這類研究才能引進政府資金，結合理論與實務，真正幫助聚落的發展。早在1990年代開始，一批大學建築系所的教授投入金門聚落的研究時，便已提出相關的計劃案，例如江錦財《金門傳統民宅營建計劃之研究》、[43]米復國《金門地區聚落保存之研究》。[44]之後在國家公園與金門縣政府的資助下，相關的調查報告紛紛出現，保存、修復、復甦、永續發展，這些詞語成了聚落研究的代名詞。例如江柏煒《老聚落新生命——金門社區總體營造之觀念、作法與借鏡》一書，便是從社區資

從僑村到戰地：以福建金門珠山村落為個案之考察》，國科會專題研究計畫，執行起迄：
2006-08-01至2007-07-31。

[41] 楊天厚，《珠山社區總營造——人文采微成果專輯》，金門：金門縣政府，1997年。

[42] 江柏煒，《金門國家公園傳統聚落之調查研究：從使用管理維護的觀點提出細部計畫：以珠山歐厝為例》，台北市：內政部營建署金門國家公園管理處，2000年。

[43] 江錦財，《金門傳統民宅營建計劃之研究》，國立成功大學建築研究所，碩士論文，1991年。

[44] 米復國（淡江大學建築學系），《金門地區聚落保存之研究》，[建築學系暨研究所] 研究報告，1991年。

源、社區成長、產業振興、未來遠景幾個面向來論述金門社區的總體營造。[45]

由於重要的聚落都在國家公園內，金管處也樂於出資贊助研究。徐韶良〈傳統聚落規劃與保存策略探究：以金門國家公園為例〉，[46]粗略報告了規劃的方向。金門國家公園確實是個很好的例子，楊珮瑤從公私協力關係的角度，分析金門國家公園的聚落保存政策，包括效果與可能衍生的後續問題。[47]何期望《從觀光城市效應探討金門傳統聚落保存與復甦之連鎖策略》，則著眼於一座觀光城市的設計，研究一座城市如何兼顧「觀光」及「生活」的共生條件，期能在「保存」與「發展」的平衡關係中能達成永續觀光之願景。[48]

李瑞圓《金門國家公園傳統聚落保存活化旅遊之公共價值與策略規劃》，以公共事務管理的策略規劃，並從VCS公共策略管理角度切入，探討傳統聚落活化旅遊對園區所創造的觀光價值。[49]陳彥志《應用都市型態學於金門傳統聚落空間之都市設計管制準則》，主要以都市型態學觀點來探討金門地區聚落的空間組織變遷過程，評述金門傳統聚落都市設計管制策略。[50]內文以瓊林聚落為個案，事實上單就瓊林而言，不能代表金門整體的聚落。

這類規劃研究其實還不少，例如朱文熙《鄉鎮級都市設計準則建立之研究──以金門縣金城鎮為例》、[51]呂清福《社區營造與永續發展之研究──以金門縣古寧頭社區為例》、[52]李增德《金門古寧頭聚落營

[45] 江柏煒、陳恩惠、莊舜惠，《老聚落新生命──金門社區總體營造之觀念、作法與借鏡》，金門：金門縣政府，1998年。

[46] 徐韶良，〈傳統聚落規劃與保存策略探究：以金門國家公園為例〉，《金門國家公園傳統聚落保存與建築修復研討會》，金門：金門國家公園管理處（金門國家公園遊客活動中簡報室），2002/11/29。

[47] 楊珮瑤，《朝向公私協力關係的傳統聚落保存：以金門國家公園為例》，銘傳大學公共事務學系碩士在職專班，碩士論文，2005年。

[48] 何期望，《從觀光城市效應探討金門傳統聚落保存與復甦之連鎖策略》，國立成功大學都市計劃學系碩博士班，碩士論文，2005年。

[49] 李瑞圓，《金門國家公園傳統聚落保存活化旅遊之公共價值與策略規劃》，國立中山大學公共事務管理研究所，碩士論文，2005年。

[50] 陳彥志，《應用都市型態學於金門傳統聚落空間之都市設計管制準則》，中華大學建築與都市計畫學系碩士班，碩士論文，2004年。

[51] 朱文熙，《鄉鎮級都市設計準則建立之研究──以金門縣金城鎮為例》，國立臺北科技大學建築與都市設計研究所，碩士論文，2005年。

[52] 呂清福，《社區營造與永續發展之研究──以金門縣古寧頭社區為例》，銘傳大學公共事

造的探討》、[53]與林美吟《金門城歷史聚落保存與再發展細部計畫》等。[54]

　　由內部觀察的研究必須深入聚落之內，了解居民的生活，包括宗教、信仰乃至對未來的期望等。這方面的研究可能已經超越了聚落議題，屬於社會學的範疇。例如李琮閔《金門地區居民對傳統聚落文化之不同態度間相關研究》，[55]內文觸及一個困擾金門居民的問題，尤其是居住在國家公園內的人，他們的意見是否被尊重。金門地區居民對傳統聚落文化究竟抱持何種態度，在一片聚落復甦的聲浪中，某些聲音似乎被忽略了。黃蕙馨《共生與疏離——金門風獅爺與聚落之關係》，[56]探討金門居民如何透過對風獅爺這種辟邪物的信仰，調和生存境遇與居住環境，達到安居樂業的心理需求。經常作為聚落守護神的風獅爺，隨著聚落現代化、教育普及與人口外移等因素，勢必會被淡化，凝聚聚落的核心價值一旦失落，聚落將只是個空殼子。

　　宮廟是金門聚落最大的特色，部分學者指出，地方宮廟與村落之間不僅關係非常密切，甚至可以代表村莊，成為村莊的主體。[57]金門傳統聚落的營建有一些約定俗成的禁忌，例如「內神外鬼」的居住範圍界定，透過「安營」儀式，確定聚落的範圍。在金門國家公園的補助下，來自台南的研究生林建育以《金門傳統漢人聚落領域的空間界定：一個五營信仰的考察》獲得碩士學位。[58]林建育在論文中指出，金門聚落的五營安鎮，詮釋了「內神外鬼」、「合境平安」的空間防禦觀念，並由內而外，由上而下，由單體空間至整體聚落，建構了三向度的防禦性意

　　務學系碩士在職專班，碩士論文，2004年。

53　李增德，《金門古寧頭聚落營造的探討》，銘傳大學應用中國文學研究所碩士在職專班，碩士論文，2002年。

54　林美吟，《金門城歷史聚落保存與再發展細部計畫》，文化建設委員會區域型文化資產保存及活化計畫，96年度執行案，金門縣文化局委託，2008年3月至2009年1月。

55　李琮閔，《金門地區居民對傳統聚落文化之不同態度間相關研究》，大葉大學休閒事業管理學系碩士班，碩士論文，2003年。

56　黃蕙馨，《共生與疏離——金門風獅爺與聚落之關係》，南華大學美學與藝術管理研究所，碩士論文，2007年。

57　王志宇，〈臺灣寺廟碑碣與村莊社會（1683-1945）〉，《通識研究集刊》15（2009年6月），頁3。

58　林建育，《金門傳統漢人聚落領域的空間界定：一個五營信仰的考察》，樹德科技大學建築與古蹟維護研究所，碩士論文，2005年。

涵。[59]李豐楙指出，在離島澎湖、金門或臺灣本島的中南部地區，安五營為普遍存在的信仰習俗，這種常態性的祭祀活動決定了村落的社會生活形式。在臺灣，絕大多數的村社，都是借由五營信仰而圈定村里的境域，又配合村廟、宗祠或土地公廟，界定合村村民的地方歸屬感。[60]

自從解嚴開放後，金門的新社區陸續出現，民居的營建已經超越了傳統聚落的界限。隨著人口的遷徙，聚落的血緣關係日益淡薄，宮廟活動雖然還是照樣舉行，但恐只存儀式，或是為了觀光的效益，不是真的信仰。一旦鬼神之說成為迷信，聚落的意義便只是一堆建築物。金門的傳統聚落是一種宗族社會，經由族譜紀錄我們可以追蹤先民的遷移過程，從而了解不同聚落之間存在的宗法關係。

聚落與族群，原鄉與移民，金門聚落的故事，總是要講到「落番」的那一段歷史。袁興言《由移民聚落到跨海宗族社會：1949年以前的金門珠山僑鄉》，用「移民聚落」及「跨海宗族社會」的觀點研究珠山村的移民類型，珠山聚落是薛氏跨海宗族社會的核心節點。[61]金門被稱為「僑鄉」，金門國家公園管理處拍了一部影片，名為「落番」，講述金門人的海外移民史。金門人離鄉背井，海外打拼的地方，除了南洋，更多的是到台灣、澎湖，尤其是澎湖，金門與澎湖的聚落有甚多相似之處。

（四）跨地域的比較研究

將金門聚落之空間形式特徵與其他地方進行比較研究，目前的研究成果只有澎湖，主要是因為澎湖有很多移民來自金門。部份澎湖居民與金門居民有血緣關係，當金門居民遷移到澎湖時，自然也會將宗教信仰、生活方式、文化內涵一併帶到澎湖。因此，從理論上看，這兩地方的聚落必然有其相似之處。

例如位在澎湖西嶼鄉的二崁村，先民於三百多年前從金門渡海而

---

[59] 張建騰，〈金門廟會安五營學者研究寫成12萬字論文〉，《金門日報》，2007年9月26日。
[60] 李豐楙，〈「中央－四方」空間模型：五營信仰的營衛與境域觀〉，《中正大學中文學術年刊》2010年第一期（總第十五期）（2010年6月），頁33-70。
[61] 袁興言，《由移民聚落到跨海宗族社會：1949年以前的金門珠山僑鄉》，台灣大學建築與城鄉研究所，博士論文，2011年。

來，[62]以農耕和漁獲在此安身立命。二崁村是陳姓的血緣聚落，在村落四圍，有先民防妖鎮邪的五營旗，標示村落的範圍。過去，五營旗曾擴大三次，但現在，人口不滿百，五營旗依然守著空空蕩蕩的聚落。二崁聚落是文建會社區總體營造中特別規劃的聚落保存計畫，許多舊宅已逐步在進行修建。民國70年代，澎湖觀光旅遊逐漸發達，二崁先被規劃為民俗村，但因不是古蹟所以缺乏相關文物保存與整體營造的推動。直到被指定為全國第一個傳統聚落特定區後，社區整體發展才步上軌道，傳統產業、文化、飲食、生活等特色再度在這個小聚落內活絡起來。

　　這些年金門縣政府在金門各地展開傾頹房屋清理作業，配合鄉村整建，使老聚落有煥然一新的感覺。但是由於出發點不是社區營造，而是基於衛生與安全考量，因此無助於聚落的發展，也無法跟澎湖的二崁村相提並論。依據「烈嶼觀察筆記」的調查，頹屋的整理或民宅修復經常牽涉到複雜的產權問題，以及居民的意願，使得修復工作曠日廢時。另外，還有一個更為關鍵問題：聚落要怎麼保存？保存些什麼？就國際文資保存趨勢與潮流而言，「凍結式」的古蹟保存，已被「永續式」的環境復育所取代。遺憾的是，金門這幾年來對聚落的修復與保存共識不足，無論公部門或在地居民，對於聚落保存的願景想像，還停留在建築的修復，顯得創意不足。再加上工程的利益分配問題，使得聚落的修復目標及保存價值受到嚴重扭曲。[63]

　　即便是金門本地的聚落，國家公園內的，或國家公園外的，彼此之間差異也很大，何況是跨海的澎湖。金門與澎湖，因地理環境差異甚大，社會經濟、宗教組織必然也不盡相同。這也正是學者最感興趣的地方，金門移民的澎湖聚落，究竟與原鄉的金門聚落有何不同？吳培暉的學位論文幫我們解答了這些問題。1992年，在米復國的指導下，吳培暉完成《金門聚落的變遷與空間意義的再界定》。作者將金門聚落放在整個金門地景、歷史與社會脈絡中，考察金門從1949年以來，如何從一個傳統移民社會，轉化成兩岸兩岸對抗下的防衛空間，又如何從一個封閉

---

[62] 根據林金榮「澎湖十大姓氏中的金門籍開基祖」表中所列，澎西龍門陳氏入澎年代為天啓年間（1621年－1627年），林金榮，《金門傳統聚落形成發展族譜資料彙編》，頁133。

[63] 參閱「烈嶼觀察筆記：痞客邦PIXNET」部落格，〈以澎湖二崁聚落看烈嶼的頹屋整理〉，閱覽日期2011年5月。〈http://taconet.pixnet.net/blog/post/34873087〉

的社會走向開放觀光。金門開放化與聚落觀光化的結果，成就了資本的進入；而原本被視生存空間的部份土地，也從務農格局中被釋放出來，被賦予作為觀光消費的對象。自1980年代以後，金門的地景與聚落空間形式逐步進行著再結構的過程。[64]

在金門聚落研究的基礎上，1997年吳培暉完成博士論文《1911年以前金門與澎湖村落空間的比較》。本論文是一篇關於傳統村落空間的比較研究，探討1911年以前金門與澎湖這兩具有移民血緣關係的村落，什麼原因使得兩地區的村落空間有不同的呈現。吳培暉將地理學與民族學的村落研究經驗引進建築學的討論，並從宗族社會、社會經濟、政治社會、宗教組織四個面向來進行比較。結論指出，澎湖的村落並沒有如金門形成以宗族為主的社會運作，反而促使社會朝向以宗教組織來結構社會的關係。於是，此社會文化涵構的差異，在村落空間的呈現上，金門是以宗祠，而澎湖則轉化為以宮廟為主的空間形式。從村落空間形塑的過程可以瞭解，澎湖並沒有完全承襲金門原鄉，轉而朝向某種土著化社會邁進，宮廟便是此社會形成的指標。[65]

研究聚落變遷的以建築學者居多，吳培暉是成大建築博士，江柏煒是台大建築與城鄉研究所博士、米復國是台大土木工程研究所博士、徐明福是英國愛丁堡大學建築哲學博士。這些學者都是建築土木專業，對民居聚落的了解自然會偏向建築形制。江柏煒的《宗族移民聚落空間變遷的社會歷史分析：金門瓊林與澎湖興仁的比較研究》，旨在分析不同支配力量作用下鄉民社會（peasant society）與空間營造的社會歷史變遷。[66]金門瓊林與澎湖興仁之所以產生關聯，因為蔡廷蘭。澎湖馬公市興仁里有一國家三級古蹟——「進士第」，是澎湖唯一進士蔡廷蘭於清道光二十六年（1846）返鄉祭祖時，仿造金門建築格局所建。蔡廷蘭先祖原為金門瓊林望族，至明末遷居澎湖。

---

[64] 吳培暉，《金門聚落的變遷與空間意義的再界定》，淡江大學建築（工程）研究所，碩士論文，1991年。

[65] 吳培暉，《1911年以前金門與澎湖村落空間的比較》，國立成功大學建築（工程）學系，博士論文，1996年。

[66] 江柏煒，《宗族移民聚落空間變遷的社會歷史分析：金門瓊林與澎湖興仁的比較研究》，國立台灣大學建築與城鄉研究所，碩士論文，1993年。

1994年文建會委託淡江大學建築研究所米復國教授主持,調查金門與澎湖地區傳統聚落及民宅,結果由文建會出版,共二卷,一為附錄。[67]此研究在理論層次上處理了金門、澎湖特殊的歷史脈絡、聚落與民宅的界定、常民文化的空間建構與空間觀、以及其空間形式與特色等課題,並以此描述、分析了金門、澎湖傳統聚落與民居的整體發展。

　　同年,徐明福與傅朝卿共同主持國科會計畫案《金門與澎湖地區傳統聚落變遷之比較研究一:營建體系的變遷對傳統聚落的影響》。[68]從一個「營建體系」變遷的角度來檢視,並進而以比較方法,詮釋金門與澎湖傳統聚落變遷的過程。其目的有二,一為詮釋這具有血緣關係的兩個地理區,彼此的村落空間是如何為其背後之社會、政治與經濟的機制所結構;二為探討村落實質空間的構成模式與領域關係,以及村落的特質。基本上,這是一種村落空間文化形式的比較研究。

　　張宇彤的《金門與澎湖傳統民宅形塑之比較研究——以營建中的禁忌、儀式與裝飾論述之》,[69]以營建禁忌在風水觀上的實踐為題,藉由承傳關係相當密切的金門、澎湖兩地之差異性比較,探討在相同母文化的影響下,營建禁忌如何因應其自然及社會文化環境的變遷進行修正;並深究其背後的影響因素,以適其所需。就風水觀而言,金門風水較佳,故而其營建禁忌重廳堂且致力於中心、中軸的強化;澎湖則在風水氣脈薄弱及煞氣較重的影響下,致力於納水、藏氣,以補先天氣脈不足的缺憾,故而其營建禁忌在重中心、中軸之餘,尚致力於領域的建構。[70]

　　傳統聚落的營建,非常重視風水。所謂風水,王建成在《金門的閩南式傳統建築舉隅》一書中說:「所謂好風水就是要從地面上尋找一處能藏納好風與匯聚好氣的天然地理位置,因為『氣乘風則散,界水則

---

[67] 米復國計劃主持,《金門與澎湖地區傳統聚落及民宅之調查研究(附錄)》,台北市:行政院文化建設委員會,1995年。

[68] 徐明福計畫主持;傅朝卿共同主持,《金門與澎湖地區傳統聚落變遷之比較研究 一:營建體系的變遷對傳統聚落的影響》,臺南市:國立成功大學建築研究所,1994年。

[69] 張宇彤,《金門與澎湖傳統民宅形塑之比較研究——以營建中的禁忌、儀式與裝飾論述之》,成功大學建築研究所,博士論文,2001年。

[70] 參閱張宇彤、徐明福,〈金門與澎湖傳統民宅營建禁忌之比較研究(二)——在風水觀上的實踐〉,《建築學報》38期(2001/11/01),頁37-65。

止。』」[71]金門地區的聚落與宅屋的建造過程中，便是採取了依地理形勢的形法與天象方位的向法而綜合運用的。風水觀不同，是否也會影響營建儀式？儀式是一種精神文化的呈現，藉由儀式的進行彰顯人們對自然、生命與鬼神的敬畏之心。

就此點而言，金門居民與澎湖居民不會有太大差異，只是表現的方式可能因地區差異而有所不同。高怡萍從人類學的角度比較了金門與澎湖的鎮符儀式，[72]在其論文中，分析了澎湖村廟活動中的「犒軍儀式」。聚落透過犒軍儀式的符號傳遞來進行人與神的溝通，在這過程中法師扮演著極其重要的角色。要瞭解犒軍儀式的象徵意義，必須發展一種多層次的差異研究法，所謂的不同層次，其中當然包活不同區域的比較研究，由澎湖而金門。

三、結語

在社會科學研究中，許多學科已陸續發展出各種計量模式與數學語言來輔助質的研究，以期更精確呈現多元而複雜的人文社會現象，在聚落空間研究領域也是如此。目前有關金門聚落的研究多以文字描述為主，輔以田野調查的照圖片說明，對於聚落中複雜且抽象的深層空間結構和社會結構之間的關係，常有難以全面性完整呈現之苦。因此，許多學位論文常透過設計運算的方法及對空間的分析，研究傳統空間中的社會文化與空間結構，藉由行為與空間互動所產生的環境模式，剖析聚落中的空間與文化結構關係。為了探索金門聚落所隱含的空間文化現象，不同的研究會選擇不同的聚落作為個案，運用理論分析日常生活空間的公共性、社會群體與空間發展、親屬位序等結構關係，以期發掘出整體聚落空間與社會文化的內在邏輯。[73]

2004年，文建會舉辦了一連串《歷史建築經典之旅》，希望重新喚起國人追本溯源，珍視古蹟的情懷。其中，唯一以人文文化價值設立的

---

[71] 王建成，《金門的閩南式傳統建築舉隅》（金門：金門縣文化局，2006年），頁24。

[72] 高怡萍，〈民間宗教中兵馬儀式的地區性差異——以金門與澎湖的鎮符儀式為例〉，莊英章、潘英海，《臺灣與福建社會文化研究論文集（三）》（台北市：中央研究院民族學研究所，1996年6月），頁243-269。

[73] 李琦華、林峰田，〈台灣聚落的空間結構與社會脈絡研究〉，頁1。

國家公園──金門國家公園，從人文薈萃到戰地深鎖，再到開放後的活力與徬徨，成了大家極欲探索的新大陸。如同一般人所了解的，被戰火封閉了半世紀的金門，同時並存著閩南、僑鄉、戰地三種文化。除了二次大戰期間被日本短暫佔領外，金門不曾被殖民，民情與景觀與台灣本島不同。而本以為歷經「823炮戰」及長年的「單打雙不打」，建築物必遭破壞殆盡，沒想到國軍長期駐守，「限建與禁建」反而使這裡的建物受到保護，所有的歷史遺跡仍停格在軍事統治初期。如同江柏煒所說，金門傳統聚落與建築保存完整度之高，可稱得上是我國閩南建築文化圈的最後一個基因庫。[74]

曾經繁華、走過戰火，金門這些豐富而完整的文化資源，讓許多金門人希望爭取聯合國「世界文化遺產」登錄，並在學者專家的斡旋下，將具保存價值的傳統歷史建物交由縣政府補助修補。包括閩南式建物、具意義的公共建築，或已不使用的民宅都可獲得補助，但須設定30年地上權為國家所有。全縣168個聚落，有12個重點聚落目前交由金門國家公園管理處守護。其他聚落，許多荒蕪的民宅深院及宗祠裡，仍保有精緻鮮麗的雕磚、壁飾，但絕大部分的歷史遺跡，只留著一身殘破，等待著尚無著落的修繕經費。

「世界遺產」的美麗願景可望不可及，眼前的最大阻力可能不是錢的問題，反倒是在地民眾的心態。對金門人來說，總希望在好不容易卸下戰地任務、自主開放後，能一掃破舊沒落的建物，全面加速現代化建設，儘快和國際接軌，以彌補過去看似空白停頓的半個世紀。歷史與生活、文化與經濟、個人利益與國家形象，種種糾葛難題，不僅金門人關切，政府也要一體承擔。金門的聚落研究，再多的規劃，再多的願景，若不能體會金門人的矛盾心理，只是徒增困擾。假如聚落有生命，就讓它依自己的內在邏輯去發展吧，強求不得。

---

[74] 江柏煒，〈閩南建築文化的基因庫：金門歷史建築概述〉，《傳統聚落與建築修護研討會》，金門：內政部營建署金門國家公園主辦，2002年。

碑碣研究

一、碑碣釋義與歷史發展

「碑」之名，起源甚早，至遲在周朝已經出現，其本義最初是指豎立在地面上的石塊，許慎《說文解字》卷九「石部」對碑碣有非常簡潔的解釋：「碑者，豎石也。」根據文獻記載，豎立碑石的用意大致有三，即「引陰陽」、「引物」，以及「引棺」。早先的碑石不刻文字，大多立於宮廷之內，被當成一種計時的工具——日晷，以便測度日夜光陰，所以稱為「引陰陽」；其次是立於宗廟之前的豎石，讓前來拜祭的人有地方可以拴綁祭祀用的活牲禮，「引物」指的就是可以牽繫生禽的石樁或石柱而言；另外則是放在墓地旁作為「引棺」用的石碑，「引棺」是棺木入葬時牽引的動作，因為棺木非常沈重，過去必須藉助轆轤將棺木置入墓穴，而被用來綁繩借力使力的就是墓旁的石碑。

秦以前刻有文字的石塊都稱為「刻石」，秦始皇在東巡鄒嶧山時所留下的紀錄都稱之為「刻石」，不叫「碑」。[75]漢代以後，有人在宗廟與墳墓前的「碑」刻載宗廟世系或追述死者功德的文字，因而開始有「刻字碑」的出現，並演變為後世所常見的紀事碑或頌德碑。清代藏書家葉昌熾一生好收藏金石，傾力求歷代碑版拓本8,000餘件，在所著《語石》一書中說：「凡刻石之文皆謂之碑，當自漢以後始。」[76]是正確的歷史推論，東漢以後，碑碣雲起，日益普遍。[77]

早期的碑與碣在外形上有明顯的區別，碑方而碣圓，碑有額而碣無額，碑有座而碣無座。後世的碑刻流行，立碑未依規制，各行其是，對碑與碣的形制未加嚴格區分，碑碣有別的形制日漸廢弛。唐時碑碣大盛，無論碑文、書法、刻工都能體現時代精神。但碑與碣的用法仍有區別，五品以上的用碑，五品以下的用碣，後世之人不知此理，往往混

---

[75] 參閱《史記‧秦始皇本紀》。
[76] 葉昌熾，《語石》（上海：新華書店，1986年），卷3，頁46。
[77] 參閱王忠林，《文心雕龍析論》（臺北市：三民書局，1998年），頁177。

用，常將碑、碣、墓誌銘、崖石刻（將詩詞題字鑿刻在天然巨石或山壁上）、造像題銘等各種形式的文字刻石，統稱為「碑」或「碣」。

碑碣是中華文化的一部份，對常民百姓的生活影響深遠。杜甫《贈蜀僧閭丘師兄》詩：「青熒雪嶺東，碑碣舊制存」；白居易《立碑》詩：「無人立碑碣，唯有邑人知」。碑碣石刻，集記史、紀事、文字、文學、測圖、繪畫、紋飾、書法、選石、摹勒、鐫刻、雕鑿等於一體。是歷史文化的重要組成部分，是千百年來人民群眾智慧創造的結晶，更是研究歷史、文化、政治、經濟、軍事、民族、宗教、民俗、藝術、科技等的珍貴且翔實的資料。立碑題文，刻石記事，昭示後人，不論古人或今人都相當重視。因此歷代以來所留傳下來的碑碣數量，已難細數，而且還在不斷增加中。

台灣地區的碑碣係漢人自明清以來歷經各時期所留存的，明、清、日治時期所題立者將近2,300件，近代所立的石碑則超過4,000件。[78]數量雖然不如中國大陸，但台灣、金門、馬祖等地的碑碣都是深具研究意義與價值的文獻史料。近50年來，不乏有心學者與文獻單位，進入深山古道作採訪、摹拓，並將研究成果彙集成書，例如劉萬枝的《台灣中部碑文集成》、黃典權的《台灣南部碑文集成》、黃耀東的《明清台灣碑碣選集》等，其中又以國立中央圖書館臺灣分館和成功大學歷史系合作的「採拓整理臺灣地區現存碑碣計畫」最為重要。在何培夫教授的帶領下，經過九年漫長的採拓工作，終於完成16冊《台灣地區現存碑碣圖誌》及《金門馬祖地區現存碑碣圖誌》，收入館藏的拓本共計2,090件，這是台灣碑碣研究史上，可能是空前絕後的集大成者。

這一系列圖誌的出版，是日後諸多碑碣研究的基礎，除了喚起政府單位對碑碣價值的重視外，也引來更多「閒客」投入碑碣的查訪與介紹。[79]原本冷冷清清的石頭，搖身一變成為旅遊休閒的好去處，各種碑碣與生活特展，以及教人如何拓碑的活動，藉由活化歷史，讓世人重視此一深具文化資產意義的文物，碑碣是人民生活的紀錄簿。一般來說，

---

[78] 曾國棟，《台灣的碑碣》（台北：遠足文化，2003年），頁5。

[79] 「閒客」是指通過網絡以及視頻在線等方式，直接為學生提供課外輔導服務的網民。這種網絡交流學習的形式日益受到年輕人的推崇，其優勢在于便捷和高效。參閱「中國閒客網」，〈http://xzf.2000y.com/mb/1/readnews.asp?newsid=556052〉

碑碣的研究大致上可分為以下幾個方向：

（一）收集碑文，例如《臺灣南部碑文集成》、《臺灣中部碑文集成》和《臺灣北部碑文集成》，分別為黃典權、劉枝萬和邱秀堂所輯。這三部《集成》中彙集了許多有關清代臺灣寺廟的修建與管理的碑文，在這些碑文中不乏大量商人、商行的名號，我們不僅可以瞭解清代臺灣商人、商行與當時寺廟修建和管理的關係，還可窺視清代臺灣商業的發展概況。

（二）依照碑碣功能分類，例如王國平、唐力行主編的《明清以來蘇州社會史碑刻集》、莊欽永的《馬六甲、新加坡華文碑文輯錄》，都是著名的碑刻資料集。王書收錄明初以迄1949年間撰成的蘇州地區現存碑刻文字500件，將碑文資料分為四大類：社會角色與社會群體、社會生活與社會合作、社會信仰與社會心態、社會問題與社會管理。這種依據內容所作的劃分，可以明顯看出編者的「社會史」旨趣，但這樣的分類似乎也反映了碑碣分類的意識型態。

（三）拓本與圖誌，例如中央圖書館台灣分館在1999年所做的拓碑，與在何培夫等人的努力下所完成的16冊《台灣地區現存碑碣圖誌》及《金門馬祖地區現存碑碣圖誌》。

（四）將碑文（文言文）翻譯成白話文進行解讀及討論，將討論結果歸納並統整，分析當時的社會狀況。或是和史書對照，作進一步的考究。例如曾國棟《台灣的碑碣》，作者以貼近生活的主題將台灣現存的碑碣分類，再從歷史人文的角度，發掘當初立碑設碣的意義與典故。學位論文如林明風的《高雄市清代現存碑碣之研究》，與楊宏龍的《金門明清古碑之研究》；調查報告如陳炳容的《金門碑碣甄跡》。

二、金門的碑碣研究

金門人對於碑碣並不陌生，甚至可以說就生活在碑碣的環境之中。在目前縣定的古蹟中，碑碣類古蹟占了大部份，尤其是古墓。根據陳炳容的《金門的古墓與牌坊》，金門明清留下來的古墓超過60座，主要為

官宦人家，這些古墓大都有牌坊及墓道碑，作者據此線索串連出金門最早的一條古官道。[80]除了調查與研究，金門縣政府也出錢出力委請建築師修復某些重要古墓，例如符宏仁建築師事務所對邱良功墓園的修護工程、楊仁江建築師事務所對陳禎、陳健、蔡攀龍、文應舉墓的修護。每一座墳墓都有一個故事，同時也是金門歷史的見證，透過古墓、牌坊與碑碣的調查與研究，浯島素來被稱為「海濱鄒魯」，絕非虛名，其來有自。

近代以來，浯島常遭盜匪肆虐，加上戰亂頻仍，烽火連天，天災人禍不斷，多數歷史遺留下來的建築，早已不見蹤跡，殘存下來的也是破損嚴重，儘管努力修復，還是無法完全恢復當年模樣。以明魯王的「漢影雲根」碣為例，發現時巨石已崩落，倒立地上，「根」字已不見，如今的碣石是1970年金門社教館於該址對面巨石上仿真蹟另拓。魯王流落金門，有著一代末路王孫的悲情，[81]但是對金門人而言，「漢影雲根」四字有如另一塊摩崖刻石——「毋忘在莒」，都是金門人不可承受的重。[82]

金門從太武山至海邊，從住宅、祠廟、村落到田野，皆有碑碣的蹤跡，立碑地點，包括行政機關、公家建築物、寺廟、祠堂、交通要道、港口要津、海岸、井泉、公園、湖庫、墳塋、風景勝地等。現今在金門所能見到的碑碣以墓碑類最多，有墓碑的古墓，以宋代最早，但數量不多，因宋代規定八品以上官墓立碣，六品以上官墓立碑，一般平民墓是不准立碑碣的。明清二代，金門文官武將輩出，官宦之墓甚多，這些官宦墓，是金門明清二代人才濟濟的見證；同時，若能將這些碑碣及其周遭環境加以整理，也可成為金門重要的觀光景點，深化金門文化旅遊的內容。

金門最具歷史意義的古墓應屬「明監國魯王墓」，此墓的發現不但是考古學的盛事，更牽涉到一件歷史公案的解題，某種程度上說，

---

[80] 陳炳容，《金門的古墓與牌坊》（金門：金門縣政府，1997年），頁154。

[81] 參閱卓克華，〈金門魯王「漢影雲根」摩崖石刻新解——一代末路王孫的悲情〉，《從古蹟發現歷史－卷之一：家族與人物》（台北市：蘭臺出版社，2004年），頁275-308。

[82] 參閱陳德昭、李增德，〈金門古蹟『漢影雲根』弦外音〉，《二〇〇二中國文學「學理與應用」——經典文獻中的禮俗與文化》（桃園：銘傳大學應用中國文學系，2002/03/16），頁183-210。

也是金門碑碣研究的開端。道光十一年（1833）林樹梅在金門城東面發現一古墳，鄉人稱其為「王墓」，林氏參稽古書，判定其為魯王墓，報知福建興泉永巡道周凱，周凱派人整修，為之立碑。碑題「明監國魯王墓」，並作陰記，碑文記魯王自舟山兵敗來金，及病歿事，並由金門西村舉人呂世宜書寫，呂世宜的書法，與碑文相得益彰。此後世人即認為此墓為魯王真塚，直至1959年8月22日，國軍在古崗湖西側炸山採石，發現這才是魯王真塚，120年來達官貴人競相題字立碑，原來是一場烏龍。

此次挖掘所得，有無字墓碑、墓案、壙誌、遺骸、瓷碗、紅方磚、銅錢、殘棺木等等。其中尤以壙誌一方最為重要，根據碑文所記，得以洗刷鄭成功沈魯王於海的冤屈，現壙誌存於國立歷史博物館，當時的中央研究院院長胡適曾為壙誌作跋，引起海內外重視，一時報章雜誌皆有考證及評論紀載。[83]時任《正氣中華報》副總編輯的郭堯齡先生也參與考古工作，並於同年11月5日起，一連六天在該報刊載〈考正歷史，魯王重光〉一文，備述發現魯王真塚經過。[84]

1959年冬，蔣介石總統巡視金門，親蒞魯王真塚地址視察，指示金門當局在太武山小徑建築新墓，歷時三年始告完成，並於1963年2月4日舉行安葬典禮，此即今日金門小徑魯王新墓的由來。魯王真塚既已發現，並於小徑重新營葬，但學者對原來舊墓仍充滿好奇。金門地方人士於1982年12月集合研討，案經縣政府層呈國防部轉行政院，由文建會推薦成功大學教授黃典權、師範大學教授王啟宗兩位專家，於次年11月3日蒞金從事挖掘。根據出土遺物，黃、王二教授鑑定此為宋代士宦人家命婦之墓。乃以瓦棺拾骸，仍就原穴封葬，由縣政府刻豎碑曰「宋元豐命婦之墓」，墓旁樹立「明監國魯王疑墓掘考誌」，敘述發掘考證經過，並整修墓園，種植花木。

金門擁有的碑碣很豐富，許多碑碣深具歷史價值，如元代〈浯洲場築寨砌路記事碑〉、清代〈嚴禁妄報官牙壟斷市集碑記〉等等，但《金門志》皆未記載，相較於臺灣，金門對碑碣的整理研究，明顯落後甚

---

[83] 胡適，〈跋金門新發現《皇明監國魯王壙誌》〉，《台灣風物》第十卷一期，頁38-41。
[84] 郭堯齡，《魯王與金門》（金門縣：金門縣文獻委員會，1978年再版），頁10-14。

多。魯王壙誌的出土，固然對訂正史實有其價值，也引發對碑碣一時的熱情，終究是一時現象。對散落金門各地的碑碣，還是任其傾頹，無力維護。直至1986年春，社教館館長盧志輝於下鄉訪視時，見到數座石碑傾頹毀損之狀，十分痛心，於是產生蒐集以便陳列保存之念。[85]

之後，經過軍方的協助，共收集散置金門各地的古碑15塊，經整理修補後樹立於該館後面空地，1987年3月，又添加仿古重刻名碑8塊，共23塊。1997年，這些石碑被遷到現今文化局圖書館旁的停車場空地，築牆保護，號稱「金門碑林」。2007年底又增添了為清代金門通判程煜所立德政碑，這些石碑，雖然只是金門現存明清迄民國以來百多件碑碣的一部分，但包含種類很多，碑文清晰可辨，書法氣勢磅礴，數量雖少，卻頗為壯觀，件件耐人尋味，值得欣賞研究。

關於金門的「碑林」，在其初成之時便有盧志輝與郭堯齡撰文，對其種類和內容作了初步的整理與考釋。1999年國立中央圖書館出版何培夫先生主編之《金門、馬祖地區現存碑碣圖誌》，2006年楊宏龍撰寫《金門明清古碑之研究》，對上述15塊古碑，都作過不少考證、釋義與辨明等工作。曾任職國史館的羅元信，更進一步對碑林中「副將軍紀公德政碑」與「參闈胡公功德碑」兩塊石碑的來歷和原貌，尤其是碑文所牽涉到的人物作了明確的考證。〈金門碑林二考〉一文在《金門日報》連載近月，[86]顯示碑碣研究對金門的閱聽大眾有其一定的吸引力。

考證文章畢竟過於專業，一般讀者或許比較喜歡圖文並茂的通論性著作。1997年，楊天厚與林麗寬夫婦出版《金門寺廟楹聯碑文》一書，完整收錄金城、金寧、金湖、金沙、烈嶼五大鄉鎮與大膽島寺廟的楹聯、碑文，以及碑林、神道碑和名勝古蹟碑。該書是對金門寺廟楹聯碑文全面採錄的專著，對欲了解和研究金門民間宗教者，是頗有價值的參考材料。但是，若從碑碣研究而言，仍有許多美中不足的地方，例如，古蹟類的碑文並非普查所得，許多已知的碑碣未被收入。當然，金門的碑碣甚多，如何評量其價值，需要專業的能力。

---

[85] 參閱盧志輝，〈金門中正圖書館碑林設置始末〉，《金門季刊》，第二十三期，1986年12月。

[86] 羅元信，〈金門碑林二考〉，《金門日報》，2009/10/01-25，副刊文學。

1990年中央圖書館臺灣分館與國立成功大學歷史系合作，由培夫教授主持，進行「採拓整理臺灣地區現存碑碣計畫」，計畫自1990年7月開始進行，六年後，將採集成果逐年出版，完成《臺灣地區現存碑碣圖誌》。之後又花了三年時間，才有《金門‧馬祖地區現存碑碣圖誌》一書的出版。[87]本書採拓金門古今碑碣127件，並採錄民國以後存目碑碣386條。許多原本風化嚴重而難以辨識的碑碣，經由拓製方能較清楚了解碑文內容，目前，臺灣分館典藏的金門碑碣拓本共有88件。

　　《金門‧馬祖地區現存碑碣圖誌》是對金門碑碣進行拓製，有系統整理研究的第一本專著，但其目的在保存碑碣史料，對碑文之解讀較為簡略，且因碑文受風化影響，難免有些地方判讀錯誤。自是書出版的1999年以來，金門局勢緩和，駐軍裁減，多處原本管制的營區釋出，加上金門各地的施工整建，陸續有新的石碑出現或被掘出，這些碑碣都是《金門‧馬祖地區現存碑碣圖誌》未收錄的，值得再加以整理研究。

　　金門縣文化局向來重視浯島文化的保存，深知碑碣是文獻的特殊載體，有其多方面的價值。因此委託「金門縣采風文化發展協會」進行「金門碑碣調查研究計畫」。經過一年的努力，於2011年出版《金門碑碣覓跡》一書。[88]本書之作，除了增補《金門‧馬祖地區現存碑碣圖誌》所未收錄的古碑碣外，並就碑碣加以分類研究。全書共分四章，有學術性的論證，也有為促進金門觀光發展的「碑碣知性之旅」。基本上，這是一本「雅俗共賞」的書，可讓一般大眾了解碑碣所反映的相關史事，從碑碣來解讀金門，來了解金門，親近金門。

　　碑碣無所不在，但是，如果沒有活化的解說，永遠是一座冰冷的石塊。為讓「碑碣不再冰冷、史料不再死板」，許多地方政府經常舉辦「台灣碑碣與生活特展」，藉由展示與解說讓讀者重新認識碑碣的意義，並且搭配拓碑活動，欣賞碑碣的內容背景與形式之美。這些年，金門經常舉辦古蹟日活動，[89]鼓勵民眾親近文化資產，並從參觀、導覽活動中了解文化資產在現代生活的意義。

87　林文睿、何培夫、國立中央圖書館臺灣分館，《金門　馬祖地區現存碑碣圖誌》，台北：國立中央圖書館臺灣分館，1999年。

88　陳炳容文、葉鈞培圖照，《金門碑碣覓跡》，金門縣：金門縣政府文化局，2011年。

89　參閱倪國炎，〈金門古蹟日　金門重返明代古城追尋歷史〉，《大紀元》，2008/09/27。

每處古蹟、每塊碑碣，背後都有一個歷史故事，對金門人而言，「歲月如碑」只是粗淺的常識，金門人的「碑碣情結」有時候幾近「歇斯底里」。從「雲根漢影」到「毋忘在莒」，從「虛江嘯臥碣群」到無所不在的「戰鬥標語」，金門島多的是石頭，多的是刻了字的石頭。如今每個村莊的入口都放了一塊大石，刻著村落的名稱，各個石頭造型不一，字體不一，但大大的紅字，反映著金門人追尋歷史，活化歷史的情懷。

Chapter 3
史學與文物

🐎 學術會議

一、前言

　　唐尼・羅傑斯（Tony Rogers）在《研討會與會議》一書中，[1]以個案研究和舉例說明的方式，分析世界各地，包括英國、德國、菲律賓、美國與澳洲所舉行的研討會與學術會議。如同此書的副標題所說，研討會與學術會議是現今世界的潮流，一種全球性的企業。此書檢視了這種企業的產生、結構、經濟學、職業發展機會與未來發展性，並在每章之後提出一些讓讀者深思的問題，藉此測試讀者的知識水平，以及對各種議題的了解程度。

　　近年來，隨著台灣經濟實力的提升，對於研究發展愈來愈重視。學術研討會，或一般研討會（通常研討會都具有學術性）日益普遍，幾乎每天都有研討會的訊息。在學術界，研究人員每年都得參加好幾場研討會，有時候多到令人覺得像是大拜拜，空有學術之名而無學術之實。學術會議是提供研究員發表及討論其研究成果的場所，研討會是研究人員之間信息交流的橋樑。若主辦單位經費足夠，會議中所提交的論文會結集出版，而論文能否出版，也是學者決定是否參加研討會，並在會中發表論文的一項指標。

　　一般說來，研討會都是為了某特定目的而舉行，人力、經費、設備是研討會能否辦得成功的三項重要因素。依此而言，我們可以簡單的

---

[1] Tony Rogers, *Conferences and Conventions: a global industry*, Amsterdam; London: Butterworth-Heinemann, 2008.

為研討會下一個定義：「藉由一種面對面的形式，在特定的期間內，投入相當的資源與人力，經由多方參與，以達到資訊分享、意見整合的會議。」不同的研討會有不同的研討宗旨，例如，學術性的研討會多半在蒐羅各方的研究成果、論點、或是整合各方的意見，形成一特定方向。因此，研討會的宗旨多有特定、明顯的題綱作為討論宗旨。

目前，國內外的研討會過程都有一定的程序。會議的成立首先會透過徵求論文或是徵求摘要來宣傳，提供詳細的會議主題以及遞交論文或摘要的步驟，最近有越來越多的會議採用線上遞交論文系統。研討會通常要求欲發表人先遞交其著作摘要或是12到15頁的論文，接著由研討會委員審核是否可以正式發表。基本上，發表人只有10至30分鐘的時間（包含討論的時間）來發表他們的著作，所以必須簡單扼要的摘取重點；其著作也可能會以學術論文的形式發表在研討會論文集裡。通常一個研討會會有幾位特邀演講者（keynote speaker）（通常是著名的學者）發表演說，而這些學者也成為研討會宣傳的利器之一。小組討論、圓桌會議或是工作坊也會包含在研討會的議程裡。大型的會議通常稱為研討會，而小型的稱為工作坊，有時一個時段只有一個子會議，有時會有多個子會議分布在不同的演講廳裡。

研討會會依據不同的會議主題，放入不同的社交或娛樂活動。如果是大型會議的話，主辦單位可能還會安排參訪活動。通常，學術研討有以下三大類。

1.主題式研討會：討論特定主題的小型研討會。

2.普通研討會：主題較大，較多子議題。這種研討會經常是由區域性、全國性或國際性的學會定期主辦。

3.專業研討會：不受限學術的大型研討會，但仍有與學術相關的議題。

1992年11月7日，金門解嚴，終止戰地政務實驗。次年，金門臨時縣議會舉辦「金門未來發展與前途座談會」及「紀念古寧頭大捷45年兩岸關係學術研討會」。這可能是金門地區最早的學術研討會，自此以後，20多年來，金門地區所舉辦的各類型研討會不下數十種。有政府單位的如縣政府、金門縣文化局、金門國家公園管理處、金門大學等；有也民間組織如「金門學研究會」與「金門縣文史工作協會」等。

在金門舉行的研討會大致上都與金門有關，將來或許會有不是金門議題的研討會在金門舉行，就目前而言，實行起來仍然有困難。反倒是有愈來愈多的研討會，議題與金門有關，但舉辦地點不在金門，而是移師台灣，或前往大陸。兩岸三地的學者，甚至包括南洋一帶，都有學者遠道而來參加。能受邀參與研討會是一種榮耀，也是一種肯定，顯示金門所辦的研討會具有一定的學術水準與知名度。

辦研討會不容易，多數研討會辦完後就成了歷史名詞，後繼無力，能夠常態性舉行的不多。在金門學術發展史上，最著名的就是「金門學研討會」與「閩南文化學術研討會」。自2006年以來，金門學研討會每隔兩年舉辦一次，目前已進入第五屆，從原先不被看好到現在冠蓋雲集，特邀來演講者甚多黨政高層、社會賢達、大學校長；發表的論文數量從十餘篇到3、40篇；與會人士從數十人到超過百人。「閩南文化學術研討會」也在文化局大力支持下，從2003年開始一連辦了五次。從篳路藍縷到「璀璨明珠」，[2]金門研討會的發展史，其實就是一部金門學術發展演進史。

二、金門學學術研討會

（一）第一屆「金門學學術研討會」

時間為2006年11月11-12日，地點在金門縣文化局。研討會由副縣長楊忠全主持，來自台金學者共聚一堂，原本也邀請大陸學者，可能因為議題中涉及統獨的意識型態，太過敏感，因此不方便出席。這次研討會的重要推手除了文化局長李錫隆外，尚有由蔡鳳雛帶領的「金門學研究會」。研討會訂定了五個主題：「金門采風」、「金門戰略」、「金門經濟」、「金門戰役」、「閩南文化」。縣政府希望藉「金門學學術研討會」落實金門地方研究的步伐，同時延請更多專業文化人士與關懷鄉土的民眾，共同為金門未來發展謀求定向，再造新世紀裡的人文島嶼。

這次研討會的焦點可能是關於「金門學」的界定。郭哲銘在〈金門

2　李錫隆，〈精緻璞玉‧璀璨明珠──寫在2008金門學學術研討會之前〉，《金門文藝》25（2008年7月），頁17-19。

學芻議〉中將金門學追溯到洪受的《滄海紀遺》，[3]這應該是就學術的精神而言。實務上，金門學一詞始於1990年左右，由楊樹清引進，概念來自「海南學」的啟發。[4]在筆者看來，金門學是什麼並不重要，重要的是你希望它是什麼。從參與座談會的學者發言來看，關於金門學可以分成兩派意見。金門學研究會理事長蔡鳳雛認為，金門學是一門以金門為研究對象、科技整合的學問。金門學研究會未來首先要做的事，一是金門學館藏的建置（收集有關金門研究的資料）；二是金門學基礎工具書的編撰；三是研究成果發表園地的營造；四是有計劃的研擬金門學研究專題。文化局長李錫隆也說明金門學研究的定義，他指出，金門學研究的範圍以人為本，以事為體，舉凡關係著這座島嶼的種種，都可探討。

　　這種定義太籠統，學院派的學者通常都會持保留態度。所謂「學」應該是以系統方法、程序對特定事物進行研究，形成有用的知識，因此，重點包括理論的建構、資料的取得。台大政治系教授陳德禹與台大歷史系教授楊肅獻比較偏向於將金門學當作一門知識體系，認為未來應努力的工作，一是發展相關理論，二是全力保存相關資料。研究金門最困難的是資料庫的建置與管理，該項工作甚至比編修縣志更重要。楊肅獻在談論金門史的研究和寫作時說，金門地方文史研究，偏向於史蹟、民俗、文物的調查與紀錄，屬於靜態的現象描述，缺乏脈絡化的歷史分析。因此，儘管這類撰述對保存文史資料有其貢獻，卻不是具史學意義的歷史重建，一般讀者很難從其中建構出一套有系統的歷史認知。[5]

（二）第二屆「金門學學術研討會」

　　時間為2008年6月14-15日，地點在台中中興大學。[6]由金門縣文化局主辦，合辦單位有中興大學文學院、台灣敘事學學會、國立金門技術學院、金門學研究會等單位。學者專家分別來自台灣、金門、中國大陸、

---

[3] 郭哲銘，〈金門學芻議〉，《金門文藝》9（2005.11），頁16-25。
[4] 張火木，《解嚴後金門地方學之發展》（金門：金門縣文史工作協會，2001年），頁1。
[5] 楊肅獻，〈金門史的研究與寫作——評汪毅夫、楊彥杰、謝重光著《金門史稿》，《台大歷史學報》34（2004.12），頁425-434。
[6] 參閱嚴斌，〈島嶼的盛事——2008金門學學術研討會活動紀實〉，《金門文藝》25（2008.07），頁23-25。

日本、韓國、香港等地，除了論文發表外，還有「亞洲視野下的金門學」圓桌會議。本次會議的主題為「烽火僑鄉‧敘事記憶：戰地‧島嶼‧移民與文化」，並帶領出下列四個議題：

1.海洋、家國與離散。

2.近代台灣體系下的金門。

3.金門的宗族與身份移動。

4.歷史記憶與金門想像。

同時規劃以「亞洲視野下的金門學」為題的圓桌會議，希望經由相關領域重要學者的討論，以金門為起點，開啟金門走向全球的新世界觀。

自1980年代以來，臺灣各縣市「在地學」蓬勃發展，蔚為重要的民間文化力量，並藉以衝擊學界的主流論述，金門學的建構與發聲也在這潮流中。對諸如匯集人才、編纂文史資料、凝聚在地認同、推展地方產業，都奠定了重要基礎。在金門縣文化局的大力推動下，2006年第一屆金門學學術研討會，不僅彙整推動十年有成的金門學，更為金門學的未來發展指出對話、跨領域、製造議題的新局面。承繼第一屆金門學研討會成果，第二屆金門學國際研討會持續以金門為據點，拉出全球對話的敘事框架，對金門在僑鄉、戰地的歷史/地理背景中，特具的移民‧離散與全球化脈絡，重新賦予歷時（時間）、共時（空間）的雙軸聚焦，架構出多層次的討論議題。

此次的圓桌會議「亞洲視野下的金門學」，充滿政治意涵，邀請到一些重量級政治人物如民進黨主席蔡英文等。時值與大陸小三通七週年，面臨即將到來的大三通，在政治、社會、文化、經濟全面轉型的關鍵時刻，金門必須要重新定位，拋開「邊界」的舊思維，找尋島嶼出路。與會學者普遍建議，金門學研究不要自囿於島嶼書寫，應將金門放在地球村的脈絡下思考，從「福建金門」、「台灣金門」到「東亞金門」；金門人也可以用自己的觀點來寫台灣史，在走向全球化之前，金門人還是必須先具備在地視野。

（三）第三屆「金門學學術研討會」

時間為2010年11月13-14日，地點在金門縣文化局。本屆研討會由

地方社團「金門學研究會」籌辦，參加人員幾乎都是金門旅台鄉親或是金門學的研究者。所發表的論文其實是這些學者的學位論文摘要，較無創意。這次研討會共有五個主題，包括地理空間、宗族鄉誼、移民變遷、創意產業、社區營造。兩天五場次，共發表15篇論文。另外，台北藝術大學傳統藝術研究所教授陳其南演講〈全球化趨勢與地方主義的辯證〉；台大教授楊肅獻演講〈金門史的研究與書寫〉。[7]

金門學研究原本希望走出去，沒想到又走回來。比起上一屆，這次的研討會規模顯然縮小很多。對主辦單位而言，地點的選擇有其經費的考量，也有其關照地方閱聽大眾的用心。像是，開放官方網站，設立部落格，讓網友參與討論、提供建言，確實發揮拋磚引玉與凝聚向心力的功能。遺憾的是論文的質與量皆不理想，某些文章根本不具學術價值。既然名為「學術」研討會，自應遵循學術的規範。所出版的「論文集」，論文格式不一，甚至可以說，不懂學術論文的要求。幾位應邀擔任評論人的大學教授只是客氣地提出指正，沒有苛責，倒讓人覺得金門的文史研究學者就只有這種格局。[8]毋怪乎會有學者和教育界先進建議，將金門學學術研討會改成金門學術文化研討會，建議金門學學術研討會未來舉辦應廣邀產官學界參與，主辦單位對於論文發表要更嚴謹一點。[9]

（四）第四屆「金門學學術研討會」

時間為2012年10月5-7日，分別在台灣文學館與成大文學院修齊大樓舉行，由金門縣政府文化局、國立成功大學人文社會科學中心主辦。此次研討會的正式名稱應為「金門學國際學術研討會」，之所以冠上「國際」一詞，主要是因為參與者分別來自加拿大、越南、馬來西亞、新加坡、香港、澳門、中國大陸等七個國家和地區，有足夠的國際代表性。兩天會期共計發表33篇論文，內容涵蓋了金門人文、歷史、社會、宗教、語言、文學、族群、民俗、藝術等各方面的重要議題，沒有再另

---

[7] 李沃士等撰文，《2010年金門學學術研討會論文集，第三屆》，金門縣：金門縣文化局，2010年12月。

[8] 參閱《2010年金門學學術研討會論文集，第三屆》，頁46與66。

[9] 李增汪，〈金門學研討會圓滿結束昨發表6篇論文〉，《金門日報》，2010年11月15日。

外分出子題。雖然如此，研討會還是有一個基調，搭配第三天《落番》DVD現場播映及「金門人的移民故事」座談會，此次研討會聚焦在金門移民的探討。金門人奔向世界，從世界回餽金門。做為戰地，金門隨著兩岸及國際局勢轉變，在潮來潮往中起落浮沈。可以說，從一開始金門學研究便具有濃厚的跨國屬性，金門人也極具立足本土、放眼四海的寰宇胸懷。

此次研討會移到台南舉辦，將舉辦的場地拉出金門之外，讓更多人了解金門文化，對於行銷金門、推廣金門是極為聰明的做法。當然，從研討會的規模來看，必然也是所費不貲。雖然不能說只有大學才會辦學術研討會，但畢竟這是他們的專業。金門縣政府出錢，大學出人與設備，這種結合方式必將成為一種趨勢，引領金門學研究走向國際化。會議論文最後由成大教授陳益源負責編輯，金門縣文化局出版。[10]

（五）第五屆「金門學學術研討會」

時間為2014年9月16-19，共有三個場次，首場在成功大學文學院學術演講廳；第二場在金門大學陳開蓉演講廳；第三場在廈門大學人文學院。由金門縣文化局、國立成功大學人文社會科學中心主辦，金門大學閩南文化研究所、廈門大學人文學院合辦。本次研討會以「國際的門戶，兩岸的橋樑」為主題，共發表28篇論文，內容多元豐富，包括金門人物世族、明清乃至戰後金門歷史發展脈絡、海外南洋金僑人物與社團活動、金門文學以及金門民間信仰與習俗、金門藝術文化乃至金門如何從文化創意產業另闢新機等議題。

三、閩南文化學術研討會

（一）2003閩南文化學術研討會

時間為2003年12月6-8日。由行政院文化建設委員會指導、金門縣政府策辦、金門縣立文化中心主辦、金門技術學院承辦。此次研討會是台澎金馬地區首度以「閩南文化」為主題的學術會議，邀請到不少大陸學

---

[10] 陳益源主編，《2012年金門學國際學術研討會論文集》，金門：金門縣文化局，2012年。

者，循小三通管道來金門參與盛會。共發表46篇論文，並進行六場專題演講，一場「金門文化論壇」座談會。[11]論文發表共分四個組別，包括歷史組、社會文化組、城市聚落與建築組、文化資產社區營造組。金門難得有如此盛大的學術研討會，吸引台金兩地文史工作者150人參加。

（二）2007閩南文化學術研討會

時間為2007年12月20-21日。由金門縣文化局主辦，地點在文化局三樓會議室。睽違四年的閩南文化學術研討會再度舉辦，縣府表示，藉由「閩南文化學術研討會」的舉辦，建立一個跨領域的學術平台，供各界交流；並期盼金門在地大學——金門技術學院相關系所的設立，結合台灣的學術資源，借鏡閩南地區其他大學的發展經驗，深化閩南文化的研究發展，協助金門恢復昔日的文化地位。主辦單位原本邀請中國福建福州、廈門、漳州、龍岩等地學者、專家55人參加。因申請小三通證件未獲核准，無法渡海交流。原本規劃的6場18篇論文發表規模，在中國學者專家缺席下縮小為3場9篇論文發表。[12]

（三）2009閩南文化學術研討會

時間為2009年10月23-27日，在台南和金門兩地召開，為期五天，前二天在台南成功大學，後兩天在金門技術學院。由成功大中國文學系、金門縣文化局主辦，金門技術學院閩南文化研究所、台南市政府文化觀光處合辦。論文區分六大主題：閩南整體文化概論、閩南語言文化、閩南信仰文化、閩南習俗文化、閩南建築文化、閩南文學藝術、閩南時空發展。共發表論文44篇（台南場25篇，金門場19篇），二場專題演講。有來自中國大陸、香港、馬來西亞、新加坡、越南、日本、加拿大與台灣本地80餘位學者參加（其中約40人繼續往金門場）。

研討會的基調為「以金門為核心，以台南為樞紐」。台南場與金門相關的論文有江柏煒〈地方社會網絡的斷裂與重建：1949-1960年代之間金門及東南亞鄉僑的關係之探討〉、唐蕙韻〈金門民間信仰的神系與

---

[11] 許加泰，〈閩南文化學術研討會圓滿落幕〉，《金門日報》，2003年12月9日。
[12] 李金鎗，〈閩南文化學術研討會圓滿落幕〉，《金門日報》，2007年12月22日。

廟際關係初探〉、施懿琳〈我家居金門，當門抱溟渤——林樹梅《歐雲山人詩鈔》的海洋書寫與歷史記憶〉；金門場與金門相關的論文有陳慶元〈承祧兩姓，其責慕重——金門林樹梅的宗族血脈觀檢視〉、吳秉聲〈一個閩南傳統聚落分析架構建立的初步思考——以金門金沙鎮碧山村為例〉、許正平〈從《顯影》中的盜賊記載對照金門聚落建築的防禦系統〉。

（四）2011閩南文化學術研討會

　　時間為2011年10月29-30日。由金門文化局策畫，國立金門大學承辦，地點在金門大學。此次研討會的主題為「海洋・閩南：歷史與地理的交集」，邀集了日本、新加坡、馬來西亞、大陸、臺灣與金門等地專家學者46人，[13]發表16篇論文，進行6場專題演講。講題包括閩南民俗、海外貿易、華僑網絡、文藝發展、歷史保護與地方發展、城市變遷及其文化等；論文則探討閩南移民、海防、建築、宗教信仰、婚嫁和祭禮民俗、傳統聚落發展等相關題目，綜合座談則是就「金門『閩南文化島』芻議」交換意見。

（五）2012世界閩南文化節

　　時間為2012年4月28至5月4日。由中華文化總會指導，成功大學、金門大學、台南藝術大學、台南市、金門縣、桃園縣等政府共同推出。活動主架構有四項，包括：深度文化探討（活動主軸國際學術研討會、高峰論壇）、在地文化活動（活動主軸鄭成功文化節、浯島城隍季）、文化延伸（活動主軸閩南文化影展）、規劃統籌（活動主軸開幕式、閉幕式、閩南華人邀請）。活動地點在台南與金門。台南方面由成功大學舉辦「閩南文化國際學術研討會」，討論閩南學學科理論、閩南傳統文學、閩南語言、閩南俗曲、當代流行閩南文化、閩南華僑、閩南村落及家族史、閩南宗教、南洋閩南文化與文學、域外閩南文獻等課題。與金門相關的論文僅有唐蕙韻〈金門后盤山文法師科儀書內容述介〉。金門

---

[13] 李金鎗，〈閩南文化國際學術研討會圓滿落幕〉，《金門日報》，2011年10月31日。

方面則舉辦閩南文化高峰論壇，主題為「華僑精神之發揚」，討論華商成功之道、海外金門會館之經營、海外閩南文化之發揚等議題。

（六）2013閩南文化學術研討會

時間為2013年10月26-7日，地點在金門大學陳開蓉會議廳。主題為「東亞、國家與閩南地方：閩南文化研究之深化」，三場專題演講、六個場次的論文發表，共發表論文20篇。專題演講者及其講題，有陳益源「河內福建會館的歷史文獻與時代意義」、吳密察「閩南文化研究的學科建構：一個構想」、余光弘「閩南文化研究的語言危機」；論文發表者有林偉毅、柯群英、陳炳容、莊唐義、宋惠如、楊正顯、李宗翰、劉德雲、劉名峰、江柏煒、邱凡芸、黃育正、楊惠玲、曾玲、陳來幸、陳天璽、黃嘉琪、林華東、陳燕玲、黃文車、管志明、葛榮玲等人。

（七）2015閩南文化學術研討會

時間為2015年9月18-19日，地點在金門大學陳開蓉國際會議廳。會議主題為「閩南文化的流動」，希望學者針對閩南文化的傳統繼承和因時因地而發生的應變策略或潮流提出觀察與見解。共發表論文14篇，發表人有張曉威、邱彩韻、林振源、張秀蓉、曾葉萌恬、董群廉、黃啟書、曾逸仁、蔡侑樺、卜永堅、楊玉君、柯榮三、黃文車、郭哲銘等。

四、其他與金門相關的學術研討會

（一）金門國家公園舉辦之研討會

1.「金門國家公園及鄰近水域動物資源之調查、研究與應用研討會」：1996年5月7日，發表論文9篇。另有座談會，題目為生物資源的鄉土教材應用、金門水域資源特色之探討、國家公園短中長期計畫。有論文集出版。

2.「2002年金門國家公園傳統聚落保存與建築修復研討會」：2002年11月29日，地點金門國家公園遊客活動中簡報室。有6場演講，包括江柏煒〈從傳統聚落到國家公園——金門傳統聚落的文化地圖與導覽系統的步分析〉、吳培暉〈塑造金門「新」的傳統聚

落〉、徐韶良〈傳統聚落規劃與保存策略探究——以金門國家公園為例〉等。

3. 「92年度傳統聚落保存暨修復研討會」：2002年11月10日，地點金門技術學院。6篇演講，主講人有蔡明哲、江錦財、江柏煒、林金榮等。

4. 「金門國家公園92年度生態保育研討會」：2003年10月13-14日，地點金門技術學院。議題包括金門植被復育與土壤相關性研究、金門地區水獺生態調查研究、金門地區魚類生態調查研究、金門地區栗喉蜂虎生態調查研究、太武山植物生態之旅、山后文化之旅、金門濱海潮間帶動物生態調查研究。

5. 「金門國家公園93年度傳統建築保育暨經營管理研討會修復研討會」：2004年7月5-6日，發表論文9篇，與金門議題相關的有許華山〈傳統建築調查及記錄方法——以金門水頭傳統自然村為例〉。

6. 「島嶼傳統建築再利用研討會」：2009年11月26-27日，地點金門國家公園中山林遊客中心，金門國家公園管理處委託太玥工作室辦理。研討會第一天安排聚落導覽，第二天包括2場專題演講、2場論文發表與綜合討論。

7. 「金門國家公園古寧頭戰役60週年學術研討會」：2009年10月14日，地點中山林遊客中心簡報室。台金參戰官兵代表及相關貴賓計90人與會。

8. 「金門國家公園古厝民宿暨賣店經營研討會」：2010年12月9-10日，地點遊客中心第二視聽室。參與者有國家公園各處室及金門各聚落民宿業者，共同探討民宿的經營管理，議程包含金門建築裝置藝術、金門國家公園傳統聚落經營管理-以民宿發展為例、資訊通訊行銷民宿、如何利用在地資源轉型為休憩產業、社區發展與民宿。

9. 「兩岸閩南生態保育研討會」：2012年2月15日，地點台北台大凝態科學/物理學館R104演講廳舉行。主題為因應全球環境變遷之經營管理及生態保育經驗之交流，增進海峽兩岸自然保護區與國家

公園合作機制。

（二）金門大學舉辦之研討會

1. 「為金門觀光把脈學術研討會」：1998年6月16-17日，金門縣政府主辦，高雄科學技術學院金門分部承辦。

2. 「2007休閒資源與健康管理學術研討會」：2007年12月22日，地點金門技術學院綜合教學大樓。邀請學者專家研討推廣觀光休閒產業課題，並且為2008年初的金門國際馬拉松賽熱身。

3. 「2007海峽兩岸金廈觀光旅遊交流暨學術研討會」：2007年10月27-8日，地點金門國家公園管理處簡報室。由銘傳大學觀光學院、銘傳大學觀光管理研究所、靜宜大學觀光事業學系、金門技術學院觀光管理系、廈門大學管理學院等聯合主辦。3場研討會，7篇論文。

4. 「全球化趨勢、孫中山思想與兩岸關係學術研討會」：2007年12月10日，地點國立金門技術學院國際事務系。金門縣政府、國立金門技術學院、國立國父紀念館、金門縣文史工作協會主辦，國立金門技術學院國際事務系協辦。4場次，15篇論文。探討全球化時代的孫中山思想、兩岸關係及小三通等課題，發表論文學者包括周陽山、范世平、樊中原、劉煥雲、陳建民等。

5. 「高峰論壇：思考金門大未來研討會」：2008年12月25日，地點金門技術學院圖書資訊大樓演藝廳。由金門技術學院、東海大學、成功大學、廈門大學共同舉辦。會後四校共同簽署「2008金門宣言」，希望在生態保育、教育環境、文化藝術發展、保存戰役史蹟、強化兩岸節點地位、參與海洋事務、建立公民社會與公共領域等議題，為金門謀求永續發展的機會。

6. 「八二三戰役50周年紀念與兩岸關係新情勢學術研討會」：2008年6月5-6日，地點國立金門技術學院，金門縣政府主辦。9篇論文，包括八二三的歷史回顧與前瞻、兩岸新情勢與金門發展前景、兩岸簽定和平協定之可能性、新形勢下兩岸經貿發展前景、中共政治發展、中共維安應急能力探討、新形勢下兩岸政治

發展前景、新形勢下兩岸經貿發展前景、海西建設與未來台閩關係發展。

7. 「臺閩生活圈行銷物流與觀光休閒學術研討會」：2008年11月10日，地點國立金門技術學院。與中興大學、勤益技術學院合辦。議題包括臺閩地區行銷產業發展機會與挑戰、臺閩地區觀光產業發展機會與挑戰、臺閩地區產學發展機會與挑戰等，發表論文13篇。

8. 「大三通對兩岸小三通地區之影響與對策學術研討會」：2009年1月11日，地點國立金門技術學院國際事務系。國立金門技術學院中國大陸研究所、國際事務系及兩岸關係研究中心合辦。2場專題演講、發表13篇論文，並舉行「圓桌論壇」。

9. 「台閩社會文化與倫理道德兩岸學術研討會」：2009年10月23-25日，地點金門技術學院國際事務系、營建工程系多功能階梯教室。元智大學、金門技術學院主辦。

10. 「金門、內戰與冷戰兩岸學術研討會」：2009年10月10-11日，地點國立金門技術學院中國大陸研究所R123階梯教室。金門縣政府、政治大學歷史學系、華東師範大學冷戰國際史研究中心、金門技術學院中國大陸研究所主辦。

11. 「2009年運動、休閒與健康學術研討會」：2009年12月6日，地點金門技術學院。國立金門技術學院運動與休閒系主辦。探討運動、休閒與健康管理之相關議題，促進國內運動、休閒與健康領域相關系所學者專家經驗交流與分享之機會。

12. 「第一屆兩岸島嶼觀光暨旅遊產業永續發展學術研討會」：2010年6月24-25日，地點金門技術學院。南華大學旅遊事業管理學系暨研究所中華兩岸農業交流發展協會主辦，金門技術學院協辦。會議主題包括島嶼觀光與經濟發展、島嶼環境與永續發展、島嶼觀光與社會文化、島嶼資源利用與生態保育、休閒漁業發展、一般觀光產業之永續發展、永續休閒遊憩等七項。

13. 「華族再現：全球華人跨國移民研究論文研討會」：2010年12月31日至2011年1月1日，地點金門大學國際會議廳/閩南文化研究

所研討室。主辦單位為教育部中綱計畫人文社會科學領域專題教學研究社群發展計畫辦公室。舉辦單位為國立金門大學、臺灣師範大學、台北市立教育大學。

14.「小三通試辦十週年學術研討會」：2011年11月29日，地點國立金門大學圖資大樓陳開蓉會議廳，由金門縣政府委辦、國立金門大學國際暨大陸事務學系承辦。議題包括小三通政策的回顧檢討與分析、金門經濟特區構想之可行性、應用金門區位優勢發展陸客自由行之商機。

（三）其他研討會

1.「金門傳統藝術研討會」：1999年11月18-19日，由金門縣政府主辦，國立傳統藝術籌備中心協辦，3場專題報告，5場論文發表會，13篇論文。與會者多為在地教師與文史工作者，論文議題包括金門獨有的陶瓷器、九甲戲、歌仔戲、南管等文化產業的介紹與復甦計畫。

2.「金門歷史、文化與生態國際學術研討會」：2001年9月9-13日，地點金門國家公園管理處。由施合鄭民俗文化基金會與國立清華大學生命科學系、國立台灣大學建築與城鄉研究所、中央研究院歷史語言研究所、金門國家公園管理處、漢聲雜誌社合辦。

3.「金廈大橋方案與影響學術研討會」：2002年3月23-24日，地點廈門大學。金門縣政府委託高雄應用科技大學與廈門大學合辦。研討會主題計有橋梁選址、海洋工程、橋梁工程和區域發展四大議題，共有23篇論文發表。

4.「2008金門都市計畫國際研討會」：2008年12月13-14日，地點國立金門技術學院圖書館國際會議廳。研討議題包括特色地景的保存與活化、住民參與及永續經營、城市發展與文化觀光、都市景觀政策與歷史保存、永續城市與建築。演講者有艾丹、淺野聰、江柏煒、近藤久善、中川富喜、陳耀威、張家傑等。

5.「2009跨越黑水溝深度旅遊金廈學術研討會」：2009年10月24日，地點廈門理工學院。銘傳大學、廈門理工學院主辦，交通部

觀光局、行政院大陸委員會、行政院農業委員會林務局、金門縣政府、金門酒廠實業股份有限公司協辦。發表2場專題報告，2場研討會，6篇論文。

6.「冷戰的歷史文化──東亞批判刊物會議」：2010年11月26-28日，地點金門大學圖資大樓黃進益會議廳、金門國家公園中山林遊客中心第二視聽室。來自南韓的《創作與批評》、沖繩的《返風》、日本的《現代思想》、台灣的《台灣社會研究季刊》等東亞批判刊物組織成員，於金門召開第三回批判刊物會議。本會議分成4場，包括軍事文化／身體／主體性、冷戰在金門、冷戰的文化政治、韓戰的終結──朝向區域和平。會中，董振良播放其作品《閩戰之歌》，出席人數約130餘人。

戰役史蹟

一、戰史研究

1992年11月7日金門終止戰地政務，次年2月7日開放觀光，為能妥善保存金門地區之人文史蹟及自然地景，地方政府及區域立委建議將金門規劃為國家戰役紀念公園。經營建署邀集相關單位及學者專家評估後，擬訂「金門國家戰役紀念公園發展構想」，建議將金門地區之部分區域規劃為「國家戰役紀念公園」，納入國家公園系統中。此計畫於1995年2月17日經內政部國家公園計畫委員會通過後，提送行政院核定，名稱則由「金門戰役紀念國家公園」改為「金門國家公園」。

若就名稱上來看，不易察覺金門國家公園與金門戰役的關係，但就實質內容上看，金門國家公園設立之目的，除了保存地區文化及生態景觀之整體環境外，更在彰顯金門地區戰役史蹟之特色。在國家公園內處處可見戰役史蹟，金門國家公園管理處也投入相當多之人力與經費，從事戰地史蹟之修護與研究。戰爭既是金門近代史上最重要的大事，與戰地生活相關的人、事、物當然不能被遺忘。不管是基於歷史的教訓，或者觀光的目的，戰地史蹟是金門的資產，也是金門人歷史記憶的一部

份。如同前美國第一夫人賈桂林‧歐納西斯（Jacqueline Onassis）所說：「如果摧毀了過去，那麼人們內心的一部份也將隨之而亡。」[14]

　　金門是二十世紀中葉以來世界知名的戰役紀念地，其戰役史蹟的獨特性與保存狀況具備世界遺產的價值。人類開發速度太快，世界遺產的目的在於保護、拯救地球上獨特景點，而被登錄為世界遺產的地點，必會吸引大批觀光客且具經濟效益，因此每年的申遺活動極受重視。自1976年以來，聯合國教科文組織世界遺產委員會登錄的世界遺產共計974處，台灣屬於仍未有世界遺產的國家地區之一。台灣從2002年開始尋找具「世界遺產」潛力點，「世界遺產推動委員會」經過多次開會，決定目前台灣共有18處具世界遺產潛力，「金門戰地文化」為其中之一，而且是申遺動作較積極的地點。許多曾到金門參訪過戰地遺址的專家們認為，若要申遺成功得有全面性規劃，世界各地不乏戰地文化，軍事碉堡各國都有，要彰顯金門價值，就應先找出各項建設背後的故事。

　　故事的背景得從1949年兩岸分割對峙開始，從古寧頭戰役到八二三炮戰，金門、烈嶼幾個距大陸廈門不到十公里，離台灣卻在一百公里以上的小島，既要防敵來犯，也要作為反攻大陸的跳板，為此吃了不少苦頭。究竟挨了多少砲彈，何處彈著點最多，以及犧牲了多少生命等等，都有說不完的故事。金門駐軍曾多達十萬人，島上的地面建設和地下坑道布建、人員裝備配置、陣地安排，甚至戰略及戰術的運用，以及當時在島上軍人生活的安置，食衣住行育樂的進行，都是讓人津津樂道的話題。若能有實際硬體遺跡配合展示，必可顯示金門的價值，增加申遺的競爭力。

　　近年來兩岸關係和緩，小三通開啟了人民之間的交往，戰爭氣氛淡了，金門駐軍人數也逐年縮減，許多戰時的碉堡坑道皆遭棄置；另一方面，金門觀光業興起，各行各業都想分食這塊大餅，近二千間客房的觀光大飯店已開始營運；金門發展觀光必然會對這些「遺跡」造成衝擊。申遺，面臨的挑戰會愈來愈大。在現有的世界遺產中，軍事建設本就不多，而且多是百年以上的防禦工事，都有影響後世的歷史淵源。近代軍

---

[14] 引自《CNN互動英語》，April 2013, No 151, p. 36.

事行動不少，但即使二次世界大戰打得天昏地暗，也只有日本廣島原子彈爆炸地點的「廣島和平紀念碑」，被列為世界遺產。金門要以戰地遺跡申遺，機會不大。無論未來金門申遺是否成功，至少對海峽兩岸及現代軍事迷來說，金門具備一定的價值，而曾在金門這塊土地上發生的故事，也會繼續被傳述下去。

（一）明清戰事

明代中葉以來，東南沿海海上私人貿易昌盛，金門因其特殊地理位置，遂為東亞貿易熱點，不時有利益衝突發生，前有倭寇侵擾，後有海盜盤據。嘉靖後期，倭寇再度大肆侵擾東南沿海，金門亦遭騷擾，至明末崇禎六年（1633），鄭芝龍大勝入侵之荷蘭艦隊於料羅灣的海戰為止。明末清初魯王、鄭成功以金、廈為根據地，東渡臺灣驅荷復臺。清初施琅先佔金廈，後復臺灣，金門一變而為臺閩攻防樞紐。當時清廷為對付明鄭，在沿海實行「遷海（或遷界）令」，內徙居民，堅壁清野，金門人民成為的犧牲者，亦一度被迫離鄉背井，直至康熙二十二年（1683）臺灣歸附清朝之後，沿海復界，遷移在外的金門人民才能復歸鄉里，重建家園。

黃振良與董群廉的《和平的代價：金門戰地史蹟》，依照上述的歷史發展，將金門近代以前的戰事分成四個時期：盜寇騷擾時期、明鄭時期、清末民初時期、日軍侵佔金門時期。[15]

永曆四年，鄭成功軍隊進駐金門，使島上居民享有一段不受海盜騷擾的日子，但是由於清、鄭兩軍的對壘，還是無法避免戰爭為人民帶來的災禍。如今島上與明鄭有關的遺跡有三處：延平郡王祠、國姓井、鄭成功觀兵奕棋處。三者都不是原跡，無從辨明真偽。鴉片戰爭以後，清廷國勢日衰，金門雖是海隅一小島，仍不免受大時代之牽連。一直到民國成立，海盜侵凌，人民居無寧日。

民國初年軍閥混戰，金門沒有自衛武力，土匪橫行。北伐完成到抗戰爆發，史稱黃金十年，但在金門，依舊盜匪猖獗，騷擾不斷。然而，

---

[15] 黃振良、董群廉，《和平的代價：金門戰地史蹟》（金門：金門縣文化局，2007年），頁19-54。

也正因為這樣的動亂，不少金門子弟投身軍旅，奮勇殺敵，造就許多豐功偉業。提督、總兵、千總名銜，到處可見。這些先賢所遺留的宅第、祠堂、牌坊、墳墓、古建築，用意正是為表彰他們為國為民的貢獻。1937年日軍佔據金門，逼迫種植鴉片，人民流離失所，有人遠走他鄉，避居南洋。李金昌《金門憶昔：日軍強徵馬伕》一書，忠實記錄這段血淚故事。[16]目前西園有一座「西園抗日紀念碑」，用以紀念在異族統治下金門居民所受的苦難。未料，抗戰勝利，不但沒有為金門帶來福祉，反而變本加厲，分不清土匪還是軍人，金門所受的苦難更甚於戰爭時期，1949年以後，金門於是進入另一段戰地管制時期。

　　2009年東吳大學歷史系徐泓教授，接受金門國家公園管理處委託，利用明清兩代政府檔案、方志、相關西洋檔案，配合近年來明清海外貿易研究成果，透過對戰事相關遺址的田野調查、現場探勘，調查明清金門戰事之性質、變遷與影響，兼論及與政治、社會、經濟、文化發展的關係。[17]此研究著重從十六世紀以來東亞海上貿易衝突的角度，深入理解明清時期金門一地於海外貿易、閩臺關係之關鍵地位，對海峽兩岸交流與經濟發展中，金門所能扮演的角色，以及金門、廈門兩地明清戰事遺跡之保存維護有精闢見解。

　　根據《明清金門戰事紀錄調查》，金門的歷史文化原本具有海洋性格，自1949以來，國共內戰不絕，兼以世界冷戰體系形成，金門乃如德國之柏林，成為深入敵營的「反共跳板」。金門全島施行戰地政務，灘頭佈雷設防，不得隨意下海。此一演變，歷時近50年，金門自古以來的海洋性格遭到相當程度的壓抑與扭曲，社會、經濟、文化結構也發生重大變遷。1987年政府宣布解嚴，兩岸步入和平共存階段。2001年元月「小三通」開始，兩岸關係逐漸正常化，金門近代幾場著名的戰役，經常成為研討會的議題，觀光客也樂於造訪戰地遺跡。戰史研究頓成顯學，相關文獻紛紛出版，明清時期金門戰事遂有從兩岸著手的，透過調查研究，回復其原本之面貌。

---

[16] 李金昌（印尼泗水），《金門憶昔——日軍強徵馬夫》，印尼：祖國文藝協會，1999年。
[17] 徐泓計畫主持，《明清金門戰事紀錄調查》，金門：金門國家公園管理處委託辦理報告，2009年。

明清時代的金門戰事記載，遍佈於官方檔案文書、閩臺地方志書、私人家譜、碑銘金石以及古輿圖之中，學者研究主要為戰事緣由，海禁築城、抵禦政策等。例如許志仁《明代海禁政策下的金門及其海域》，探討明代時期海禁政策對地方的影響；[18]何孟興《浯嶼：一個明代閩海水師重鎮的觀察》，[19]觀察浯嶼水寨250年的變遷過程，猶如一部明代福建海防史，甚至可以說是整個明代東南海防變遷史的縮影。[20]關於鄭氏與金門，研究論文甚多，例如陳世慶〈明鄭前後之金門兵事〉、[21]吳朝暐〈鄭成功金廈外圍戰評析〉、[22]張雄潮〈鄭成功於金廈外圍的戰略與戰術〉、[23]潘文貴〈鄭成功烈嶼會盟考評〉、[24]林偉盛〈1633年的料羅灣海戰——鄭芝龍與荷蘭人之戰〉，[25]以及《鄭成功研究國際學術會議論文集》中收錄的其他議題論文。[26]

近年來，海峽兩岸出版的明清檔案文書，如《明清臺灣檔案彙編》、《臺灣文獻匯刊》、不乏對明清時期金門戰事的記載；金門馬祖地區現存的碑碣圖誌，也可以用來佐證金門曾發生過的戰事。[27]2011年5月台灣史學者江樹生將《熱蘭遮城日誌》第四冊翻譯完成出版，這部書是研究荷蘭統治台灣時期的基礎史料。[28]尤其是第四冊，記載1656至

---

18 許志仁，《明代海禁政策下的金門及其海域》，國立金門技術學院閩南文化研究所，碩士論文，2009年。

19 何孟興，《浯嶼：一個明代閩海水師重鎮的觀察》，臺北：蘭臺，2006。

20 據清代的地方志書：「浯嶼在縣（指同安縣）極南，孤懸大海中，左達金門，右臨岐尾，水道四通，為漳州海澄、泉州同安二邑門戶。」另據《漢典》（http://www.zdic.net/），浯洲嶼的省稱，即今福建省金門島。明洪武中置浯嶼水寨於嶼上，清漸以金門為名，浯嶼之稱遂廢。《明史・胡宗憲傳》：「賊揚帆泊浯嶼，縱掠閩海州縣。」清張養重《閩中秋興》詩：「海國樓船半寂寥，夏門浯嶼莽蕭蕭。」

21 陳世慶，〈明鄭前後之金門兵事〉，《臺灣文獻》，6：1，1955年3月。

22 吳朝暐，〈鄭成功金廈外圍戰評析〉，《陸軍學術月刊》34：389（1998.01），頁89-95。

23 張雄潮，〈鄭成功於金廈外圍的戰略與戰術〉，《臺灣文獻》，13：1（1962.03），頁1-8。

24 潘文貴，〈鄭成功烈嶼會盟考評〉，《臺灣研究集刊》，3（1994），頁88-92、81。

25 林偉盛，〈1633 年的料羅灣海戰——鄭芝龍與荷蘭人之戰〉，《臺灣風物》，第45卷第4期（1996），頁47-82。

26 廈門大學臺灣研究所歷史研究室編，《鄭成功研究國際學術會議論文集》，南昌：江西人民，1989年。

27 參閱陳炳容，《金門碑碣翫跡》，金門縣金城鎮：金縣文化局，2011年；何培夫主編、林文睿監修，《金門馬祖地區現存碑碣圖誌》，臺北市：國立中央圖書館臺灣分館，1999年。

28 江樹生譯注，《熱蘭遮城日誌》，臺南市：臺南市政府。分別出版於1999、2002、2003及2011年。

1662年荷蘭人被鄭成功驅逐後，意圖再奪回臺灣，曾分別與明鄭、清軍密切交涉，並欲攻打金門城的紀事，對荷蘭人在金廈海域的活動也有記錄。這段時期的荷蘭史料紀錄，對了解金門戰事相當重要。

《金門縣志》總結明代金門兵事：「首則倭寇，次則海寇，再次則紅毛夷。」[29]清代金門兵事，以順康間與明鄭諸戰役史事為主。至於盜寇、外患，雖然頻年接踵發生，但屬於地方性局部之干擾，未貽大患。民國肇建，金門初無重大兵事，兵制也廢置無常，內陸盜匪雖不時肆劫，但不足以構成大患。迨抗日戰起，金門地當閩海要衝，首遭敵寇蹂躪，淪陷八年，人民遭遇，慘痛至極。

（二）近代戰史

1.古寧頭戰役

首先就名稱上看，中華民國政府方面稱之為「古寧頭戰役」或「金門保衛戰」（《金門縣志》名為「古寧頭大捷」），中華人民共和國政府方面稱之為「金門登陸戰」，或「金門之戰」，其他尚有「金門大戰」、「金門大血戰」等名稱。其次就時間上來看，戰鬥時間從1949年10月25到27日，短短三天。這場戰役其實是第二次國共內戰延伸，是從1949年7月上旬中國人民解放軍進入福建開始，一連串的戰役之一。1949年10月1日，毛澤東在北京宣佈成立中華人民共和國。10月15日，解放軍渡海發動廈門戰役。之後，解放軍分數路成功登陸廈門，擊敗守島國軍。10月17日，國軍福州綏靖公署代主任湯恩伯棄守廈門，解放軍成功佔領該地。葉飛決定集中船隻進攻大金門，但鑑於船隻數量不足，日期一再延後，終於在10月24日當晚下令渡海進攻大金門，登島的解放軍在島上戰鬥三晝夜，全軍覆沒。

國民黨軍隊終於打了一場漂亮的戰役，是「巧合還是必然？」曾任中國人民解放軍中將，南京戰區副司令，也是一位坦克專家的王洪光，最近出了一套論古寧頭戰役的書。《絕戰：金門──古寧頭戰役》，分

---

29 李炷烽監修，《金門縣志：96年續修》，第九冊，《兵事志 華僑志》（金門縣：金門縣政府，2009年），頁61, 82。

成兩卷，一卷名為「血戰到底」，另一卷名為「結局或者開始」，[30]在這兩本書中我們看到另一種歷史觀點。戰爭必然有勝有敗，就戰鬥的結果論，也許可以客觀地判定輸贏，然而若就宏觀的歷史來看，得與失之間未必可以衡量，「失之東隅，收之桑榆」，是感嘆也是慰藉。古寧頭戰役發生在金門，自然與金門有關，只是沒有人能說清楚究竟是何關係。在國共內戰史上，金門人其實很悲情，有太多的身不由己。

　　劉亞洲在〈金門戰役檢討〉一文中說，金門戰役具有重大歷史意義和現實意義。金門戰役雖戰於一隅，卻影響全域，這種影響直到今天仍然存在。文中引述蔣經國的看法，認為「古寧頭戰役是國民黨的轉折點。」[31]沒錯，這確實是一場決定命運的戰爭，決定台灣國民黨政權的命運，也決定金門人的命運。對古寧戰役研究相當深入的金門文史作家李福井，用一種包容的心境說：「江山那有許與人」，[32]只是我一直不明白，誰的江山？古寧頭「大捷」讓金門獲得暫時的偏安，但或許如同王洪光的書——「結局或者開始」，古寧頭戰役是金門近代史的開端？抑或是金門人苦難的開始？

　　金門人沒有選擇的餘地，古寧頭戰役時是如此，60年後也是如此。當兩岸人民往來如入自家廚房時，再回過頭去看那些生死拚鬥，除了感嘆之外，還是感嘆。這一代的金門人，沒有經歷過戰亂，卻一直背負著國家民族的重責大任。2009年10月25日馬總統發表古寧頭戰役60週年感言，「感謝當年古寧頭的國軍弟兄，因為他們帶給臺澎金馬60年安定發展的機會，創造了經濟與政治的雙重奇蹟。」總統忘了感謝金門人，感謝在炮火中被蹂躪的土地，感謝那一世代的金門人所受的苦。李福井說每次他參觀「古寧頭戰史館」時就會有種失落感，這種失落感怕就是所有金門人共同的心聲，[33]古寧頭之役對金門人而言，看似重於泰山，卻又輕於鴻毛。

30　王洪光，《絕戰：金門古寧頭戰役 血戰》、《絕戰：金門——古寧頭戰役 結局或者開始》，台北：全球防務，2013年。
31　劉亞洲，〈金門戰役檢討〉，《中國報導週刊》，2004年4月24日。〈http://www.china-week.com/html/02084.htm〉
32　李福井，〈江山那有許與人——從兩岸人民觀點看古寧頭戰役〉，《金門日報》，2003年4月17日，副刊。
33　李福井，《古寧頭戰紀》（台北：稻田，1999年），頁11。

誠如馬總統所言，古寧頭大捷放在二十世紀軍閥割據、對日抗戰、國共內戰等死傷數千萬人的歷史大舞台上，根本不算什麼，但就兩岸關係發展來看，卻是影響深遠。李福井在論古寧頭戰役的歷史定位時說：「大戰古寧頭，兩岸變兩國。」[34]他從歷史的觀點，賦予古寧頭戰役的歷史地位。所謂定位，是一種價值判斷，會隨著時間而改變。晶心〈古寧頭大捷之戰略意義及其對後世之影響〉、[35]洪小夏〈關於金門戰役幾個史實的考證：兼論金門戰役的歷史定位〉、[36]與曾在古寧頭戰役中擔任軍長的劉雲瀚，也寫了一篇〈泛論古寧頭大捷及其時代意義〉。[37]大抵上，都肯定古寧頭大捷對國民黨政權的重要性，甚至連曾任中共副政協的劉亞洲也說：「金門戰役奠定國民黨經營台灣的心理基礎」。[38]這場勝利讓許多人沖昏了頭，翻閱當時的報導，遣詞造句，極盡誇大之能事。有人拿歷史上的「即墨之戰」來比附；古寧頭戰役中擔任少將師長的羅錫疇接受訪問時，甚至推崇此役如同光武中興時的「昆陽之戰」，或東晉的「淝水之戰」。[39]

　　胡舒婷、姚儀敏、許文恭的〈古寧頭戰役相關報導文集之分析〉，專門研究這種話語，並從敘事觀點轉變，論述語言學與時代的關係。[40]該文選錄不同時期出版的書籍與文章，分析詞語背後的社會學意涵與時代精神。1969年金門縣政府率先出版《古寧頭大捷廿週年紀念：金門地方建設專輯》，之後每隔10年或20年就會有相關文集出版。像是李宜涯《臺海第一戰：古寧頭戰役五十週年紀念文集》、[41]田興柱《「金門戰役：古寧頭大捷」五十周年紀念專輯》。[42]國防部史政編譯局則從1979

34　李福井，〈古寧頭戰役的歷史觀點〉，《金門日報》，2005年3月24日，副刊。

35　晶心，〈古寧頭大捷之戰略意義及其對後世之影響〉，《空軍學術月刊》286（1980.09），頁8-18。

36　洪小夏，〈關於金門戰役幾個史實的考證：兼論金門戰役的歷史定位〉，沈志華、唐啓華主編，《金門：內戰與冷戰・美、蘇、中檔案解密與研究》（北京市：九州出版社，2010年），頁61-77。

37　劉雲瀚，〈泛論古寧頭大捷及其時代意義〉，《光復大陸》132（1977.12），頁9-14。

38　見劉亞洲前引文，該文原刊載於《香港商報》，2004年6月18日。

39　〈羅錫疇將軍訪問記要〉，國防部史政編譯局，《古寧頭大捷四十週年紀念文集》（台北市：國防部史政編譯局，1989年），頁33。

40　胡舒婷、姚儀敏、許文恭，〈古寧頭戰役相關報導文集之分析〉，《第七屆國軍軍事社會科學學術研討會》，台北：劍潭青年活動中心，2004年11月4日。

41　李宜涯，《臺海第一戰：古寧頭戰役五十週年紀念文集》，台北市：青年日報，1999年。

42　田興柱，《「金門戰役：古寧頭大捷」五十周年紀念專輯》，金門縣：內政部營建署金門

年開始，接連出版《古寧頭大捷卅週年紀念特刊》與《古寧頭大捷四十週年紀念文集》，[43]60週年時已不再出版類似文集。但60畢竟還是個重要的數字，還是有人認為有其紀念的意義。田興柱、張火木的《戰爭歲月，和平世紀：金門古寧頭戰役六十週年紀念專輯》、[44]金門縣政府文化局的《古寧碧血甲子安魂：古寧頭戰役60週年紀念專輯》、[45]金門國家公園管理處的《戰爭歲月和平世紀——金門古寧頭戰役六十週年紀念專輯》等都是。[46]

這些文集的出版當然有其意義，從文章的主題與刊物的題名，我們可以發現時代在變，人心在變，古寧頭戰役的價值和意義也悄悄在轉變。經過一甲子的沉澱，大家似乎都覺悟到這場戰爭的荒謬，如同郭曉倩的文章——〈誰是敵人？敵人是誰？消失的1949——古寧頭戰役之記憶與展演〉，[47]呼應龍應台《大江大海1949》的史觀，兩岸中國人實在沒有理由如此廝殺，血流成河。讀洪湘明的《血島：八千壯士戰死金門紀實》、[48]陳馳的《金島血魂：金門大血戰》、[49]與吳龍海的《飲恨金門》，[50]很難不為留落在古寧頭戰場上的異鄉魂流下同情之淚。

王先正在〈古寧頭大戰知多少——先解人數之謎〉一文中告訴我們，國軍與共軍，角色隨時可以轉換，這是當年統計敵我死傷人數時所遭遇的困難。[51]這些「萬惡共匪」原來也跟我們一樣，有血有肉，有家有親人，只是生逢戰亂時代，成了有家歸不得的魂。金門縣文化局出版的「古寧頭戰役專輯」，取名「古寧碧血，甲子安魂」寓意深遠。用此

國家公園，2003年。

[43] 五十週年的特刊即是李宜涯前引書，青年日報為國防部下屬單位。

[44] 田興柱、張火木，《戰爭歲月，和平世紀：金門古寧頭戰役六十週年紀念專輯》，金門縣金寧鄉：內政部營建署金門國家公園管理處，2009年。

[45] 郭哲銘總編輯，《古寧碧血 甲子安魂：古寧頭戰役60週年紀念專輯》，金門縣金城鎮：金門縣文化局，2009年。

[46] 金門國家公園管理處，《戰爭歲月和平世紀——金門古寧頭戰役六十週年紀念專輯》，金門：內政部營建署海洋國家公園管理處，2009年。

[47] 郭曉倩，〈誰是敵人？敵人是誰？消失的1949——古寧頭戰役之記憶與展演〉，《「華族再現：海外華人的全球化與在地化」論文研討會》，金門：金門大學 （國際會議廳／閩南文化研究所研討室），2010/12/31——2011/01/01。

[48] 洪湘明，《血島：八千壯士戰死金門紀實》，廣州：花城，1995年。

[49] 陳馳，《金島血魂：金門大血戰》，哈爾濱：哈爾濱出版社，1992年。

[50] 吳龍海，《飲恨金門》，廈門：鷺江出版社，1989年。

[51] 王先正，〈古寧頭大戰知多少——先解人數之謎〉，《金門日報》，2002/10/24，副刊。

書來弔祭當年的碧血英魂，期盼安息之靈能夠時刻常駐人心，讓世人得以知戰惜福，努力深耕未來和平。我相信這裡的「碧血英魂」應不分敵我，如此「古寧頭」甲子之奠，才能讓我們在歷史的頓挫中，找到真正的平遂之道。

2.大二膽戰役

國軍戰史稱「大擔大捷」，或「大二擔戰役」。1958年「大擔島」被更名為「大膽島」，因此後來也有資料記載為「大膽島戰役」。[52]關於此役的背景，胡璉在《金門憶舊》中說，[53]古寧頭之役慘敗後，共軍雖不敢再越雷池一步，但仍於金門對面集結重兵，加強渡海作戰訓練，伺機而動。1950年7月中旬，國軍放棄舟山、海南及粵南諸島後，共軍對臺灣海峽南北阻障，再無任何顧慮，於是決定再度攻打金門。共軍自認以大部隊行動，不可能攫取金門，於是想用出其不意的方式，爭奪此一戰術據點，進而擴大進犯金門、台澎，達其所謂「血洗台灣」之迷夢。當時共軍曾叫囂說：「要保證放響進攻金、台的第一砲，堅決打下大擔」。

1950年7月26日，中國人民解放軍自廈門大學地區砲轟大擔島。四小時後，先頭部隊在大擔島北山高地登陸，主力也在40分鐘後於南山高地登陸。國軍由營長史恆豐以三個連的兵力，人數不到300人，出面迎戰。雙方激戰一晝夜，來犯共軍，除戰死之外，全被繳械。[54]這是一場小型戰鬥，規模小，參戰官兵不多，實質的影響不大，但象徵意義深遠。尤其在宣傳上，可以大做文章。從當時金門防衛司令官胡璉招待中外記者採訪大擔島戰役的一些老照片，即可看出其對國際宣傳的價值。[55]在解放軍方面並沒有將此次進犯看作一次戰鬥，僅記載1950年7月下旬，福建軍區發現金門守軍有撤退跡象，於是派遣一個營渡海對大擔

---

52 《金門縣志》仍記載為「大擔、二擔」，《土地誌》（上），頁62。
53 胡璉，《金門憶舊》，臺北：黎明，1979年。
54 戰鬥經過參閱李丕華，〈為戰地金門增光增榮的「大二膽戰役」〉，《金門日報》，2010年7月22日。
55 參閱中央通訊社「影像空間」，〈中外記者採訪大擔島戰役〉，〈http://photo.cna.com.tw/About/AboutVista.aspx〉

島進行武裝偵察，結果遭遇七級大風登陸失敗，登島人員全部損失。[56]

大、二膽島在九龍江口，明清以來即為海防重鎮，地位險要。[57]廈門淪陷，大、二膽孤懸海中，成為金門的前哨堡壘。「大膽大捷」消息傳到台灣，《中央日報》頭版刊出〈金門前哨初傳捷音，犯大膽匪全部殲滅〉。[58]接著犒賞三軍，有功將士紛紛授勳，接受表揚。1951年時任總政部主任的蔣經國，冒險赴前線，巡視大膽島，以「大膽者，方能負起反共復國的大膽」，勉勵守軍。「八二三炮戰」之後，1958年12月2日蔣經國再度登上大膽島巡視，親題「大膽挑大膽，島孤人不孤」剔勵全島官兵，大膽島也因此更名為大膽島[59]此一題字與大金門蔣介石的「毋忘在莒」勒石，都是金門重要的精神標語，也是著名的拍照景點。

雖然「大膽大捷」名聲響亮，但是大二膽向來很神秘，除了島上服役的官兵外，知道島上情形的人不多。作者家住海邊，日日看著大二膽，父執輩也從事島上運補工作，對這兩個島卻是一無所知，也從未登島過。或許基於軍事保密，關於大二膽的資訊，在金門解嚴之前，沒人敢透露。2004年曾在大膽島上服役的金門文史作家林馬騰，以《大膽島的風雲歲月》一書揭開大膽島的神秘面紗，[60]而林馬騰也成了大二膽的博學家。乘著大二膽戰役60週年的風潮，林馬騰到台灣造訪大膽戰役時之營長史恆豐將軍，訪談在島上生活過的漁民和船夫，將所蒐集之資料，和所有捕捉的影像，去蕪存菁，整理成書，於2009年出版，書名《祕島——大二膽島的祕境祕史》。[61]本書不僅介紹島上的美麗風光，也將一些比較隱晦，鮮為人知的佚事，以更清晰的容貌呈現在世人面前。

呂允在評《祕島》一書，認為該書解開了大二膽的神秘面紗，是一

---

56 徐焰，《金門之戰 1949－1959》（遼寧：人民出版社，2011年），頁98。

57 有關大膽島的歷史淵源，參閱林馬騰，〈大膽島風雲〉，《金門日報》，2010年7月30，副刊。

58 《中央日報》，民國39年7月28日。

59 「島孤人不孤」題於1951年，王超群，〈解密小蔣巡大二膽，老侍衛親歷〉，《旺報》，2013年3月7日。「大膽挑大膽，島孤人不孤」的碣石時間為1958年4月2日。「大膽」何時改為「大膽」，沒有明確的正式記載，1951或1958，都有說法。大陸仍然稱之為大膽島。據陳炳容《金門碑碣觀跡》所述，應為1958年，但缺官方資料佐證。據林馬騰〈「八二三炮戰」之最〉，國防部於1959年2月27日正式下令，將原「大膽島」更名為「大膽島。《金門日報》，2010年8月24日。

60 林馬騰，《大膽島的風雲歲月》，金門縣：金門縣文化局，2004年。

61 林馬騰，《秘島：大二膽島的秘境秘史》，金門：金門縣文化局，2009年。

部有關大二膽的濃縮本百科全書。[62]金門縣政府刻正與國防部研究開放大二膽的觀光事宜，相信在不久的將來，大二膽的神秘面紗會被揭開，而林馬騰之書也會成為觀光客最好的旅遊指南。除了帶領觀光客尋幽探秘，更重要的是筆者如行雲流水的文采，有助於訪客深刻領悟大二膽的歷史意義與價值。世界各地，比大二膽更絕美的自然景色，所在多有，但能兼俱知性與感性的不多，大二膽的歷史意義正於60年前的那場戰役，沒有那個傳奇，大二膽只是兩個小島。

　　有關大二膽戰役的研究向來就不多，若不是適逢60週年紀念，加上金門縣政府大力推展觀光，大二膽的過往不會浮出歷史枱面。然而，盡管如此，相較於金門其他戰役，大二膽之戰明顯缺乏學術研究的價值。直到2010年《陸軍學術雙月刊》才有專輯論文，包括黃振富〈大二膽戰役之研究〉、[63]謝鴻進〈大二膽戰役的回顧與體認〉，[64]與蔡國堂〈闡揚大二膽英勇精神，展現堅實國防戰力〉，[65]雖是軍事專業期刊，但論文深度不足。

　　金門國家公園為紀念大二膽戰役60週年，特別邀請金門縣榮民服務處、金門防衛指揮部協辦「大二膽戰役六十週年紀念活動」，並委由金門縣文史工作協會承辦研討會。[66]研討會中，林馬騰論述大二膽戰役之影響及其歷史意義；曾任馬防部少將參謀長的鄭有諒，從戰略的角度析論大二膽島戰役。鄭將軍著有《遺留戰場中的精神標語》等書，[67]一向主張「戰場史跡文化是未來金門地區的好生意」；楊樹清從新聞報導與口述歷史的角度切入，訪談大二膽戰役英雄史恆豐；張火木從兩岸關係論述大二膽與金馬離島60年來之角色變遷。

　　研討會雖是學術活動，但真正用意是要藉活動表達對昔日參戰官

---

[62] 呂允在，〈讀林馬騰《祕島——大二膽島的祕境祕史》有感〉，《金門日報》，2009/11/15，副刊。

[63] 黃振富，〈大二膽戰役之研究〉，《陸軍學術雙月刊》46: 511（2010年6月），頁4-13。

[64] 謝鴻進，〈大二膽戰役的回顧與體認〉，《陸軍學術雙月刊》46: 511（2010年6月），頁14-16。

[65] 蔡國堂，〈闡揚大二膽英勇精神 展現堅實國防戰力〉，《陸軍學術雙月刊》46: 511（2010年6月），頁17-18。

[66] 張火木主編，《金門國家公園大二膽戰役六十週年研討會專輯》，金門縣：金門縣文史工作協會，2010年。

[67] 鄭有諒，《遺留戰爭中的精神標語》，金門：金門縣文化局，2006年。

兵之敬意，並藉新聞媒體報導達到激勵軍民同胞士氣。一方面彰顯戰役史蹟保存與活化之重要性，同時再次強調「戰爭無情、和平無價」的普世價值。匯集各界對兩岸交流之共識，作為兩岸人民追求和平之歷史殷鑑。藉由這次活動，董群廉以其專攻的口述歷史學，將大二膽戰役參戰官兵的訪談紀錄加以出版，為大二膽戰役歷史留下最後的證言。[68]

3.九三炮戰

在中共方面稱之為「九三炮擊金門」，基本上還不算是戰役。一般人談到炮戰，會立刻聯想到「八二三炮戰」，很少人知道這場砲擊事件。加上金門的百姓傷亡並不嚴重，相較於以後的八二三，很自然就會被忽略。文獻上相關的資料也少，因此，難以單獨成為研究的議題。

首先是時間問題，這場炮戰始於1954年9月3日清晨，中共從廈門地區向大、小金門及大膽島展開猛烈砲擊，估計在最初五小時內就打了六千發砲彈，至次日凌晨停火，以後幾天中共持續對金門發射零星炮火。習慣上稱為「九三炮戰」，但時間上約持續了半個多月。從9月7日開始，中華民國政府徵求美方同意後，連續出動海、空軍對廈門附近中共砲兵基地與海軍艦艇結集區實行報復性攻擊。22日中共突然增強對金門的炮火，我方於次日集中火力向大嶝、蓮河、廈門中共砲兵陣地進行摧毀性射擊，之後雙方砲火轉趨零星。

其次是，為何會發生這場炮戰。1954年到1957年任金門防衛司令官的劉玉章，九三炮戰時他正好戍守金門。根據《戎馬五十年》一書的記載，[69]當日午夜，劉接到參謀總長彭孟緝的電話，詢問炮戰狀況，並要劉判斷中共之企圖。劉玉章回答：「匪瘋狂砲擊，顯有進犯跡象，但看明晨是否實施，否則當另有目的」。自大二膽戰役之後，金門守軍清楚知道，中共不會就此罷休，必然會找機會進犯，劉玉章的判斷自然有其道理。但從日後的解密檔案研究，顯然大家都摸不清毛澤東到底在想些什麼，發動這場炮擊的目的究竟何在。

若只看雙方的戰報，會被那些虛誇的戰果所騙。這場戰役，沒有

---

[68] 董群廉編，《大二膽戰役參戰官兵訪談錄》，金門縣：金門縣政府，2011年。
[69] 劉玉章，《戎馬五十年：劉玉章回憶錄》，臺北市：海天，1975年。

所謂輸贏，《金門縣志》記載為「勝利」，不符歷史求真的精神，至於說：「我前線軍民英勇戰鬥之精神，震懾匪膽，獲得中外人士之讚譽與敬佩。」比較像是小說中的文學用語，不是史書的寫法。[70]根據一位炮戰時老兵的說法，當時若中共真的打過來，金門可能會不保。[71]保住金門，當然是中華民國政權的重大職責，對美國來說，也是它防堵共產主義的最後一道防線。

「韓戰」結束後，美國第七艦隊協防台灣海峽的正當性消失，於是開始了中美共同防禦條約的醞釀。1953年10月8日美國副總統尼克森訪台，我外交部順勢提出共同防禦條約。根據《當代中國軍隊的軍事工作》一書的說法，為了揭露美國政府和台灣國民黨當局策劃簽訂共同防禦條約的陰謀，打擊美國的侵略政策，中共各黨派和人民團體發表聯合宣言，向全世界莊嚴宣告台灣是中國的領土，中國人民一定要解放台灣。[72]於是就在「東南亞會議」召開前夕，[73]企圖對與會各國施予壓力，影響該會議之討論內容。以奇襲性火力，轟毀金門停泊於水頭海面之海軍艦艇，以壯其國際聲勢，遂行其政治敲詐陰謀。中共不敢使用直接進攻方式，故而採用猛烈的砲火轟擊。

因此九三炮戰，可以簡單地視為國共內戰的延續，但從宏觀的歷史來看，它其實是國際關係的一個環節，是中美蘇三方角力的結果。金門的一舉一動，牽扯的不再只是國民黨政權與中共政權的互鬥，背後有兩大陣營的勢力對抗。因此，學者普遍將此炮戰視為1954至1955年間第一次臺海危機的序幕。例如林博文〈從美中檔案回顧五〇年代兩次臺海危機——九三炮戰與八二三炮戰的歷史意義〉、[74]餘子道〈第一次台海危機與美台關係中的「外島」問題〉、[75]與中央研究院張淑雅的一系列研究，包括〈安理會停火案：美國應付第一次台海危機策略之一〉、〈臺

---

[70] 《96續修金門縣志》卷九，《兵事志 華僑志》，頁108。

[71] 止戈，〈憶金門「九三炮戰」及其餘事〉，〈http://blog.sina.com.tw/jun_chao/〉

[72] 當代中國軍隊的軍事工作編委會編，《當代中國軍隊的軍事工作》下冊（中國社會科學出版社，1989年），頁495。

[73] 參閱「維基百科」，〈東南亞條約組織〉，當時東南亞條約組織在馬尼拉舉行會議。

[74] 林博文，〈從美中檔案回顧五〇年代兩次臺海危機——九三炮戰與八二三炮戰的歷史意義〉，《歷史月刊》257（2009.06），頁87-97。

[75] 餘子道，〈第一次台海危機與美台關係中的「外島」問題〉，《軍事歷史研究》（上海市：上海南京政治學院上海分院），2006年03期，頁67-90。

海危機前美國對外島的政策（1953-1954）〉、〈金馬撤軍？——美國應付第一次臺海危機策略之二〉、〈臺海危機與美國對「反攻大陸」政策的轉變〉、〈一九五〇年代美國對臺決策模式分析〉等。[76]從這些研究中，我們其實可以看到美國介入國共關係甚深，金門雖然勇敢對抗中共的進犯，但在國際形勢的威逼下，也曾面臨被犧牲的命運。

中國近代史上所謂的「第一次台海危機」，指的是從1954年9月3日「九三炮戰」開始到第二年4月底，周恩來在「萬隆會議」宣稱願與美國談判為止。[77]檢視台海危機的發生與經過，可以清楚發現，國共衝突的發生不是單純的內戰延續，背後有著強權介入的影子。應該將「九三炮戰」提升到全球的視野，以國際權力變換過程中所衍生的危機事件來觀察，如此才能看出問題所在。

4.八二三炮戰

對上一代與這一代的金門人而言，八二三炮戰是一場夢魘，有生之年都難以忘懷。但是，隨著時光的流逝，哀傷慢慢變淡後，再提起當年的驚心動魄，多數人臉上洋溢的反倒是一種驕傲感。儘管漫天烽火，畢竟還是存活了下來，就算一無所有，照樣熬了過來。歷史會清楚記載八二三那天究竟發生了什麼事，但在金門人的心中，八二三炮戰是一個恆久的傳奇，一部與金門人長相左右的偉大史詩。每個金門人都有一個關於八二三的故事，每個故事的背後，都有著它的美麗與哀愁。[78]文學家朱西寧總結這些故事，從1965年開始動筆，兩度毀棄原稿，1971年再度執筆，終於完成《八二三注》。[79]這本60萬字的戰爭小說，記錄了發生在金門的這場奇怪戰爭，許多不尋常的歷史因素全部聚集在一起，造就

---

[76] 張淑雅，〈安理會停火案：美國應付第一次台海危機策略之一〉，《近代史研究所集刊》22下（1993.06），頁61-106；張淑雅，〈臺海危機前美國對外島的政策（1953-1954）〉，《中央研究院近代史研究所集刊》23（下）（1994.06），頁293+295-330；張淑雅，〈金馬撤軍?——美國應付第一次臺海危機策略之二〉，《中央研究院近代史研究所集刊》24（上）（1995.06），頁411-472；張淑雅，〈臺海危機與美國對「反攻大陸」政策的轉變〉，《近代史研究所集刊》36（2001.12），頁231-290；張淑雅，〈一九五〇年代美國對臺決策模式分析〉，《近代史研究所集刊》40（2003.06），頁1-54。

[77] 張淑雅，〈安理會停火案：美國應付第一次台海危機策略之一〉，頁63-4。

[78] 參閱王天源，〈無奈與哀愁紀念823炮戰勝利54週年〉，《金門日報》「副刊文學」，2012年8月23日。

[79] 朱西寧，《八二三注》（上）（下），臺北：三三書坊，1980年。

出這樣一場世界戰史上絕無僅有的戰爭。[80]

1958年8月20日，毛澤東在北戴河會議決定炮轟金門島。8月23日下午六點半開炮，短短兩小時內，落彈5萬多發。自是連日炮戰，激烈空前，到10月6日為止，總共砲擊40幾萬發。[81]對這場發生在金門及其周邊的戰役，國共雙方以隔海砲擊為主要的戰術行動，因此被稱為炮戰。炮戰由中華人民共和國解放軍首先發起，中華民國國軍隨後開始反擊。炮戰初期，解放軍以島上軍事目標為打擊對象，後期重點則在封鎖金門海運線，以圖圍困之效。國軍在炮戰初期猝不及防，但隨著戰事繼續，逐漸恢復戰力。並得到美國海軍護航，維持金門補給線，甚至利用八寸榴砲反擊廈門車站。炮戰期間，雙方的海軍艦艇和空軍也發生了多次戰鬥。10月初，解放軍宣布放棄封鎖，改採「單打雙停」（逢單日砲擊，雙日不砲擊，即單打雙不打）的方針，逐漸減少攻勢，這種狀態一直維持到1979年中共與美國建交為止。

這場維持64天的炮戰，[82]中國大陸與香港稱「金門炮戰」，台灣長期以來稱為「八二三炮戰」，國際間則以「第二次臺海危機」稱之。據張友驊的研究，軍方原本將這場戰爭命名為「金門炮戰」，表示對中共「炮擊封鎖金門戰役」的定位。1978年3月1日郝柏村的《八二三炮戰日記》出版後，[83]「金門炮戰」也易名為「八二三炮戰」。[84]自九三炮戰後，雖然沒有發生重大炮戰，但零星的炮擊從未停過。八二三炮戰雖然歷史記載是由解放軍發起，事實上，從7月初開始，金門的炮兵便已射擊廈門的軍事設施。炮戰期間國軍也送出了12萬發砲彈，即便在中共宣佈「停火」後，照樣砲轟。在往後「單打雙不打」的20年歲月中，國軍

---

[80] 有關朱西寧創作《八二三注》的過程與動因，參閱楊樹清，〈八二三注——與朱西甯的一段文學因緣〉，《金門日報》「浯江夜話」，2006年8月23日。

[81] 精確數字不易統計，大陸的資料和台灣的資料出入很大。加上統計的時間基準不同，過於執著數目，無太大意義。參閱《金門縣志》卷九，頁110-113。

[82] 炮戰始於8月23日，但是結束於何時，眾說紛紜。《金門縣志》認為是10月5日，共計44天，因為是日彭德懷宣布「停火」。事實上，停火之後又再度開火，直到10月25日，毛澤東的《再告臺灣同胞書》發表，才算結束，大陸方面的史家普遍持這種看法，即八二三炮戰共打了64天。

[83] 郝柏村的《八二三炮戰日記》稿成於1978年3月1日，因事涉機密，僅印行300本，分發各軍種典藏。後來收錄在郝柏村的《不懼》一書中，臺北市：聯經出版事業公司，1995年。

[84] 參閱張友驊、周之道，《砲擊金門實戰錄：八二三與郝柏村》（新高地文化事業有限公司，1998年），頁297, 301。

也會適時還擊。

「八二三炮戰」當然有其政治與軍事上的算計，但歷史畢竟是人創造的，人的情感牽動歷史的發展。也就是說，在八二三炮戰冠冕堂皇的歷史意義中，有著許多不為人知的個人恩怨。這場戰役是毛澤東與蔣介石意志的展現，摻雜著「懲罰」與「報復」情緒。[85]嚴格說來，這場「金廈大戰」意義不大，破壞性十足，但沒有「傷亡慘重」。然而，為何會發生這場「奇特的」炮戰呢？

（1）起因研究

張志豪在〈金門八二三炮戰之研究〉一文中，用了「奇特」兩字來形容這場戰爭。[86]這篇為紀念金門炮戰40週年而作的論文，除了探討炮戰發生的遠因與近因、參戰各方的戰略構想與戰術運用、戰爭結果與戰後情勢外，兼論炮戰帶給國人的啟示。[87]為何會發生這場奇特的炮戰，這是大家最想知道的事。兩岸未和解之前，教科書都是一面倒，在黨國的意識型態教育下，歷史真相顯然不是很重要。隨著檔案的開放與兩岸的交流，加上學者的努力研究，八二三炮戰的起因、經過，大致上已沒有爭議，只剩下所謂的歷史意義和影響，還有很大的論辯空間。

《維基百科》「八二三炮戰」收錄了各種關於炮戰起因的說法，歸納起來，任何說法都有可能，也都未必是如此，即便毛澤東說的話，也是真假難辨，難以猜測他真正的意圖。曾當過毛澤東保健醫生的李志綏，算得上是毛澤東最貼近的人，他認為毛澤東不但不想進攻台灣，即使金門和馬祖也不想以武力攻取，對毛來說，八二三炮戰只是一場表演，一場賭博，一場遊戲。[88]這本回憶錄的可信度如何，李志綏要讀者自己看，自己分析，自己判斷。同樣的，面對各種八二三炮戰起因的說

---

85 彭德懷，〈國防部關於臺灣當局在金門海域引進美艦護航必須恢復炮擊以示懲罰的命令〉，《中華人民共和國國務院公報》，1958年31期，頁656；另參閱高智陽，〈一個未曾實現的核武報復計畫——金門八吋榴砲使用核子彈之研究〉，《尖端科技》219期（2002年11月），頁30-35。

86 這句話出自郝柏村的《八二三炮戰日記》，之所以「奇特」在於，陸海空三軍都參戰，但不是聯合作戰，而是空軍對空軍的空戰，海軍對海軍的海戰，以及陸軍對南軍的炮戰。空軍不得轟炸地面和艦艇，海軍也不得去支援陸戰。

87 張志豪，〈金門八二三炮戰之研究——為紀念金門炮戰四十週年而作〉，《復興崗學報》64（1998.09），頁49-68。

88 李志綏，《毛澤東私人醫生回憶錄》，台北，時報出版，1994年。

法，可能也要讀者自己選擇。答案可能只有一個，也可能有很多個。美國政府情報部門在炮戰開打後兩個月的10月28日，研判炮戰的動機有六項，包括試探美國、分化台美關係、貶損中華民國（台灣）和美國的聲威、突顯中華人民共和國力量、防止出現兩個中國（如東西德和朝鮮半島的分裂）、打擊中華民國（台灣）民心士氣等。[89]

原因可能還可以再加上幾項，但中外學者，包括朱和之、[90]楊照、[91]羅斯·特里爾（Ross Terrill），[92]普遍認為中共並無取得外島的堅決目的。從戰術戰法看，沒有海空軍和兩棲部隊的協同作戰，光靠砲擊，絕對不可能攻佔金門。雖然身處戰局之中，郝柏村很清楚這場戰爭的本質，在《八二三炮戰日記》中，他已明確地指出，「八二三」炮戰是1949年古寧頭戰役後最激烈的一次戰役。由於國際政治因素的影響，使它成為古今中外戰史上，一次特別型態的戰爭。

（2）台海危機研究

所謂的國際政治因素，指的是美國、蘇聯、中共的三角關係。沈志華、唐啟華主編的《金門：內戰與冷戰·美、蘇、中檔案解密與研究》，收錄沈志華所寫的兩篇文章，包括〈1958年炮擊金門前中國是否告知蘇聯？——兼談冷戰史研究中史料的解讀與利用〉、〈炮擊金門：蘇聯的應對與中蘇分歧〉。[93]沈志華認為在有關1958年台海危機的研究中，對毛澤東的決策、美國的反應以及中美關係的變化，都已做出了比較完整和清晰的描述。在〈炮擊金門：蘇聯的應對與中蘇分歧〉一文的註釋中，詳列西方學者、大陸學者與台灣學者的研究成果。

臺灣方面的研究成果主要是一些紀念文集，由國防部史政編譯局所出版。學者研究方面，以中研院張淑雅為主，專攻台海危機時期美國的對華政策。另外，尚有黃文娟《沒有硝煙的「戰爭」——1958年台海

---

[89] 蘭德公司（Rand Co.）編撰，謝永湉譯，《一九五八年台灣海峽危機》（臺北市：國防部史政編譯局，1985年），頁320。

[90] 朱和之，〈金門〉，《歷史月刊》254期（2009年5月），頁4-19。

[91] 楊照，〈壯麗而人性的戰爭生活——重讀朱西甯的《八二三注》〉，收錄於朱西甯《八二三注》（台北，印刻出版社，2003年），頁12-13。

[92] 羅斯·特里爾（Ross Terrill）著，胡為雄、鄭玉臣譯，《毛澤東》（台北，博雅書屋，2007年），頁390, 406。

[93] 沈志華、唐啓華主編，《金門：內戰與冷戰·美、蘇、中檔案解密與研究》，北京市：九州出版社，2010年。

危機期間的美台關係》、[94]李俊融〈中共發動1958年金門炮戰的國際因素〉。[95]這方面的研究，大陸學者較多，例如劉建萍〈蘇聯對1958年中國炮擊金門的政策反應及其影響〉、[96]趙學功的〈第二次台海危機與中美關係〉、[97]楊奎松的〈毛澤東與兩次台海危機〉，[98]以及河北省政協文史委員會編的《炮擊金門的國際較量》、朱崇飛的《兩次台海危機與中美之間的資訊博弈》。

　　淡江大學李嘉賓的《美國在1958年臺海危機的決策過程》，顯然也覺得有關台海危機時的決策過程含有濃厚的博弈色彩，於是利用史耐德（Glenn H. Snyder）的「不對稱博弈模式」理論進行分析，發現美國對台政策有「兩害相權取其輕」的妥協本質。而且，政府（官僚）的決策過程也沒有全然依循理性原則思考。幾乎是相同的議題，孫紹正的博士論文《美國政府在1958年臺海危機之決策過程》，從艾森豪政府處理台海危機之考量、選項代價、組織立場及參與者競奪等面向切入。他認為艾森豪自始至終皆無意願防衛外島，故當軍方提出強硬立場時，均遭駁回，並委由核心幕僚消弭危機。艾森豪總統利用細緻政治手腕，引導國務院及國防部提出總統偏好的政策選項，同時藉國務卿杜勒斯遂行其個人意志，以避免台海危機持續升溫，並確保美國國家利益。

　　台海危機爆發時正是國際關係史上的「冷戰」時期，在這段時期，雖然美蘇兩個陣營的分歧和衝突嚴重，但對抗雙方都盡力避免導致世界範圍的大規模戰爭（世界大戰）爆發，其對抗通常通過局部代理人戰爭、科技和軍備競賽、外交競爭等「冷」方式進行，即「相互遏制，卻又不訴諸武力」。因而，有些學者便從冷戰的層面思考八二三炮戰的決策，研究因為冷戰而形成的金門特有歷史文化，稱金門為「冷戰島」，

---

[94] 張淑雅的文章皆發表在《中央研究院近代史研究所集刊》，見前注；黃文娟的文章發表在大陸華東師範大學歷史系刊物上。黃文娟，《沒有硝煙的「戰爭」——1958年台海危機期間的美台關係》，《冷戰國際史研究》第2輯（2006年6月），頁189-211。

[95] 李俊融，〈中共發動一九五八年金門炮戰的國際因素〉，《東亞季刊》（臺北市：國立政治大學東亞研究所）31: 2（2000.04），頁63-78。

[96] 劉建萍，〈蘇聯對1958年中國炮擊金門的政策反應及其影響〉，《當代中國史研究》（北京市：當代中國研究所，2010年04期），頁89-95+128。

[97] 趙學功，〈第二次台海危機與中美關係〉，《當代中國史研究》（2003年第3期），頁61-72。

[98] 楊奎松，〈毛澤東與兩次台海危機〉，《史學月刊》（2003年第11期），頁52-59。

賦予金門在國際較量中的份量。[99]

2009年10月10日金門縣政府主辦，在國立金門技術學院召開「金門、內戰與冷戰兩岸學術研討會」；2010年11月26日金門大學人文社會學院主辦《冷戰的歷史文化——東亞批判刊物會議》。李福井在會中發表論文〈金門冷戰的歷史與其影響〉，結論時，語重心長的說，回顧這一段冷戰的歷程，金門人付出了慘重的代價，歷史雖已過去，但是冷戰的創傷仍未平復，已經跟土地、人民緊密結合在一起，深入肌理，直到生生世世。[100]八二三炮戰帶給金門人的傷痛，不在於那幾十萬發砲彈，而是往後數十年的禁錮，有形的、無形的；精神的、身體的，乃至於思想的與情感的。最後，我們還是要問，這場炮戰的歷史意義究竟在哪裡？

（3）歷史意義研究

網際網路與出版事業發達，資訊取得日益容易，兩岸的閱聽大眾已可以輕易看到原本被禁止或限制的書籍與檔案。歷史的真相只有一個，但呈現出來的版本卻有很多種，從上述有關八二三炮戰的起因，不難看出歷史研究的困難。做學問，有所謂的六W法，其中當屬「為什麼」最難回答。1959年，就在八二三炮戰後不久，大陸報導文學作家劉白羽出版散文集《萬炮震金門》，[101]描寫福建前線軍民在保衛海防戰鬥中的英雄事蹟和崇高精神，書裡充斥著革命的激情與對社會主義的歌誦。有人稱讚它，說它「表現出了英雄奮戰的壯烈之美」；[102]也有人不以為然，故意用「亂」砲震金門加以反諷。兩岸畢竟都是中國人，有必要用六千多門砲，把小小的一個島轟到血肉模糊嗎？[103]

驚心動魄的炮擊金門場面，不過是毛澤東一生戰爭實踐的一個小小片斷。但是，毛澤東在這場炮戰中的戰略思維向來被某些人誇大，李顯

---

[99] 參閱《金門日報》，2012年8月23日「社論」，〈海牆從冷戰島到和平島〉。

[100] 李福井，〈金門冷戰的歷史與其影響〉，《金門日報》，2011年1月8日，「副刊文學」。

[101] 劉白羽，《萬炮震金門》，北京：作家出版社，1959年。

[102] 朱向前主編，《中國軍旅文學50年 （1949-1999）》（解放軍文藝出版社，2007年），頁248。

[103] 章亦然，〈「萬炮震金門」兩岸同胞血淚史〉，《世界新聞網》，〈http://www.worldjournal.com〉

榮《炮擊金門：戰略思維的經典之作》，[104]把毛澤東當作神一樣看待。對中華人民共和國而言，「台灣問題」終究要解決。中國統一真的對中華民族有利，或許有不同的看法，但對大多數的中國人而言，臺灣問題確實是中華人民共和國最大的鄉愁。一場戰爭，兩種解讀。同樣以戰爭為題材的小說《八二三注》，同樣描述戰爭底下的小人物，但對反共這個意識型態，反而不太正面去談論。[105]這類文學作品，一面描述參與戰爭者的偉大，一面揭發戰爭的殘酷與荒謬。對一般的小老百姓而言，一旦跳脫了愛國、國家利益等價值認知，所謂的歷史意義，其實毫無意義。

　　沈衛平在《8.23炮擊金門》一書的最後一章提到，炮擊金門有三大疑問，其中之一就是關於「歷史如何評價」。[106]戰爭最簡單的目的，不外乎獲取土地，或殲滅敵人。八二三炮戰，怎麼看都不符合這個原則，因為沒有任何一寸土地易手，也沒有大規模的殲敵戰果，於是便留給雙方各自的「勝利演說」空間。大陸方面認為：「炮擊金門」所實現的價值總和，包括軍事懲戒、政治分化、外交配合、政策宣示、戰略摸底、策略謀對、實戰練兵，均達到或超過了最初的預期，堪稱毛澤東軍事生涯的經典之作，為中國統一史上的重要篇章；臺灣方面則認為：「金廈炮戰」是事關臺灣生死存亡的關鍵一役，共軍無法攻佔金馬，難越雷池一步，乃從此確保了台澎數十年安全和平，今日台灣所創造的成就奇蹟，全仰賴此役打下的堅實根基。[107]

　　是耶？非耶？蘇軾〈題西壁湖〉詩：「橫看成嶺側成峰，遠近高低各不同，不識廬山真面目，只緣身在此山中。」用來形容八二三炮戰，也很貼切。歷史是一面鏡子，把塵埃擦掉，容貌自然就清晰呈現，缺陷是鏡子太小，只能看到自己，看不到別人。照理，隨著檔案的解密，八二三炮戰的許多疑惑已獲得合理的解釋，弔詭的是人們對戰爭的價值與意義，變得愈來愈像懷疑主義者。

---

[104] 李顯榮，《炮擊金門：戰略思維的經典之作》，北京：人民出版社，2008年。
[105] 參閱張瀛太，〈文學中的戰爭和偉人——論「八二三注」的寫作意義〉，《國文學誌》7（2003.12），頁261-283。
[106] 沈衛平，《8.23炮擊金門》，北京：華藝出版社，1998年。
[107] 參閱薛化元，〈八二三炮戰及其歷史意義〉，「台灣歷史學會」，2001/08/20，〈http://www.twhistory.org.tw/index.html〉

台海危機時期，金門是一粒棋子，雖然舉足輕重，終究還是粒棋子。當冷戰結束，兩岸往來密切，金門必須自我重新定位，不要再當別人的棋子。曾經被用來激勵人民情感的戰爭，必須完全將之掃進歷史的山洞。今日金門的一切深受戰爭的影響，但不論多少場戰爭，都不能決定金門人的命運。過去是如此，未來也是如此。每年的8月23日前後，總是會有一些單位或個人在媒體上發表八二三炮戰的應景文章，訪談參戰老兵，拼湊一些無法驗證的記憶。對那些為理想而犧牲奉獻的人民，我們給予敬重；對那些在戰亂中受苦受難的人民，我們給予同情。但是，不管什麼樣的戰爭，我們都予以譴責。「戰爭無情，和平無價」，[108]不獨是八二三炮戰的歷史意義，也是普世的價值。

（三）綜合研究

1.檔案保存（文獻）

　　檔案對我們而言，是個陌生卻又熟悉的名詞。之所以熟悉是因為個人電腦的使用，每台電腦上都存放著數以萬計的檔案，網路上常可見到「檔案下載」等名詞，而「檔案總管」大概是微軟最常被開啟的程式之一。之所以陌生則在於檔案所涵涉的範圍太廣，檔案一詞，幾乎等同於我們的日常生活，凡走過必留下痕跡，每走一步，便留下無數的檔案。檔案與個人、社會及國家的關係，有如「旨酒之不離乎糟粕，嘉禾之不離乎糞土」，[109]研究檔案可說是認識過往歷史的最佳途徑。

　　各國對於檔案定義略有不同，我國對於檔案的定義，目前主要是以檔案法為主，偏重於公務部門在執行業務過程所產生的公文書。在該法第二條規定：「檔案：指各機關依照管理程序，而歸檔管理之文字或非文字資料及其附件」，並將其分類為（1）國家檔案：具永久保存價值，而移歸檔案中央主管機關管理之檔案；（2）機關檔案：指由各機關自行管理之檔案。檔案屬於政府各機關所保有的資訊，具備行政稽查、學術研究、法律證據與史料佐證等重要功能。

---

[108] 郭哲銘總編輯，《戰爭無情，和平無價：823金門戰役五十週年專輯》，金門：金門縣文化局，2008年。

[109] 章學誠，《文史通義》，第七卷〈內篇5〉。

2007年11月29日國史館與國家圖書館合辦了一場「戰後檔案與歷史研究討論會」，針對戰後重要的檔案進行深入的研究與探討。2010年5月5日國史館館長林滿紅教授在中正大學專題演講，題目為「檔案與歷史研究」，以中日和約作為例子，探討檔案的利用。2012年成功大學歷史系開授「檔案與歷史研究」的課程，從歷史角度探討檔案管理。政治大學設有「圖書與檔案學研究所」，培育檔案界專業人才，以期滿足國內各級檔案館（室）發展之需求。任何國家與學術單位無不重視檔案的保存與蒐集，每國家都有國家檔案館，某些學術或私人單位也會設立各自的檔案館，作為資料保存與學術研究之用。

　　然而，檔案太多，始終是個問題，任何人都無法就自己的認知去判斷檔案是否有用，有價值。有用的是資源，沒有的是垃圾，檔案也是如此，只是相較於垃圾與資源，檔案更難分辨與取捨，稍一不慎便可能錯失關鍵報告。如何在一堆斷爛朝報中尋索歷史的真相，需要檔案人才與學者的努力。2000年王景弘根據華府解密檔案，寫出《採訪歷史：從華府檔案看台灣》一書。[110]這是一本運用外交、情報檔案撰寫，探索1950年代到1970年代初期台灣政治及外交內幕的專著，其中一章〈嚇阻：美國因應1958年台灣危機〉，點出了八二三戰役的影響與價值。因為使用了第一手檔案資料，才能揭開一些重要問題的謎底。掌握這些問題的真相，則有助於了解台灣與美國關係、台灣與中國關係、以及台灣政局未來的走向。

　　2000年4月江柏煒與宋怡明參訪美國國家檔案館（National Archives of the United States），查看並收集美國政府已解密的公文檔案中有關金門的紀錄。[111]兩人發現，館中所藏與金門有關的檔案文獻相當豐富，應當完整加以收集、分類，並將重要文件翻譯成中文，提供學者研究。一方面可以讓我們瞭解金門在當年世界冷戰中的角色；另一方面也有助於豐富金門建立世界級戰爭博物館的內涵，對行銷金門文化觀光有很大的幫助。江柏煒之所以會有這樣的構想，應是延續其國家公園所委託的研究計畫。在《金門國家公園戰役史料之資料庫建置與解說教育應用》的報告中，作者敦促相關單位應積極蒐集金門的戰役史料，將檔案分類，數

---

[110] 王景弘，《採訪歷史：從華府檔案看台灣》，台北：遠流，2000年。
[111] 江柏煒、宋怡明，〈美國國家檔案館文獻中的金門〉，《金門日報》，2010/05/20，副刊。

位典藏。[112]無紙化是未來的趨勢，數位典藏更是難以抵擋的潮流，但這項工作頗為艱難，人力與資力不容小覷。更重要的是，若無完善的查詢系統，無法發揮按圖索驥的功能，再重要的檔案都有可能找不到。

篩選一些重要的檔案，舉辦展覽或出版成書，讓社會大眾認識，是檔案館的職責和功能。中華民國國防部史政編譯局出版了許多戰史檔案，例如《八二三台海戰役》、《八二三金門炮戰砲擊經過檔案》、《蔣中正總統在作戰計畫的指示檔案》、《金門炮戰的檢討檔案》、《金門古寧頭舟山登步島之戰史料》等。也有一些由私人編選的檔案集，例如資中筠、何迪編《美國對台政策機密檔案1949-1989》、[113]唐淑芬主編《八二三戰役文獻專輯》，[114]以及由蘭德公司出版，Halperin撰寫的備忘錄《1958年台灣海峽危機：文件證明的歷史》。[115]基本上，這是一本著作，作者利用美國防部於1975年解密的檔案，參閱當年太平洋艦隊總司令和台灣台北防禦司令部指揮官的文件，並且拜訪了當年參與決策的重要人物，使用的雖然都是第一手史料，但書還是不能視為檔案。但這並不表示個人著作的價值一定不如檔案或史料。

檔案與史料本身不會說話，需要有人加以解釋、詮釋，或者說解構。也因此，檔案有其生命。隨著使用目的，或者時代氛圍的差異，檔案呈現不同的價值。檔案與史料是歷史研究的基礎，但是，偏頗或基於特定用途的檔案選編，容易造成誤導，進而影響歷史的真相。戰史檔案，尤其是如此。機密檔案可以延後解密，但不能任意銷毀，也不能以一己之私進行檔案徵集。如同江柏煒的前述研究所示，建立檔案庫與檔案搜尋系統，比編選檔案集更有價值，更有助於學術研究。

---

[112] 江柏煒計畫主持，《金門國家公園戰役史料之資料庫建置與解說教育應用》，金門：金門國家公園管理處，2008年。

[113] 資中筠、何迪編，《美國對台政策機密檔案1949-1989》，台北：海峽評論，1992年。

[114] 唐淑芬主編，《八二三戰役文獻專輯》，台北：台灣省文獻委員會，1994年。此書由國防部史政編譯局與台灣省文獻委員會共同編印。厚達1700頁，內容介紹可參閱楊世英，〈評述「八二三戰役文獻專輯」（上）〉，《臺灣文獻》48：3（1997.09），頁163-195。

[115] Morton H. Halperin, *The 1958 Taiwan Straits Crisis: A Documented History*, RAND, 1975. 在網路上可以取得PDF檔。

2.口述歷史（回憶錄）

在檔案尚未解密開放前，有關金門戰役史蹟的研究，幾乎都是一些回顧性的文章，以及口述歷史的徵集。檔案幫我們解開許多疑惑，證實了某些猜測，但檔案不等於歷史，我們對於過去歷史的認識，甚多來自口耳相傳的故事。這些口語敘述或形諸文字的敘事，才是我們認定的歷史，至於「歷史」與「故事」之間該如何分辨，史學家自有其方法，但一般大眾，其實不是那麼在意。發生在金門的幾次戰役，經過半世紀的流傳，幾乎都已成為傳奇故事。每個人都有屬於自己的歷史記憶與見證，自己寫出來的記事稱作「回憶錄」，自己不會寫，由別人訪談記錄的則稱為「口述歷史」。[116]

口述歷史是一種搜集歷史的途徑，該類歷史資料源自人的記憶，由歷史學家、學者、記者等，訪問曾經身處歷史現場的見證人。將訪談內容與經過製作成文字筆錄、有聲錄音、影像錄影等，以備日後學術研究之用。學者在這些原始紀錄中，抽取有關的史料，再與其他歷史文獻比對，讓歷史更加全面補充，更加接近具體的事件本身。傳統中國史家早已運用口述訪談資料，輔助文獻史料之不足，留下一系列的史籍。二十世紀中葉，由於美國哥倫比亞大學的倡導，掀起世界性口述歷史風潮。台灣的口述歷史發展約始於戰後，1955年中央研究院近代史研究所設有口述歷史編制，但是要到1990年代以後才開始積極從事口述歷史研究。[117]

金門文史學界不乏人物訪談的高手，作品也相當豐富，像是楊樹清、李福井、李錫隆等人。只是，他們的作品通常被定位為報導文學，不是口述歷史。2008年李福井出版《他們怎麼說歷史》，書中訪談了20餘位老鄉民，寫出18個金門人的故事。這些故事應用了口述歷史的方法並輔以文獻資料，正確性相當高，不是一般的小說，屬於傳記文學。儘管如此，嚴格來說仍不能視為口述歷史，真正的口述歷史，應從董群廉談起。

---

[116] 「回憶錄」用第一人稱敘述，但不一定自己寫，也有口述由他人整理；「口述歷史、訪談錄」用第一人稱敘述。

[117] 參閱許雪姬，〈台灣口述史的回顧與展望：兼談個人的訪談經驗〉，中央大學歷史研究所兩岸發展研究中心，《兩岸發展史學術演講專輯》，第5輯（2008年6月），頁55-68。

董群廉原任職國史館，負責金門戒嚴時期的民防組訓與動員訪談工作，[118]與卓遵宏、張炎憲等學者共同訪談包括曾任金門司令官的顏忠誠、當年的民防隊員等，將文稿整理成《金門戒嚴時期的民防組訓與動員訪談錄》，共三輯，由國史館出版。董群廉後來返鄉服務，從事金門鄉僑訪談工作，出版《金門鄉僑訪談錄》十餘冊。八二三炮戰50週年時，董群廉再訪當年的官兵與民防隊員，由金門縣政府出版《823炮戰口述歷史——五十週年紀念專刊》。大二膽戰役60週年時也出版訪談錄，名為《大二膽戰役參戰官兵訪談錄——建國一百週年暨戰役60週年紀念》。

金門文藝作家陳秀竹，熱愛口述歷史訪談，曾與石馬祥、莊鎮忠等人合著《榮民口述歷史：用生命寫歷史的英雄》，[119]又以自行研究的方式，為金門國家公園管理處繳交一份《八二三炮戰口述歷史》報告。該文記錄八二三炮戰的一段史實，呈現參與炮戰的國軍弟兄與金門民防隊員的戰場英姿，同時探討金門百姓在這一場戰爭中的付出，以及戰役對台澎金馬長期發展的影響。此份口述歷史可以讓關心歷史、關心金門的讀者，更深入瞭解八二三炮戰對國家、對金門之影響。

口述歷史不同於一般的歷史研究，它是現代史學的一部份，而且有時效性，一旦老成凋零，歷史將隨之深埋，沒有再現的一天。因此，作口述歷史必須與時間賽跑，趕在記憶尚未完全淡忘之前，將之記錄下來。當然，每一世代都有其口述歷史，某些沒有文字的民族，藉由口述歷史一代傳一代。八二三炮戰對從今以後的金門人來說，即便文字沒有記載，也不會就此被遺忘。麥帥說：「老兵不死，只是凋零。」對這些老兵而言，能讓他們永遠活著的就是口述歷史。

國防部史政編譯局在八二三戰役50周年時，出版由孫弘鑫主編的《烽火歲月：823戰役參戰官兵口述歷史》（The 1958 Quemoy Crisis An Oral History）。[120]書中訪問了許多將領與官兵，比較讓人難過的是一些參

---

[118] 董群廉，〈金門戒嚴時期的民防組訓與動員訪談紀實〉，《國史館館刊》33（2002.12），頁104-113。

[119] 石馬祥、莊鎮忠、陳秀竹合著，《榮民口述歷史：用生命寫歷史的英雄》，金門縣金寧鄉：內政部營建署金門國家公園管理處，2003年。

[120] 孫弘鑫主編，《烽火歲月：823戰役參戰官兵口述歷史》（The 1958 Quemoy Crisis- An

與戰役的重要人物已經作古，來不及參與這場50年的盛會。此書雖然厚達407頁，仍有遺珠之憾，或基於作者的偏好，或是有其他的考量，想留名青史，不是件容易的事。曾參與古寧頭戰役與八二三炮戰的劉鼎漢將軍，在八二三戰史館中沒有資料，其後人自行編寫《劉鼎漢將軍金門八二三炮戰回憶錄》。之後，再將手稿、日記、詩稿和談話紀錄等併入，以劉鼎漢之名出版《一個軍人的歷史紀錄——劉鼎漢將軍回憶錄》。[121]

除了八二三炮戰之外，另一場影響金門人命運的戰爭就是古寧頭戰役。行政院退除役官兵輔導委員會於古寧頭大捷60週年前夕，發行了一本古寧頭戰役參戰官兵口述歷史專書，緬懷先烈，表彰功績。[122]除了人物訪談外，對古寧頭之役的意義、時空背景與經過都有專文探討。打仗的是官兵，但受苦的卻是人民，官方的口述歷史最大的缺陷就是忽略了金門百姓對戰爭的貢獻。

烈嶼鄉一群熱愛鄉土的文史工作者，長期以來積極投入口述歷史之採集，由林馬騰負責編寫，於2007年出版《烈火焠煉的島嶼：烈嶼鄉耆老「口述歷史」彙編》一書。[123]誠如鄉長林金量所說，這些耆老只是大時代中的一粒微塵，在歷史的舞台上占不到份量，但每一粒微塵都是真實的存在，每一粒微塵都有斑斑血淚。唯有正視庶民的苦難，才能以宏觀的悲憫之心，深切記取「戰爭無情，和平無價」的歷史教訓。

二、戰役紀念建築

自古以來，紀念性建築在城市空間發展中，扮演著超越時間的永恆性角色，能夠稱為紀念性建築或紀念物本身都具有「紀念性」意義。林蕙玟與傅朝卿在〈戰爭紀念性意義之差異性研究——以金門與美國蓋茲堡之役紀念物之設置意涵為探討〉一文中，將紀念性建築分為成意圖性

Oral History），台北：國防部史政編譯室，2009年。
[121] 劉鼎漢，《一個軍人的歷史紀錄──劉鼎漢將軍回憶錄》，台北：文史哲出版社，2002年。
[122] 林文山、劉國傳、查台傳編，《古寧頭戰役參戰官兵口述歷史》，台北：行政院國軍退除役官兵輔導委員會，2009年。2010年增訂版改名為《古寧頭戰役：參戰官兵口述歷史暨60週年紀念戰地巡禮紀實》。
[123] 林馬騰主編，《烈火焠煉的島嶼：烈嶼鄉耆老「口述歷史」彙編》，金門縣：烈嶼鄉公所，2007年。

與非意圖性兩類。[124]所謂「意圖性紀念物」係依當初設立者、或製作人所欲表達的紀念性意圖為主題，當人們在參觀此建築物時，會追憶起某一段特定的時光。只要是屬於「歷史性紀念物」都有其設立的意圖，金門的兩次戰役紀念物，多是意圖性的紀念物，因為戰役的結果需要被加強，重新訴說，才能確保艱苦換來的勝利成果不會被遺忘。

因此，金門的戰役紀念物所呈現的意義，就是要讓戰役結果呈現凝結狀態。對金門的居民來說，紀念性僅止於對國家戰役勝利的情感投射。在幾次戰役進行中，人民所經歷的是與軍人一同生活在戰場上。紀念性的形成在此時是單純停留於「國家」的層級，金門居民只是「被動式」的配合，顯示金門人仍停留在軍管時期的記憶與生活模式。所以，金門的戰地紀念性建築是刻意豎立的，為突顯敵我狀態而產生的建築。並且，戰役的紀念性屬於國家與軍人，其「紀念」的對象並非軍民共有、共享的價值，而是一種絕對威權之軍事統治。

經歷30年的戰爭歲月，40餘年的戰地政務軍事管制，金門島上處處可見與戰爭有關的遺跡，尤其是各種紀念性建築物，更成了今日金門地面上最醒目的地景。從早期所建的公墓、銅像，到晚期的紀念館；從民間興建的廟宇到黨、政、軍各界人士所題的石刻，以及各種深具意義的建築物，數量之多與樣式之雜，使原本就極富閩南文化色彩的金門，增添了另一種風貌。

根據《和平的代價——金門戰地史蹟》一書的分類，紀念性的建築共有七種，包括軍人公墓、紀念塑像、紀念館、紀念廟宇、勒石碑刻、紀念碑、其他建築。[125]此書完成於2007年，對各種海陸空防禦措施都有詳細的說明，然而，所謂紀念性建築，往往會隨著時空轉換，產生新的意義。例如「和平」一詞，在國共對峙時期，倡言和平恐怕會被治以叛國之罪。而今，兩岸開放之後，所有戰役紀念性的作為都被賦予和平的意涵。為配合古寧頭戰役60週年紀念，金門國家公園在林厝防空砲陣地的碉堡營區，設立「金門和平紀念園區」，且為感念胡璉將軍對金門的

---

[124] 林蕙玟、傅朝卿，〈戰爭紀念性意義之差異性研究——以金門與美國蓋茲堡之役紀念物之設置意涵為探討〉，中華民國建築學會《建築學報》，第62期（2007.12），頁23-48。

[125] 黃振良、董群廉，《和平的代價：金門戰地史蹟》（金門：金門縣文化局，2007年），頁127-185。

貢獻，蓋了一座「胡璉將軍紀念館」。原本在太武山內就有「胡伯玉將軍紀念館」，如今再建新的紀念館，顯示金門人對這位「恩主公」確實是敬仰有加，而胡璉在金門人心目中，其地位可能已超越李光前將軍，不同的是信仰方式，一為鬼雄，一為英雄。[126]

戚常卉在《金門戰事記錄及調查研究》中提到，她的調查工作內容包括四項，其中之一是「戰事衍生的民間信仰」。[127]在金門的戰役紀念性建築中，有一些愛國「將軍廟」。「將軍」原本指無後人祭祀的孤魂野鬼，加上「愛國」兩字，表示與軍方有關，因此，包括烈嶼的「烈女廟」在內，不管祭祀的對象屬於交戰的哪一方，都被視為戰役性紀念物。[128]

意圖性的紀念建築，其價值在於歷史意義，「古寧頭戰史館」、「八二三戰史館」與「湖井頭戰史館」，都將成為記錄該戰役的史料庫，作用與紀念碑不同，不易產生實質的戰爭聯想。至於其他的塑像、勒石，不會長久存在，最後可能會成為觀光景點，逐漸失去其戰役紀念性。但是，屬於非意圖性的作為，不一定要有建築物，仍然影響深遠。今日台灣台北中和、永和、三重與高雄甚多金門人居住，為什麼這些地方會形成金門人的聚落？為何中和會有一座「八二三紀念公園」？答案就在八二三炮戰。

江柏煒認為金門可以發展成為「世界冷戰紀念地」，[129]為了申遺，金門必須找出可以被國際接受的遺產潛力點。國共內戰與對峙所留下的軍事空間、戰地景觀、紀念物等，賦予「冷戰」的世界意涵後，在全世界人類都渴望和平的氛圍下，或許能夠脫穎而出，申遺成功。冷戰已結束20年，兩岸停火也超過30年，許多戰役紀念物更是在和平時期所建

---

[126] 張兆宏，《不朽觀的展示：以古寧頭戰史館、八二三戰史館為例》，東海大學美術學系，碩士論文，2009年。以戰史館的展示物件為文本，分析展示脈絡所呈現的不朽，認為戰史館與廟宇祭祀的同質性，指出戰史館中的英雄與李光前廟中的英雄同樣具有不朽的意涵。

[127] 戚常卉，《金門戰事記錄及調查研究》（金門：金門國家公園管理處，2003年），頁3。

[128] 參閱Chi Chang-hui, " The Death of a Virgin: The Cult of Wang Yulan and Nationalism on Jinmen, Taiwan", *Anthropological Quarterly* 82（3）（2009），pp. 669-690；"The Female Deity and Nationalist Ideology in Quemoy", Paper presented at the 98th Annual Convention of American Anthropological Association, Chicago, November 17-21, 1999.

[129] 江柏煒、劉華嶽，〈金門「世界冷戰紀念地」：軍事地景的保存與活化芻議〉，「2008金門都市計劃國際研討會」，金門技術學院，2008年12月。

立。對老一輩的金門人來說，戰爭的記憶尚在，這些戰役紀念物的存在，可以撫慰傷痛，但是要利用它們來成就歷史，來發展觀光，代價未免太大。如同江柏煒在〈誰的戰爭歷史：金門戰史館的國族歷史vs.民間社會的集體記憶〉一文中所說，以金門戰史館為主的文化展示，與金門民間社會的集體記憶存在著矛盾，國族歷史與個人歷史之間也明顯衝突，當大陸觀光客大批到訪當前，金門戰爭歷史書寫與文化展示的立場有可能並存嗎？

三、影視史學

美國史家海頓·懷特（Hayden White）在1988年12月號的《美國史學評論》（American Historical Review）上，發表了一篇題名為〈史料編纂與影視史學〉（Historiography and Historiophoty）的文章。[130]懷特創造了一個新字彙，從字面上來看，"Historiophoty"應該是結合了歷史與圖像，在英文本身便不易理解，要譯成中文，也是煞費苦心。研究西洋史與史學理論的周樑楷教授，將之譯成「影視史學」，雖然仍有一些人覺得此詞不夠周延，但時至今日，也沒有別的名詞可以取代，「影視史學」一詞漸漸成為專業的術語。台灣一些研究西洋史的學者與研究生也在周樑楷的帶領下，進一步將影視史學的知名度加以擴展，除了在大學中開授「影視史學」的課程外，也經常舉辦研討會，吸引一批高中的歷史教師參與研習，傳授藉由影視資源輔導歷史教學的技法。[131]

利用影視媒介來傳播歷史知識、保存歷史資料，是當今世界的普遍潮流，許多人對歷史的理解不是經由歷史教科書，而是來自歷史電影與戲劇。因此，透過拍攝歷史相關題材的電影，可以傳達影片發行人的史觀。若是由國家、政府製作，則電影便可作為一種意識型態的教育。在中西電影史上，不乏偉人傳記與戰爭改編的電影，這類電影通常經過考據，因此容易被視為就是真的歷史經過，對一般閱聽大眾而言，想像出

---

[130] Hayden White, "Historiography and Historiophoty", *The American Historical Review*, Vol. 93, No. 5.（Dec. 1988）, pp. 1193-1199.（Available online through JSTOR）

[131] 例如由台北市教育大學張弘毅教授所主持的「影視史學與人文空間」案計劃，〈http://mail.tmue.edu.tw/~claude/3.htm〉

來的歷史比真實的歷史更有意思。

　　古寧頭戰役發生時，電影工業已經相當發達，影視器材用於新聞報導甚為普遍。「美國國家檔案館」中便藏有一些1950-60年代的歷史影片，包括與八二三炮戰有關的新聞片段。這些影片屬於紀錄片，都是真實的歷史紀錄，雖然透過取景與剪輯，還是難免會產生立場，但作為史料，真確性沒有問題。國防部軍事新聞通訊社與華視經常製播一些國軍戰史影片，像是《大二膽戰役（上）（下）》，結合口述歷史，輔以珍貴照片，加上片段的新聞影片，是很好的軍事教材，在軍中莒光日播放，效果不錯。金門縣政府也委請新汎亞國際多媒體有限公司，拍攝《金門風雲系列》DVD，包括《八二三炮戰》、《古寧頭戰役》、《兩蔣在金門》、《溯古識金門》，影片長度約30分鐘，文字敘述配以人物訪談、圖示解說，音效等，最珍貴的是應用了當時的影像資料畫面，真實呈現戰場情景與交戰火炮，這是電影演不出來的。這些紀錄片絕對有其價值，但並不是本文所欲探討的影視史學。

　　影視史學至少要像董振良的電影，楊樹清曾說，這些年若沒有董振良，金門多寂寞。在那個封閉的年代，董振良拍了許多衝撞體制的寫實影片，記錄金門人的無奈。1991年董振良返鄉籌拍《再見金門》，因資金短缺，沒有拍成。1993年完成《單打雙不打》，先後在金門金城戲院和台灣各地放映，獲得熱烈迴響。此後董振良持續拍攝多部紀錄片和紀錄劇情片，扣緊與金門有關的議題，並在1999年時發起成立「金門縣紀錄片文化協會」，致力於金門人文生態之耕耘與教育。

　　董振良是個異數，他的電影訴說著金門人的悲情，卻不是主流電影所要傳達的意念。呈現在大螢幕中的金門，以及那些戰役，總是讓人感動到熱血沸騰，激動落淚。1970年代，電視台都會在晚間播出反共愛國主題的國語連續劇，1977年9月12日，老三台聯播國語連續劇《風雨生信心》，由華視負責執行製作及主播，主題曲由蕭孋珠演唱。第二段歌詞：「一戰古寧頭，再戰大二膽，同仇敵愾，消滅匪黨，光輝的八二三。在前方，在後方，反攻復國齊歡唱，勝利在望，看春回大地，還我河山。」歌詞可以說就是金門的歷史縮影。影視史學，必然有著愛國的意識型態，動用國家資源拍攝的電影，如何能不藉題發揮！

1980年8月由張曾澤導演的《古寧頭大戰》上映，幾位台灣演藝界著名演員都參與演出，此片入圍「金馬獎」最佳劇情片，也是當年的十大最佳國語片之一。那些年流行拍攝政宣片，題材都以抗日戰爭為主，甚少涉及國共內戰。講述國共內戰的電影，雖然可以在影片中對共軍加以醜化，但也怕因此造成反效果，落入為匪宣傳的疑慮，拍這類電影，分寸很難拿捏。接續《古寧頭大戰》，中國電影製片廠在1982年推出《血戰大二膽》，由張佩成導演，秦祥林主演。大二膽戰役的知名度自然不如古寧頭戰役，但秦祥林演活了史恆豐營長，使他成為家喻戶曉的英雄人物。亂世兒女，多的是無奈，兩岸開放交流後，史恆豐帶著結褵一甲子的妻子回大陸探親，這意味著什麼？

　　為紀念「八二三炮戰」50周年，金門縣政府拍了一部短片，主題曲名為〈英勇勳章〉，由趙傳演唱。從歌詞上看，實在難以聯想到八二三炮戰，跟早年的愛國歌曲氣勢無法相比。或許是時代變了，或許是這一代年青人已忘了戰爭的意義，「期待著衣錦榮歸回故鄉，千千萬萬心靈的期望」，歌詞述說的故事，怕已超越了戰爭本身，意涵更深遠，更模糊。現在的戰役電影所要表達的似乎已與戰爭無關，浪漫的文藝氣息，掩蓋了戰爭的殘酷，反讓人對戰爭有一份遐想。2011年張作驥在古寧頭開拍電影短片，取名《穿過黑暗的火花》，透過一個小女生的視野去看古寧頭戰役。導演想表達的是一種暴力美學，利用黑暗與火花的意象，詮釋他的歷史辯證論。對金門人來說，在國共內戰中生存，感情一直都很矛盾，命運向來都不是自己能夠掌控的，就像八二三炮戰，宣稱打了勝仗，但是回顧滿目瘡痍的家園，難有勝利的喜悅。

　　1986年，丁善璽導演，柯俊雄主演的《八二三炮戰》拍攝完成。這真是一部氣勢磅礴的史詩電影，國軍傾全力動員，投入極為龐大的人力及裝備協助，動員人次高達30多萬。影片上映後爆發版權爭議，作家朱西寧指責中央電影公司，表示影片劇本有抄襲其著作《八二三注》的嫌疑，要求影片編劇兼導演的丁善璽，公開承認抄襲並為此道歉，否則將尋求法律途徑解決。幾經磋商，雙方達成和解，事情圓滿落幕。網路發達後，大陸觀眾可以輕易下載觀看此影片，雖然難以接受我們的史觀，但對炮轟金門這件事，他們並不陌生。

2006年遼寧廣播電視音像製作了2張VCD，片名為《炮擊金門》，主題為：「台灣問題是中華人民共和國最大的鄉愁，中國統一是中華民族最大的利益！」第一章描述蔣氏王朝——兵敗大陸，退守台灣；第二章描述炮擊金門——直接對蔣，間接對美。影片講述台灣問題的由來以及圍繞台灣問題的一系列事件，利用真實的史料，再現當年炮擊金門的驚心動魄場面，表現了中國政府解決台灣問題的一貫立場。

鏡頭能捕捉的場景有限，透過鏡頭所看到的金門，絕對不是全貌。事實上，每個人都以各自所看到的東西去理解歷史，去理解金門，影視史學本身就是一種大眾史學。周樑楷老師曾為大眾史學下了一個定義，「在不同的文化社會中，人人可能以不同的形式和觀點表述私領域或公領域的歷史。」[132]也就是說，大眾史學在傳達一種信念，即「人人都是史家」。對於金門，以及在金門所發生的這幾場戰役，人們的理解似乎就是如此。

譜牒族譜

一、族譜修撰

金門之所以開啟譜牒研究，明白的說就是因為解嚴。兩岸局勢和緩，小三通便利，激發金門人的海外尋根熱情。加上金門縣政府與文化局在整個過程中的推波助瀾，以致形成一股浪潮，襲捲海內外，成為金門文化發展與文化產業中，[133]一種暫時性的顯學。如同其他的文化活動，譜牒之學的研究，族譜的編修，都不可能永遠持續下去。人才問題、經費問題、甚至包括政府政策方向、主政者的好惡，都是不確定的因素。

然而，無論如何，經過這些前輩的努力，金門的族譜編修成果，已是有目共睹。未來的工作當是如何發揮譜牒的功能，落實修譜的目的，使族譜成為可資利用的生活工具，一種活的文化資產；藉由網路與資料

---

[132] 周樑楷，〈大眾史學的定義和意義〉，《人人都是史家：大眾史學論集第一冊》（台中：采育出版社，2004年），頁27-28。

[133] 參閱賴素鈴專訪，〈金門族譜資料採礦進入文化產業層次〉，《民生報》2005/08/10，A11版「文化新聞」。

庫的建置，為海內外的金門鄉親搭起「海內存知己，天涯若比鄰」的橋樑；凝聚世界各地金門人的向心力，建構一個稱之為「金門人」的共同體。因為有族譜的存在，「民族」不再是想像的共同體，民族是建立在血緣關係上的真實群體。

譜牒是一氏一族記述其姓氏淵源與宗支世系的紀錄，舉凡郡望之追溯、昭穆之次第、家訓之錄存，乃至列祖列宗景行懿德、勳業功績、遷徙路線、墳塋處所、丁口繁衍等，都有詳細記載，俾利後世稽考。總的來說，譜牒紀錄既可一窺祖先創業立祖，枝榮葉茂情形，亦可藉此探索鄉邦社會文化史實；從譜中家訓、家規，探索中華文化之傳揚、家庭倫常之維繫、社會綱紀之鞏固，譜牒資料，意義顯著，價值匪淺。

族譜文獻的重要性，除了史學與文化的價值外，在基因與遺傳學的研究上，近來也深受人類學家的重視，族譜資訊透露著基因學的奧秘。[134]族譜也不是華人所專有，有愈來愈多的西方人喜歡上網尋根，把家族尋根（tracingroots）當成業餘的樂趣，因此，相關族譜網站蓬勃發展。就整個族譜資訊系統之發展來說，美國的族譜資訊網站，無論就資料庫的內涵或商業模式的運作來說，不但技術成熟而且成果豐碩。[135]

台灣近年來的社會風氣，甚為重視本土文化、重視地方文史資料、重視名人家族史之撰述，受此風氣影響，間接帶動族譜的編修、搜集、典藏與研究。[136]與族譜有關之學術研討會，不時有機關團體出面主辦，全省各縣市文化中心也經常舉辦姓氏源流與譜牒展覽，藉展覽讓民眾了解台灣各姓源流與家族血緣關係，了解先民在臺開發奮鬥之歷程；培養族群之尊重與包容心，感念民族發展不易，要有和衷共濟之胸懷；建立生命共同體之體認，喚起國人對地方文史資料之重視。基於這樣的使命，譜牒研究乃蔚為風氣。

相較之下，金門對於族譜之學所知不多，起步也晚，解嚴以後才開始引進相關的知識和修譜技術。金門開發很早，但因生活條件不是很

---

[134] 參閱王建成，〈族譜文獻的重要性以及在傳統修譜環境中的限制與困難〉，《金門文藝》18（2007年5月），頁16。

[135] 陳昭珍，〈尋根：臺灣族譜資訊網的設計與建立〉，《中國圖書館學會會報》第73期（2004年），頁30。

[136] 參閱陳淑華撰文、蕭耀華攝影，〈修譜在台灣〉，《經典》25期，2001年8月號。

好，在長達40多年的軍管之下，人民不能隨意遷徙，因此形成特殊的聚落與生活型態，除了都市或近海的村落外，其他各村居民大都同姓而居。無宮無廟不成村是金門聚落的特色，家廟之多，密度之高為臺灣地區之冠。在150平方公里的土地上，各姓宗祠就有168座之多，分布在98個聚落之中。[137]其中像是蔡姓聚落的金湖鎮瓊林里，以「七宗八祠」之勝，成為觀光客和喜愛研究宗祠的學者，最常造訪的聚落之一。宗祠提供族譜書寫最基本的素材，如堂號、燈號、昭穆、世序表等，都是修譜的材料。2001年葉均培與黃奕展合著《金門族譜探源》，即是利用血緣村落間姓氏的關連，對該姓氏列表說明各派的關係及淵源，本書是地方上第一本提倡私人修譜，撰寫個人家譜的著作。

基本上，金門的歷史始於南宋，雖然縣志載，金門某些姓氏的「開基祖」抵達金門開疆拓土的時間可追溯到西晉之時。實際上，當下金門島各姓氏宗族的開基祖，遷來金門的年代不出南宋，再由其祖籍地觀之，以泉州府屬佔大多數，[138]比例為72.6%，漳州府佔8.6%。[139]依據2008年8月在金門金城鎮公所舉行的「晉江金門譜牒聯展」，金門宗族文化研究會參展的120部金門當族譜來分析，某些姓氏的始祖可能在宋時遷至晉江，但分支到金門的時間大抵在元末明初之時。早期金門180幾個姓氏中，[140]擁有族譜的比例並不高，主要原因可能是毀於戰亂，或不慎遺失，也有可能是族譜本身編修不易，原本就無族譜留傳。從民國八0年代開始，金門地區一些地方人士如許嘉立、黃奕展、葉鈞培、陳炳容等人，即積極投入族譜蒐集與研究，我們因此得以知道，流落在外的金門族譜其實相當豐富。[141]

迄至目前，世界各國圖書館都藏有中國族譜，修撰的時間從清末到民初，其種數較多者約有十處，即美國哥倫比亞大學東亞圖書館、日本

---

[137] 戚常卉畫主持、江柏煒協同主持，《金門宗族組織與地方信仰》（金門：金門國家公園管理處，2010.12），頁8。

[138] 王田孫，〈千年島鄉百家姓〉，《金門文藝》18（2007年5月），頁9。

[139] 蔡鳳雛，〈由氏族人口移動看金廈兩地的親緣關係〉，《第三屆金門學學術研討會論文集》（金門：金門縣文化局，2010年12月），頁4。

[140] 古正金，〈關於家族，關於譜牒〉，《金門文藝》18（2007年5月），頁11。

[141] 參閱葉鈞培，〈金門的族譜資源〉，《全國新書資訊月刊》，56期（台北市：國家圖書館，2003年），頁52-54。

東洋文庫、日本國會圖書館、北平圖書館、廣東省立圖書館、日本東京大學東洋文化研究所、美國國會圖書館、美國哈佛大學哈佛燕京學社漢和圖書館、美國芝加哥大學遠東圖書館，與香港大學馮平山圖書館。

　　另外，在美國猶他州塩湖城「猶他家譜學會」也有一些金門族譜的微縮資料，攝製於1980年。早期的族譜都是手抄本或木刻版，就作者目前所看到的族譜，最早的是清光緒5年的《金門汶水黃氏族譜（影印本）》，現藏台北市文獻會。[142]民國以來金門一直處於動亂之中，家譜也不多見，萬萬齋藏的《金門後浦東門姜氏家乘》，編於1936年，是少數之一。

　　現代印刷版的族譜大多出版於1980年代以後，例如許嘉立的《金門珠浦許氏族譜》、陳仁德的《金門碧湖支分：臺灣中州陳氏族譜》、蔡世民的《瓊林蔡氏前水頭支派族譜》等。「2005年金門族譜巡迴展」時，參展族譜已多達一百種，包括：舊譜手抄影本40種、舊譜印刷影本20種、數位修訂本40種，分屬30姓氏，90%以上編製於清末民初。這些族譜都是由「金門縣宗族文化研究協會」蒐集而來。2008年「晉江金門譜牒聯展」，展出晉金兩地族譜363冊，金門縣宗族文化研究會提供在地130冊族譜參與交流。

二、譜牒研究

　　在金門的譜牒研究發展上，「金門縣宗族文化研究協會」的成立是個重要的里程碑。2004年1月，在金門縣文化局的輔導下，「金門縣宗族文化研究協會」正式成立，該會成立的宗旨在推廣修譜風氣，義務協助各地區編撰族譜或家譜。除了創辦《金門宗族文化》，[143]會員們更是出錢出力，攜帶蒐集而來的族譜到台灣各地巡迴展覽，甚至越洋前往星馬地區，以及大陸晉江等地，藉由族譜的展出，凝聚海外金門人對家鄉的認同感。

---

[142] 根據林金榮的調查報告，金門修纂族譜，目前資料顯示最早始於明代，為明正德十五年（1520年）所修制，為許氏族譜。林金榮主持；林金台協同主持，《金門傳統聚落形成發展族譜資料彙編》（金門：金門國家公園管理處，2009年），頁51。

[143] 半年刊，第一期於2004年12月出刊，本刊藉由編修族譜作為傳統文化重整，啟迪文化自信，進而建立金門人的族譜資料庫，提供海外宗親尋根的憑據。

為了推廣修譜運動，蕭永奇、黃奕展、葉均培等人更是親自開課，講授族譜製作的方法，[144]尤其是蕭永奇及其夫人吳秀嬌對族譜數位化的推廣工作更是不遺餘力，兩人對金門的族譜發展貢獻甚大。蕭永奇以其從事資訊工程的專業能力，開發了一套族譜修撰程式，無償提供同好使用，讓一些有興趣但沒有受過專業訓練的業餘者，也能輕易上手，編修自己的家譜。2006年之後在金門縣文化局補助下大量出版的族譜，[145]正是他們辛苦耕耘的成果。[146]

作為文獻的族譜，其價值不容否認，但也不必過度誇大。金門是個比較封閉的社會，宗廟文化得以完整保持，隨著開放觀光，人民自由遷徙定居，早期以血緣為主的同姓聚落結構正慢慢在解體，甚至隨著區域的開發，聚落與聚落之間的隔核也正逐漸在消解中，宗祠的作用日益淡薄，宗親會不如社區發展協會。族譜可以為人們帶來一種懷舊的感覺，因此許多鉛字印刷的族譜也要設計得像是善本書或線裝書，除了增加美感與收藏價值外，也傳達了一個理念——族譜仍是一家一族之私有物。要發揮族譜的價值，必須加以整合，建立資料庫，利用電腦檢索功能，隨時更新，才能幫助研究者快速找到所需要的族譜資料。

族譜是封建社會的產物，名門世族必然比寒門更重視家族的歷史，宋人李石云：「家有譜，所以別生分類以著不忘，非欲相誇以顯貴門第也。」足以說明修譜是特定的族群行為，金門的族譜編修其實也反映了這種現象。根據《金門縣志》的記載，1949年以前金門大約有70個姓左右，1968年時則增至170多姓，主要是大陸轉進金門各省籍的軍公教人員設籍，分散居住在各個村里，無聚族群居的現象。這些姓氏即便與金門的氏族相同，彼此之間並沒有血緣關係，但既是同宗，多少有種人不親土親的感覺。金門是個較封閉的社會，外來落籍的人口比例不大，宗親仍是左右地方大小事務的主要力量，包括政治上的作為。族譜的修撰

---

[144] 楊靖銘，〈金門開啓文化新紀元〉，《金門文藝》2（2004年9月），頁74。

[145] 2006年金門縣政府頒布〈獎勵族譜研究補助作業要點〉，鼓勵民間研究地方文獻，保存地方珍貴史料，期能啓發縣民鑑往知來之智識，達到文化傳承之目的。類別為金門縣各姓氏族譜、宗譜、家譜等，以族譜研究成果出版為限。

[146] 參閱嚴斌，〈祖德宗功 源遠流長——族譜、宗譜補助出版的成效〉，《金門縣宗族文化研究協會會刊》5（2008年10月），頁107-108；乙照，〈宗功祖德，文化華嚴——文化金門推廣族譜補助出版的精神意涵〉，《金門文藝》31（2009.07），頁26-27。

自然也就反映了各姓氏在地方上的政治和社會實力，「五桂聯芳」與「金門四秀」的後代自然要比一般人更熱衷於修譜。[147]金門地方上的一些文史工作者也喜歡利用族譜研究先人的事蹟，不無光宗耀祖的心思。

譜牒是一門歷史悠久的學問，四庫全書總目提要，於史部總敘云：「舊有譜牒一門，然自唐以後，譜學殆絕，玉牒既不頒於外，家乘亦不上之於官，徒存虛目，故從刪焉。」然而，歷代以來，各種譜法主張仍盛行於世，作為一門知識，譜牒的價值絕對不僅於文獻史料。譜牒專家廖慶六經由族譜文獻探討家廟文化，[148]以四年時間數度蒞臨金門，針對金門的宗族文化景觀進行田野調查工作，將成果集結成冊，名為《浯洲問禮：金門家廟文化景觀》。《浯洲問禮》是聚落之書，也是宗族之書，呈現著宗廟與族譜結合下，金門宗族文化的豐厚內涵。[149]

族譜原本就是家廟文化的一部份，沒有宗族結構，就不會產生族譜，廖慶六的研究讓我們得以從宏觀的角度看見族譜文獻的價值。族譜不只記錄氏族的繁衍脈絡，對聚落形成的地理環境考量也會有所說明。廖慶六在是書中談到金門的聚落形式，講求風水布局，注重生產條件與保安功能，我們可以這樣說，地理環境決定該氏族與聚落是否可以開枝散葉。風水之學，目前還無法從科學上得到驗證，但人類趨吉避凶，選擇舒適住居環境的行為，古今中外都一樣。陳炳容的《金門族譜之調查研究》就注意到這一點，從族譜的記載探討金門風害的情形。有些聚落受風害之苦，甚至因風害而遷村，於是藉樹立風獅爺來鎮風，金門的風獅爺信仰便應運而生。除此之外，黃奕展與蕭永奇在「閩南文化學術研討會」上共同發表了一篇論文，〈從族譜中看金門金沙溪周圍居民的變遷〉，[150]這些地方上的文史學者，生於斯，長於斯，最能體悟地理環境的變遷對宗族發展的影響。

---

[147] 參閱陳順德，〈金同廈尋根探源之旅〉，《金門文藝》23（2008.03），頁52。
[148] 廖慶六，〈從族譜文獻看家廟文化〉，《臺灣源流》41（2007.12），頁6-14。
[149] 參閱陳延宗，〈「海濱鄒魯」新酒引──廖慶六《浯洲問禮》導讀金門宗族文化〉，《金門縣宗族文化研究協會會刊》5（2008年10月），頁103-106。
[150] 黃奕展、蕭永奇，〈從族譜中看金門金沙溪周圍居民的變遷〉，李金振編，《閩南文化學術研討會論文集》（金門縣：金門縣立文化中心，2004年），頁233-239。

文物器具

一、考古

　　因為戰後局勢的關係，金門地區的考古研究一直到1960年代才開始。1968年，台大地質學教授林朝棨前來金門從事地質礦產的調查，意外發現位於金湖鎮溪湖里的復國墩貝塚遺址。經過挖掘和碳十四的定年，遺址距今約6,300-5,500年前。1982年，台大人類學系教授黃士強，因執行「民間傳統技藝調查計畫」來金門作田野調查，順道作了一些考古工作，在復國墩遺址南邊約五百公尺的角壁一帶發現許多貝塚遺留，其地質與復國墩遺址類似。

　　進入1990年代後，金門的考古學有了進一步的發展。因為戰地政務解除，學者可以自由來金門從事調查研究工作，加上金門國家公園致力於維護金門之自然與人文，出資委託學者研究。於是有1994年陳仲玉所主持的「金門地區考古遺址初步調查」計畫，發現了金龜山和浦邊遺址。1996年，陳仲玉繼續主持後續研究，擴大挖掘區域，但是除了發現歷史時期遺物外，並未確認新的史前遺址。1997年，陳仲玉在《國家公園學報》發表〈福建省金門島考古遺址調查〉，次年，利用在金門所獲得的考古資料，在馬來西亞召開的「印度太平洋史前學會」第十六屆年會中，發表"Sea Nomads in Prehistory on the Southeast Coast of China"。2008年7月22日至26日，國史館台灣文獻館與金門縣文化局合作，辦理「金門文化與觀光研習營」，陳仲玉應邀講解「金門史前時代的文化」。

　　1998年，中央研究院歷史語言研究所考古組劉益昌與戴瑞春至復國墩、壁角、金龜山和浦邊遺址進行調查，採集部份標本。1999年，金管處委託該所陳維鈞研究員主持「金門島史前遺址調查研究」，針對金門地區史前文化資產的分布、內涵及重要性，進行調查研究。根據該研究，金門的史前文化架構如下：最早為復國墩遺址，約距今6,800-6,500年前；其次為金龜山遺址，約距今6,400-5,700年前；最後為浦邊遺址、烈嶼青歧遺址、貴山遺址，約距今3,900-3,300年前。

2000年12月，內政部委託中央研究院歷史語言研究所執行「臺閩地區考古遺址普查計畫（第六期）」，由陳仲玉與劉益昌主持。針對金門縣全部的考古遺址進行調查，包括史前和歷史時代的遺址，並建立各遺址的屬性表。此次調查又發現后豐港史前遺址一處，連同國立歷史博物館歷史考古小組的發現，金門和烈嶼所發現的史前遺址共計六處。[151]陳仲玉認為，其中以復國墩、金龜山與浦邊三處遺址最為重要。2004年，郭素秋與袁進龍曾至以上三處遺址進行調查，金門縣政府則委託陳維鈞對金龜山遺址再研究，重新檢討該遺址的文化內涵和年代。

　　根據張光直的研究，復國墩遺址是大坌坑文化在中國東南沿海的代表，與台灣的大坌坑文化之間有明顯的互動關係，且可能屬於同一史前文化體系。經過年代校正，復國墩遺存的年代，大致在距今5,800-8,000年前。當時人群生活形態以採集、漁獵為主，農業證據並不明顯，聚落範圍較小，因此遺留的遺址面積通常不大。復國墩遺址可以歸屬於華南的新石器時代早期文化，為目前以福建為中心之亞洲大陸東南沿海區域所知年代最早的新石器時代文化。

　　金龜山遺址出土的遺物包括近代墓葬（包括金屬遺物）、紅褐陶、灰黑陶和少數的石質遺物（兩件）、瓷器（九件），和生態遺留（包括少數動物遺骸、大量貝類、花粉等），說明了金門地區早在距今7、8千年前，甚至將近9千年前，即有人類聚居其上，從事採集狩獵的生業型態。雖然目前尚無農業墾殖的證據，但從繩紋陶的出土情形來看，金龜山遺址的史前居民已知道利用植物編繩，初級的園藝活動應該是存在的。

　　依照郭素秋的研究，復國墩遺址與金龜山遺址屬於金門史前文化前期，浦邊遺址與青歧遺址等屬於後期，遺址面積較大且文化層較厚，為較長期居住的聚落遺址，年代約在距今4,000-3,500年前。[152]自此以後，金門文化進入空白期，一直到晉朝才開始又有人居住，金門進入歷史時代。至於浦邊文化的內涵，以及為何中斷，尚無較具體的結論，有待考古學進一步的研究。遺憾的是，因為開發與耕種，金門各處遺址正面臨

---

[151] 參閱江桂珍，〈浯洲探源——記國立歷史博物館「歷史考古小組」金門地區歷史考古工作成果〉，《國立歷史博物館館刊》12:9=110（2002.09），頁32-41；〈試論金門地區歷史考古之意義〉，《國立歷史博物館學報》23（2002.12），頁99-115。
[152] 郭素秋，〈金門的史前考古遺址與文化〉，《國家公園》，2007.01，頁26-31。

被破壞的命運，相關單位，不應只是委託學者研究，應該對保存遺址有更積極的作為。

2009年5月中，金門縣金城鎮南門里因興建公寓，開挖土地，發現20餘門形制頗似17世紀之後「紅夷型前膛裝式滑膛鑄鐵砲」的古砲。金門文史學者初步判定為明清時遺物，建議金門縣文化局加以接收，委請學者進行研究。就數量上來論，這次出土古砲總額，於現有文獻紀錄中，堪當東亞之最。其品類式樣，亦甚完備，可說是一項相當重要的出土文物。古砲群出土後，考證、維護與保存工作，由縣府委請中央研究院黃一農院士與陳維鈞博士負責。根據砲身上的字樣推測，這群古砲很可能是1680年鄭軍敗走台灣時，為免資敵，倉促就地掩埋，遺留於此。

2010年10月，金門縣文化局將此次考古搶救發掘的過程，出版成書，書名《金門後浦網寮古砲群考古學研究》。書中除討論後浦網寮遺址地層堆積和古砲群出土情況外，對這群古砲所具有的歷史意義也有詳細的說明，並且介紹了廈門鄰近地區的其他古砲。後浦網寮古砲群埋藏於地層中，已超過300年，是金門重要的文化資產。對這些屬於全民文化資產的古砲群，除了學術研究價值外，應當藉由社會教育之展示，讓各地民眾得以深入了解。因此，2010年12月「金門文化園區歷史民俗博物館」正式開館，立即將部份古砲群放入展區。凡走過必留下痕跡，古砲見證一段鄭成功在金門的歲月，考古發現把歷史變成永恆的存在。

二、文物

文物一詞，在中國最早是指禮樂制度。《左傳・桓公二年》：「夫德，儉而有度，登降有數，文物以紀之，聲明以發之；以臨百官，百官於是乎戒懼而不敢易紀律。」現今則將過去遺留下來，具有歷史、藝術價值的東西稱為文物。文物的種類很多，確切的定義，目前學界還沒有達成共識。其價值的認定更是一個主觀的過程，不是客觀的結果。文物是人類社會的產物，一件文物所承載的歷史價值，科技價值和藝術價值，由人類社會的屬性來決定。可以是無價的，也可以是毫無價值。

近幾年，台灣流行建構民俗文物館，各個地方政府與民間機構競相投入文化館、文物館、博物館之籌設與經營。文物館是文化事業，也是

一種需要龐大資金的志業，必須結合商業活動，才能永續營運。由於這些組織與機構的存在，各種文物得以受到重視，進而研究與保存；社會大眾有這樣一個知性與感性的休閒空間，調節身心之餘，達成潛移默化的教育功能。

文物的種類太多，目前沒有統一的分類方法，以下僅就台灣常見的文物館文物類型，簡單加以分類，了解金門文史學界在這方面的研究概況。

（一）出土文物

《中華人民共和國文物保護法》將文物分為「不可移動文物」和「可移動文物」二大類。以考古為例，遺址屬於不可移動的文物，從遺址中挖掘出來的東西需另外安置保存，屬於可移動文物。考古學是一門較複雜的學問，須多年的學術訓練與儀器設備，不是一般文史學者能勝任的。但是，雖然不懂考古學，日常生活中仍可見到出土的古代文物，例如陶瓷器等。

金門文史學者林金榮，長期致力於金門文化之記錄與調查工作，尤其對金門之考古與陶瓷著力尤深，曾就后豐港海域的古陶瓷破片作過調查，[153]並在「金門傳統藝術研討會」上發表〈金門地區早期使用的陶瓷器文化探源〉一文。[154]2006年10月，金門國家公園管理處將林金榮之調查研究出版，書名《金門地區使用的陶瓷器文化探源》，希望藉此讓金門的文化歷史，吸引更多的人來關心、來研究，形成一股研究金門文化的動力。林金榮在「金門花園・茶室講堂」中說，古陶瓷的保存與研究是金門依然欠缺重視的一環。古陶瓷可以說是消失中的金門人文景觀，例如后豐港遺址受到破壞就讓他感到很痛心，他覺得金門應好好往地底下去做。[155]

近幾年在臺灣，為配合各項公共工程或建設而進行的搶救性考古，

---

[153] 林金榮，〈后豐港海域的古陶瓷破片調查初探〉，《金門》65（2000.06），頁52-59。

[154] 林金榮，〈金門地區早期使用的陶瓷器文化探源〉，國立傳統藝術中心籌備處編，《金門傳統藝術研討會會議論文集》（台北市：國立傳統藝術中心籌備處，2000年），頁237-264。

[155] 張建騰，〈《茶室講堂》金門古陶瓷消失中林金榮盼保存〉，《金門日報》，2012-05-28。

成果頗為可觀，其中也包括離島的澎湖和金門歷史遺址。在這些遺址中所發現的出土瓷器，絕大多數是中國東南沿海地區製燒的日用器皿，有些遺址中偶爾還發現歐洲、日本燒的陶瓷器，這些考古出土文物可以證明當時臺灣與海外交易的概況。由於出土瓷器量多又多元，逐漸受到重視，隨即掀起出土陶瓷器研究之熱潮。

2003年11月中央研究院召開「臺灣地區出土瓷器資料研究發表會」，會中成耆仁應邀發表〈澎湖出土陶瓷與其象徵意義〉。澎湖與金門一水之隔，關係密切，成耆仁對金門的出土瓷器知之甚深，在該研討會中，成耆仁尚有一篇文章，名為〈金門、澎湖考古出土貿易瓷〉。[156] 的確，用古陶、古瓷可以拼出金門的歷史，看似不起眼、沒價值的破陶片，蘊藏著深厚的歷史意義。[157]2002年，國立歷史博物館歷史考古小組將其在金門的工作成果集結成書，名為《金門地區陶瓷史、城牆遺跡、喪葬習俗調查研究》，陶瓷史研究正是其主要內容，藉此探討台灣與華南地區之歷史淵源。

（二）歷史文物

歷史文物是文化的產物，是人類社會發展過程中的珍貴遺存物。它從不同的領域和側面反映出歷史上人們生活的狀況，是研究人類社會歷史的實物資料。基本上，所有的文物都是歷史文物。歷史文物是歷史長河中同類物品的倖存者，只有文物才能突破時間和空間的限制，給歷史以質感，並成為歷史形象的載體，這一點，是任何東西都無法取代的。因此，它是不能再生產的物品。歷史文物所具有的認識作用、教育作用和公證作用，構成了歷史文物特性的表現形式。

根據族譜記載，晉元帝建武年間（317），即有蘇、陳、吳、蔡、呂、顏六大姓人士，為躲避中原五胡亂華的頻仍戰禍而移居金門島。金門有人居住，距今已有1,700年。若保守一點，從唐德宗貞元十九年

---

[156] 成耆仁，〈金門、澎湖考古出土貿易瓷〉，中央研究院考古學研究專題中心主辦，《臺灣地區出土瓷器資料研究論文發表會論文集》，臺北市：中央研究院蔡元培人文社會科學研究中心，2003年。

[157] 成耆仁，〈金門歷史考古採集陶瓷與其意義〉，江柏煒編，《金門歷史、文化與生態國際學術研討會論文集》，金門縣：金門縣立文化中心，2003年。

（804），牧馬侯陳淵來浯洲墾殖算起，也有1,200年的時間。金門的歷史既是如此悠久，留存的歷史文物想必不少。事實上，這是一種誤解。由於戰亂及盜匪，人民生活困苦，安居樂業尚且有問題，何來閒暇收藏文物，多數金門人不知何為文物，文物何用。文物的價值，與社會經濟發展有一定的聯繫，當人民的智識未達一定程度時，既無力鑑別文物，也無意為保存文物而犧牲生活，這種矛盾即便在今日，仍然不易化解。

　　1996年國立歷史博物館成立「台閩文物工作小組」，進行有關於台灣及閩南地區之歷史、藝術、文化等方面之長期研究。1997年開始對金門地區的文物做實地調查，調查之重點著重在古文物的蒐集整理，藉由文物的研究闡述金門歷史源流、地域性特質以及文化藝術方面的意義與價值。1998年3月1日至4月12日，歷史博物館舉辦「金門古物特展」，藉由展覽形式呈現該館之研究成果。除展覽之外，歷史博物館也將調查成果加以出版，書名為《金門古文物調查實錄》。

　　金門的古文物很多，歷史博物館所選錄的只是其中一部份，屬於較具代表性的文物。另外，某些文物則較偏向於個人嗜好，例如，紙鈔與郵票。震撼〈金門紙鈔史〉一文，[158]談到金門「一國兩制」的貨幣發展；朱棟槐的〈金門島及奧華合作社流通券〉，講述「粵華券」的流通與歷史地位；[159]黃裔則專門研究「限金門地區通用」券的字軌。[160]有關金門貨幣制度，較具學術性的研究，當屬梁長傑的論文《金門地名券貨幣制度之研究》，研究管制長達40年的地名券貨幣，其所扮演的功能與影響。

　　歷史文物雖然種類很多，但單一性質，數量多到值得研究的卻不多，在金門，古文書是特例，這幾年金門文史界的重要工作便是古文書的發掘與研究。2001年，行政院文化建設委員會鼓勵地方文史學者從事古文書之蒐集，並以原件方式影刊出版，提供專家與學者進一步研究。台灣各縣市對古文書的收集相當熱烈，已出版的古文書專輯不下數十種。「國家文化資料庫」也將古文書列為重要項目，已經數位化的物

---

[158] 震撼，〈金門紙鈔史〉，《金門日報》，2003/9/10。
[159] 朱棟槐，〈金門島及奧華合作社流通券〉，《新光郵鈔》101（1975.11），頁1-7。
[160] 黃裔，〈「限金門地區通用」券歷年發行字軌的研究〉，《新光郵鈔》183（1982.09），頁37-39。

件，總數超過一百萬件。古文書是極為脆弱的歷史文物，人為的損毀、自然的風化，保存不易。有了數位化電腦技術和網路平台後，古文書的研究已日趨成熟。

金門的古文書研究起步較晚，雖然早在解嚴初期，民間大興土木翻修房屋之時，便已發現為數不少的古文書被刻意或不慎消毀，有心之人或覺得可惜而加以收藏，但無研究。2001年金門縣文化中心委託葉鈞培等人從事金門古文書調查，經過兩年的徵集，共獲得3,000多件的古文書。2002年《金門古文書》第一輯出版，書中將金門古文書分成十八類，除影印原件外，並將內容依原稿格式抄錄，提供對照參考。[161]此書純粹是編輯，但在解讀古文書的過程中，編者另有發現，在字裡行間存在著許多值得研究的資料，於是有了〈金門地區古文書中之鬮池契約研究〉這篇文章的出現。[162]光是一篇研討會論文，似乎無法盡述金門古文書之奧妙，於是葉鈞培將金門古文書研究帶入學術殿堂，以《金門清代古文書研究——以契約文書為主》取得碩士學位。

根據葉鈞培的研究，金門的契約文書反映了金門居民生活的社會關係，是了解金門地區經濟史和社會史的一個重要剖面。顏炳洳以民間分家的古契書為例，解析家族的分衍興衰。他認為分家古契書佐證了宗親血脈間的分化繁衍，以及聚落土地、田宅等產業的分割、交易、轉讓等情況。這些代代相傳保存下來的家族文件，讓金門特殊的宗親聚落組織變得有跡可考。[163]如同葉鈞培在其論文結論中所言，古文書的研究有助於提高居民對古文書的認識，因為認識，促使更多的古文書得以被保存下來。金門大學閩南文化研究所向來致力於傳統聚落的研究，2010年金門縣文化局委託唐蕙韻，針對金門傳統聚落傳統契約文書進行調查，[164]除了作成報告書外，並將研究心得在《國文天地》上發表，指出傳統契

---

[161] 葉鈞培、許志仁、王建成，《金門古文書，第一輯》，金門：金門縣立文化中心，2003年。

[162] 葉鈞培、王建成、許志仁，〈金門地區古文書中之鬮池契約研究〉，李金振編，《閩南文化學術研討會論文集》（金門縣：金門縣立文化中心，2004年），頁523-536。

[163] 顏炳洳，〈《擋古鳴今》金門古文書與聚落變遷——以分家契書為例〉，《金門日報》，2004/04/13，副刊。

[164] 唐蕙韻計畫主持（金門縣文化局委託）、王怡超協同主持，《金門傳統聚落傳統契約文書調查計畫研究報告》，金門：國立金門大學，2010年12月。

106　爺們的天空

約文書在金門的當代性和傳統性。[165]

　　各地都有古文書，金門的古文書與其他地區比較，是否有差異，需要進行比較研究。研究台灣古文書的逢甲大學教授陳哲三，在〈金門與臺灣清代契約文書的異同〉的研討會論文中指出，[166]以「杜賣園契」為例，相同者71%，不同者22%，大同小異者7%，其最大不同點在土地面積之書寫方式以及交易之銀員或銅錢之媒介。臺灣以銀員為交易媒介，金門則多為銅錢。原因是金門地小土瘠，物產不豐，沒有出口，致外國銀幣不能流入；臺灣則有鹿皮、糖、米、樟腦、茶葉為外商所需貨品，故外國銀洋得以源源挹注。至於金門古文書的其他特色，可參閱陳哲三教授的另一篇文章——〈金門的契約文書及其特色〉。[167]

（三）民俗文物

　　歷史文物通常有其一定的藝術與研究價值，值得收藏與保存，若能進入歷史博物館典藏，身份自然是與其他文物不同。博物館除了典藏文物之外，更重要的職責是透過展覽，進行社會教育。因此，會隨著展出主題，重新安排文物組合，換句話說，文物沒有必然的歸類，其分類純粹是一種研究需要，或為遂行其他目的所作的安排。根據中華民國博物館學會的統計，2007年時，台灣博物館的類別有十九類，包括歷史博物館、自然科學博物館、產業博物館、民俗博物館⋯，總數為582間，依縣市別，金門有9間。[168]

　　在文化部的博物館列表中，僅記錄金門四館，包括八二三戰史館、金門文化園區歷史民俗博物館、金門縣水族教育展示館、金門縣烈嶼鄉文化館。以上都是公立博物館，規模較大，也較專業。事實上，金門還有很多其他類型的博物館，只是名稱不用博物館，像是西園鹽場地方文

---

[165] 唐蕙韻，〈傳統契約文書在金門的當代性和傳統性〉，《國文天地》28:8＝332（2013.01），頁89-93。

[166] 陳哲三，〈金門與臺灣清代契約文書的異同〉，行政院文化建設委員會資產總管理處籌備處等編校，《台灣古文書與歷史研究學術研討會論文集第四屆》（台中市：逢甲大學出版社，2010年），頁77-106。

[167] 陳哲三，〈金門的契約文書及其特色〉，《臺灣古文書學會會刊》6（2010.04），頁1-6。

[168] 中華民國博物館學會官網，〈http://www.cam.org.tw/big5/resource6.htm〉，2013/11/15 檢索。

化館、王大夫一條根文化館、石蚵產業文化館、珠山文物館、風獅爺文物館、振威將軍李光顯府第文物館、特約茶室展示館、烈嶼地雷展示館、金城民防坑道展示館、胡璉將軍紀念館等。近幾年，政府獎勵文資產業，官方與民間對成立文化館甚是熱衷，這固然是好現象，但各自為陣的結果是規模太小，館藏文物太貧乏，看不到發展性，熱鬧開幕後，慢慢就變成蚊子館了。

　　金門雖然只是個小島，人口也不多，但歷史悠久，留存下來的文物相當豐富，尤其是不可移動的文物。根據文化部文化資產局所發佈的訊息，金門縣文化局成立以後，十分看重文化資產的保存與維護，近五年來總共投資了新台幣壹億玖仟萬餘元的經費，整修完成6處古蹟，3處歷史建築，及5處的文化資產。[169]毫無疑問，文化資產是金門的寶藏，長期努力地持續修護才得以完整的保存。在眾多古蹟圍攏下，金門縣文化局為鼓勵金門民眾重視古蹟保存、維護及再利用，一直持續不斷向行政院文化建設委員會爭取補助款，來補助一般民眾申請維修各類古蹟建築群。

　　古蹟修護，功效明顯可見，政治人物樂於留下這樣的功業。但對另一種文物的蒐集與保存，卻總是看不出其價值所在，金門第一座博物館竟然花了將近十年才落成，歷經三任縣長，數十位民意代表。看似簡單的建築，內含複雜的價值取捨與政治角力，包括博物館的定位。歷史乎？民俗乎？最後乾脆將歷史與民俗加以結合，成為台灣唯一的歷史民俗博物館。如前所述，文物不易分類，歷史與民俗原本就存著共通性，從館內所展出的六大主題來看，金門的歷史與民俗自是關係密切，不易切割。但就知識體系而言，歷史與民俗屬於不同的範疇，歷史文物與民俗文物不能等同看待。

　　1998年陳炳容出版《金門民俗文物》，將他長期收集的民俗文物作有系統的整理。2009年金門縣文化局進行民俗文物普查，出版《金門民俗與有關文物資料彙編》，將民俗及有關文物的相關文獻作了蒐集、分析與分類。主要分成三大類，包括宗教信仰、歲時節慶、風俗民情，以及其他與民俗相關之文物。一般而言，民俗文物都與宗教信仰有關，例

---

[169] 文化部文化資產局，「最新消息」，2013/11/17檢索。

如風獅爺，既是信仰也是辟邪文物。[170]早在1994年，陳炳容與葉鈞培便曾對金門的民俗辟邪物作過調查，[171]金門的辟邪物五花八門，其中以風獅爺最有名氣，不但是金門辟邪文化的代表，且已被設計成代表金門形象的圖騰。

　　楊天厚與林麗寬是這方面的研究專家，夫妻兩人長期從事風獅爺的調查與記錄，除了出版相關書籍外，[172]也經常在刊物上發表研究心得。風獅爺是一種聚落「貞定物」，[173]與聚落存在著共生關係，然而，隨著金門大環境的改變，出現愈來愈多的觀賞型風獅爺。新立的風獅爺已無法和傳統信仰連結，作為信仰的風獅爺與聚落日益疏離，作為文物的風獅爺反而提供了另一種視野，即藝術層面的展示意義。[174]民俗文物是民俗的產物，唯有當民俗得以持續，其相關之文物才有價值。因此，就聚落社會而言，持續維持民俗活動的發展，比蒐集民俗文物更為重要。

　　常言道：「物以稀為貴」，這也是判別文物價值的依據。民俗文物的種類、數量遠遠超過歷史文物與考古文物，因此，沒有太大的市場價值。收集與典藏，目的不是將之當作古董，而是作為一種鄉土與社會教育。走在金門的土地上，隨處可見展示的文物，從坦克大砲、飛機軍艦到吃飯的一只小瓷碗。某些文物僅知其名，未曾看過；某些文物，經常用到，不知其名。為了解決這個共同的難題，金門國家公園架設了一個網站，將典藏的常民文物予以數位化，照片加上文字解說，民眾可以經由這個平台，認識金門常民文物的製作材質與用途。

　　將文物數位化，建立資料庫，提供檢索，是文物研究的趨勢，就此而言，金門還在起步階段，而且沒有專責機構。金門國家公園也是委託其他單位，這不是他們的工作，長久之計，應該交由歷史與民俗博物館，由金門文化園區負起文物徵集、典藏、展示、教育的責任，統一金

---

[170] 金穗文、圖，〈金門辟邪物──五花八門引人入勝〉，《臺灣月刊》204（1999.12），頁72-76。

[171] 陳炳容、葉鈞培，《金門民俗辟邪物的調查研究》，金門：閩土工作室，1994年；葉鈞培，《金門辟邪物》，金門：金門縣政府，1999年。

[172] 楊天厚、林麗寬，《金門風獅爺與辟邪信仰》，永和市：稻田，2000年。

[173] 方鳳玉（國立臺中技術學院室內設計系），《聚落「貞定物」類別之研究：以金門縣金城鎮為例》，國科會專題研究計畫，執行起迄：2007/08/01～2008/07/31。

[174] 黃慧馨，《共生與疏離──金門風獅爺與聚落之關係》（南華大學美學與藝術管理研究所，碩士論文，2007年），頁213。

門的各類型博物館。

三、器具

在常民文物中，最多的便是器具。生活中的食衣住行皆需工具，百工技藝也需工具，從這些器具的形制與材質可以了解常民生活的型態、了解行業的演進、了解工藝的技術水準。器具大抵以實用為主，較缺乏藝術價值，而且因為可以繼續生產製作，各種「仿」古器具，只要市場有需要，便可源源不絕供應。雖然因為某些工藝人才的凋零，致使器具製作技術失傳，但問題不在器具本身，在於社會對器具的需求。人才可以再培養訓練，器具也可以再製作，但生活型態的改變，新式器具的產生，取代舊式器具是必然的進化，無法發揮最大功能的傳統器具，除了引發思古幽情外，只好擺設在文化館中，成為歷史與鄉土教育的輔助教材。

由於戰地政務的關係，金門的現代化歷程較短，傳統的生活型態尚未完全被異化，加上有關單位的刻意維護，許多在台灣社會早已消失的器具，在金門仍隨處可見，部份器具也還在使用中，並沒有完全走入歷史。金門是個農業社會，農具是不可或缺的器物。1996年金門縣文化局的前身金門社教館補助黃振良出版《金門古式農具探尋》，書中將金門話中的農具詞彙與早期農業社會文化結合討論，讓人得以從農具詞彙中了解金門早期農業社會生活的面貌。1998年社教館再度補助黃振良出版《金門民生器物》，將器物範圍擴大，不再局限於農具。黃振良利用教職之餘，跑遍大小金門每個聚落，探尋各種農業與日常使用的器物，以圖片和文字互補方式呈現金門居民的生活樣態。

解嚴開放後，青年人口外流，金門的農業日益沒落，農村生活逐漸都市化，尤其是引進機械化耕種，傳統農具多數被棄置。日常生活中雖然還保留一些舊式器具，也是日消月損，所剩無幾。老一輩的或許還可以憑著記憶，想像其樣式，年青一輩的，對一些詞彙用語，可說是鴨子聽雷，無從理解。若真要測試，指鹿為馬的情形，相當嚴重。金門縣文化局大概也觀察到這種現象，於是在2007年時商請黃振良將前述兩本著作略作整理，重新印刷出版，書名為《金門農村器物》。這本書印刷精

美，圖文並茂，解說詳細，紮實地將先民的工藝智慧完整保存下來。

然而，讀萬卷書也要行萬里路，文字與圖像所傳達的知識，無法盡得文物的精髓。面對歷史，除了理性的知覺，更需要情感的激勵，情境的感動，這就是為什麼我們需要博物館的原因。走一趟「烈嶼鄉文化館」，便能了悟何謂文化的宴饗，心靈的悸動。當近距離地看著各式各樣的日常用具，總會突然發現幾件東西讓人覺得既熟悉又親切。儘管上面佈滿歲月的鏽蝕，仍可聞到尚未完全消除的土氣。這情境，像是走入時光隧道，不知不覺中掉進記憶的深淵，百年歷史，彷如昨日。

文化館除了典藏與展覽外，尚有出版與研究的責任。就此而言，金門的一些文物館或文化館雖設有官網，從事某種程度的資料整理與解說，但與學術研究的性質仍有一段差距。金門的文物館在編制上都是小單位，有些還是靠志工在維持運作，經費與人力都不足以資助研究，空有豐富的館藏，卻不知這些文物的脈絡關係，器具文物所蘊含的意義沒有完全被解放出來。

金門的器具文物是金門歷史與文化的產物，橫向的器具類型研究，已做出不錯的成績；縱向的歷史研究，還在摸索階段。台北科大研究生李淑芳，以民居家具為對象，探討其形式及裝飾語彙所蘊藏的意涵。該論文分析了金門家具的歷史變遷，從清代以前到開放觀光時期；此外，也分析了器物圖案所蘊含的意涵，例如金門的家具裝飾以植物類為主，藉由其象徵以企求平安喜樂；某些神案與臉盆架出現雕有國旗、黨旗交叉的圖案，這是受僑鄉文化影響的有力證據。

文物器具，是歷史文化的遺存，是先民智慧的展現，利用這些實體標本，一方面可以框補文獻史書的遺漏與不足；另一方面，它們是有形的文化資產，是庶民生活不可分割的一部分，是一個族群具體、普遍存在的物質證明，反映出該族群的生活方式、風土特徵、知識範疇，與價值體系。從以上這些文物器具的整理和研究，我們得以見識到昔日金門農村社會的轉變，看到早期金門人的日常生活型態。這些歷史遺留下來的東西，多數已無法契合當前的社會需求，但並沒有完全消失，就像風獅爺一樣，改頭換面之後，用另一種姿態，繼續守護金門。

Chapter 4
歷史與人物

方志志書

一、方志研究

　　巴兆祥在《方志學新論》中說，方志具有資治、教育、存史之功能。[1]方志資料充實、內容豐富，具有系統性、複載性、差異性、可靠性等基礎。千百年來，中國大地歷盡滄桑，多少烜赫皇朝、風雲人物皆已消失殞落，唯方志屹立不搖，不但未衰落，反而日漸發達。[2]周迅在《中國的地方志》中也說，方志內容無所不包，體裁兼採多種著作長處：用地圖表達山川城鄉的位置和距離；用編年史的形式敘述歷朝大事和各種事物的沿革變遷；用表格來列舉文武官員和舉人、進士的姓名簡歷；用目錄的形式介紹當地人的著作和當地文物；用傳記的形式記載名人事蹟；用隨筆雜著的形式記錄軼聞雜事。方志體裁多采多姿，展現綜合性的風格，[3]是歷史研究非常重要的參考資料。

　　從書的內容來看，方志兼具史書、地理書與地方政書三種性質。中國歷代方志極多，從17世紀到19世紀，數量更是激增，現存於世界各庋藏單位的方志計約8,000餘種，其中6,000餘種編修於清代，佔總數的80%。[4]中國自宋代以來方志的纂修逐漸普遍，清代乾嘉學派的發展，

---

[1]　巴兆祥，《方志學新論》（上海：學林出版社，2004年），頁33-47。
[2]　參閱徐惠玲，〈戰後臺灣方志纂修的總體考察與論析〉，《世新中文研究集刊》第七期（2011年7月），頁91-132。
[3]　周迅，《中國的地方志》（臺北：臺灣商務印書館，1994年），頁1-16。
[4]　鄭吉雄，〈中國方志學的跨世紀展望〉，《第二屆中華文明的二十一世紀新意義學術研討會》，美國：史丹福大學，2001年3月31日。

進一步將方志變成專門的學問，方志體例也受到一定的規範。由於方志具有地方政書的性質，因此，清代地方官員當它是施政的實務之一，修志成績卓著的官員可獲得較好的升遷。在許多方志中，修纂者都是地方官，在「敘」、「跋」、與「凡例」中，常會談到因舊志未能反應新的情況，必須編修新志之理由，其實是地方官想藉志書之編修以記錄其任內的政蹟。

但方志也不是可以隨意編修，有其一定的體例和限制，以清代的地方制度而言，省有通志、其下為府志、縣志與廳志，縣以下的層級甚少有單獨的志書。因此，儘管清代編修了六千多部志書，卻一直到光緒八年（1882）才見到付梓的金門方志，但因金門尚未設縣，《金門志》在性質上屬於私人著述，與之後縣志的官方色彩，還是有很大的差別。1915年金門設縣，在此之前，金門的事蹟分述於《同安縣志》和《泉州府志》，由於金門的建置層級太低，因此相關記述不多。

金門雖僻處海嶼，卻是人文萃薈，文風鼎盛，科第之成就傑出，有識之士早已因鄉梓無志而耿耿於懷，極思為地方留下紀錄，於是有了《滄海紀遺》一書的出現。明代嘉靖朝的貢生洪受，是金門人，擔任過國子監助教、夔州通判。因讀《同安縣志》，發現其中對金門的記事實在太少，而且頗多遺漏，常為此扼腕，乃蒐羅金門史料，完成是書。洪受在此書的〈自序〉與〈後述〉中已說明作此書的用意，至於以「滄海」為名，乃因此為金門古稱，另外，也有「滄海遺珠」之寓意。

嚴格說來，《滄海紀遺》不能視為方志，但已具備方志的雛型，其中的記事每每成為縣志編修的依據，對保存古代金門地方史料貢獻很大，因此金門文史學界乃奉之為金門地方志之濫觴。自此之後，到2009年《96續修金門縣志》出版，金門共編修了數本志書，除了清林焜熿等纂修的《金門志》，以及民國許如中的《新金門志》外，其餘皆名「金門縣志」。由劉敬纂修的《金門縣志》，1922年初稿完成，卻因時局動盪，拖到1958年才印行。這本縣志刊行的時間最久，其後每十年一編修，共計三次，皆名為《金門縣志》。各版本總編、纂編，與編修年代分別是陳漢光（重修，1968年）、郭堯齡（重修，1979年）、郭堯齡（增修，1987年）。特別是1987年版，縣政府花了相當多的人力，歷經

四任縣長，始完成三大卷之《增修金門縣志》。金門縣志的版本很多，增修經過複雜，一般讀者不易理解。

　　2007年7月的《金門文藝》作了一個專題，登載數篇有關金門縣志書寫的文章，其中楊靖銘的〈島鄉的文化容顏──金門縣志書寫史話〉，簡單扼要地介紹了這些志書的撰述背景與經過。[5]2007年3月金門縣政府籌劃續修金門縣志，修史是大事，因而引來各方人士的關切，對縣志內容與參與纂修人員，期許甚深。為此，陳炳容與黃振良聯名發表一篇論文──〈金門方志溯源──兼談編撰地方誌的看法〉，除了詳述各志書的內容與編修經過，將各版本志書的纂修概況予以表列外，對近年來金門文史界熱衷修史、著史的現象，也提出獨到的感想與建言。[6]史書該如何編寫，可以是見仁見智的問題，但明知其錯誤卻不更正，絕對是不能容忍之事。

　　方志是地方書寫重要的資料庫，金門的文史學者經常從縣志中尋找故事題材，或引述書中的記事。但是以方志為對象進行研究的，還沒有像樣的論文。正如陳炳容的文章所言，金門縣志中存在著相當多的謬誤與缺失，有些是史料與史實的疏忽，有些則是史觀與立場的偏頗。負責為官方修史的人，沒有太多的自由意志，可以理解，但閱讀史書的人，理應參酌文獻與檔案，忠實呈現歷史原意，並將研究成果作為日後重修或續修之參考。然而，如何才是歷史原意，怕又是個沒有共識的議題。

　　近年來，有兩位學者先後投入《滄海紀遺》的研究，吳島於2002年出版《滄海紀遺校釋》，[7]郭哲銘於2007年出版《滄海紀遺譯釋》，[8]此二書對吾人閱讀或研究史書原典頗有助益。但是，所謂的校釋或譯注，容易流於想當然爾的時空錯置。當《滄海紀遺》被發現時，只是手抄本，部份內容已不見，經後人增補，加上新式標點才有今日之樣貌。實在說，今日所見的《滄海紀遺》必然與洪受當年的原稿不同。吳島和

---

[5]　楊靖銘，〈島鄉的文化容顏──金門縣志書寫史話〉，《金門文藝》19（2007.07），頁15-18。

[6]　陳炳容、黃振良，〈金門方志溯源──兼談編撰地方誌的看法〉，2013/11/26/ 檢索。〈http://rengenzhu2009.blog.163.com/blog/static/1875621852012111874518677/〉

[7]　（明）洪受作，吳島校釋，《滄海紀遺校釋》，臺北市：臺灣古籍，2002年。

[8]　（明）洪受撰著，（清）黃鏞補錄，郭哲銘譯釋，《滄海紀遺譯釋》，金門縣：金門縣文化局，2008年。

郭哲銘兩人的用意，自然是為了讓讀者更了解作者原意，更貼近原著作，只是，洪受身處的時代與今日的金門相去何止千里，用今日的資料作為佐證，反而會產生誤導。

在林焜熿的《金門志》中，內容沒有烈嶼，「金門全圖」也沒有標示烈嶼島，此固然是缺失，卻是歷史原貌。自古文人偏愛校釋史書，每有心得，抒發為文，人情之常，一如司馬遷，總愛「太史公曰」。校與評都有其必要，只是必須審慎，因為文字的意義不盡然就是表面所看到的。若無「凡例」的說明，誰會知道《金門志》竟然沒有納入烈嶼與大小嶝。如今的《金門志》版本很多，仍然沒有烈嶼，也無人為之校釋，但其重要性絲毫不減，相關的研究不少。

二、金門鄉鎮志研究

2008年6月14-15日，金門縣文化局與中興大學文學院、臺灣敘事學學會合辦「2008金門學學術研討會：烽火僑鄉・敘事記憶──戰地・島嶼・移民與文化」，逢甲大學歷史與文物研究所所長王志宇應邀發表〈方志論述中的「祥異」觀念及其意義：以金門林豪及其相關方志為中心〉。[9]王教授曾參與《竹山鎮志》、《外埔鄉志》、《苑裡鎮志》與《台中市志》等地方志書的纂修，修志經驗豐富。他透過相關地方志的描述與清代社會所流通的觀念，認為林豪在方志裡參雜風水、鬼怪等災祥敘述，並非偶例，而是清代許多知識菁英的共通點。同治十三年（1874）林豪繼承父志修完《金門志》，書中有關災祥的記載甚多，除部分引自其他方志外，其他皆出自林焜熿、林豪之筆，而以兩者的家學淵源，應可一體視之。

林豪的知名度遠超過其父親，是編修方志的專家，尤其是《澎湖廳志》，可謂上乘之作。連橫的《臺灣通史》將林豪收於〈流寓列傳〉之中，指出林豪對於澎湖的事務尤為關切。但對林豪的出身卻說是廈門人，與事實不符，林豪是福建同安縣之金門後浦人。金門與廈門關係向

9　王志宇，〈方志論述中的「祥異」觀念及其意義：以金門林豪及其相關方志為中心〉，楊加順總編輯，《2008金門學學術研討會論文集──烽火僑鄉敘事記憶：戰地、島嶼、移民與文化》（金門縣：金門縣文化局，2008.11），頁171-184。

來密切，林焜熿之《金門志》正是仿效《廈門志》而來。根據潘是輝的博士論文《林豪編纂地方志書的理念與實踐》，周凱與林焜熿著手進行《廈門志》的編纂工作時，即有將金門一起包括進來，編纂「廈金二島志」的計畫。周凱在公餘之暇耗盡心力編纂出《廈門志》，但書未付梓便病逝，《金門志》只好留待其門生林焜熿來完成。林焜熿只花兩年便完成初稿，因為《金門志》係依據其舊作《滄洲彙草》刪補而成。林焜熿的這份《金門志》稿件，也因周凱的渡臺與病逝而塵封多年。一直要等到其子林豪遊歷臺灣、澎湖之後，回到金門接續增補，方刊刻面世。[10]

　　林豪是清代流寓臺灣相當重要的文人之一，被譽為著述份量最多的遊臺人士，其在方志學上的成就，稱得上是修志專家。以志書而言，歷次編修的金門縣志皆無法超越。但歷史畢竟是延續的，要在《金門志》的基礎上增修或續修，這項工作比較容易，要全面重寫金門志，談何容易，現今參與修志的人員，在各專業領域可能有不錯的表現，但對方志卻是外行，只知填塞資料，製作圖表，附錄數據，全然沒有史觀，不知作史書的意義。2009年出版的《96續修金門縣志》，共有十六志、十八卷，十二巨冊。各志主纂委員，以及參與協修人員皆是一時之選，包括旅居台灣的金門籍大學教授與金門文史學界的枱面上人物。氣勢之磅礴，工程之浩大，大有「前無古人，後無來者」的雄心壯志。如此大手筆的縣志，讓人嘆為觀止；也讓人擔心，如此規模的縣志，往後要如何續修下去。

　　相較於縣志的規模，鄉鎮志就顯得精緻多了。1950-60年代，一波波編纂縣市志稿、縣市志、或縣市文獻叢輯的浪潮，紛紛在台灣各地展開，由各縣市的文獻委員會主其事。1970年代，各縣市的文獻委員會裁撤，縣市志的編纂或重修工作遂由縣市政府承接。與此同時，各地也開始有了零星的鄉鎮志編纂，但是，比較起來，這時期的地方志產量卻變少了。直到1980年代以後，才開始有較多的鄉鎮公所展開編輯鄉鎮志的工作，而戰後成長的新一代學者也陸續受邀，參與鄉鎮志的編纂工作。

---

[10] 潘是輝，《林豪編纂地方志書的理念與實踐》（國立中正大學歷史所博士班，博士論文，2006年），頁173-192。

1990年代，湧起另一波編纂地方志的風潮，學界人士大量投入編纂鄉鎮志的行列，[11]金門也不例外，為此，金門曾舉辦一次「金門地區鄉鎮志纂修經驗研討會」，發表多篇論文。[12]

　　根據東吳大學張火木教授的調查，2003年3月以前，全台319鄉鎮中已出版發行鄉鎮志的，不及半數，約在1/3強左右，[13]其中離島的金門與馬祖已有《烈嶼鄉志》與《東引鄉志》。由林英生等編纂的《烈嶼鄉志》是金門第一部鄉鎮志，出版於2002年，全書四百餘頁，分成九篇。但如同其副標題——「打造我們的烏托邦」所示，體例上較接近於史書與文獻，不像傳統的方志。之後則有《金沙鎮志》（2002）、《金寧鄉志》（2005）、《金城鎮志》（2009）與《金湖鎮志》（2009）接續出版，這些鄉鎮志多為初次纂修，但內容豐富，全書彩色印刷，編纂、裝訂得非常精美。2010年，烈與鄉公所在林金量鄉長的主持下，委請史學博士呂允在擔任總編纂，負責增修《烈嶼鄉志》。共計十篇，新增「軍事」與「華僑」，「藝文」擴大為「文化」，「行政」改為「政事」，體例更完整，內容更周延，排版印刷也精美，方便查詢，也適合閱讀。

🐟 史話村史

一、史稿

　　在台灣本島，方志以鄉鎮志最多。根據王良行〈鄉鎮志體例另論〉，鄉鎮志是台灣當前方志的主流，但一般方志學論著所探討的體例問題，主要以轄區較大的省和縣的志書為對象，轄區較小的鄉鎮，則相對地受到冷落。[14]他也指出，許多方志學者主張述而不論或者少議論，影響所及，許多鄉鎮志「纂而不撰」，形成未經消化的「資料匯編」。

---

[11] 林美容，〈確立地方誌的傳統：兼談臺灣史學的奠基〉，東吳大學主編，《方志學與社區鄉土史學術研討會論文集》（臺北：臺灣學生書局，1998年），頁83-4。

[12] 金門地區鄉鎮志纂修經驗研討會編輯組編，《金門鄉鎮志纂修論文集：金門地區鄉鎮志纂修經驗研討會》，金門縣金城鎮：中華民國青芯志工服務協會編印，2000年。

[13] 張火木，〈評介金馬離島二本鄉志之體例與內容〉，《金門日報》，2003/03/16-17，副刊。

[14] 王良行，〈鄉鎮志體例另論〉，《五十年來台灣方志成果評估與未來發展學術研討會論文集》（台北：中央研究院台灣史研究所籌備處，1999年），頁297。

事實上，這是受限於方志先天上的本質，因為鄉鎮幅員較小，若非具有特殊風貌，或人文地理條件，即便修纂者欲多作議論，恐怕亦無甚可議。

近年來，台灣鄉鎮志的體例已在鬆動，開始與傳統縣志作區隔，由學者所主導的鄉鎮志逐漸向「史書」傾斜，或多或少呈現「論著」的性質，某些民進黨執政的縣市，甚至不用「志」的名稱。關於方志體例，最大的爭議在於：應視方志為「資料」或「歷史書」？換句話說，僅限於資料的收集與排比，或者可以加入編纂者對資料的解讀與引申？這個問題目前還停留在研討會，實務上，方志仍遵循傳統的體例，若有人想對史實作議論，會以「史稿」、「史話」或「史蹟」的方式呈現。

1990年代初，金門鄉賢呂振南有心借助大陸學者之力量，與大陸豐富的史料，重修《金門縣志》，並委託大陸知名學者劉登翰具體運作。一般而言，方志都是由地方政府主導，聘請學者纂修，私人修志不符慣例，在劉登翰的建議下，將修志轉成寫史，寫一部《金門史》，有系統地呈現金門島鄉的歷史源流，可能比方志更有價值。於是協請福建社會科學院謝重光、楊彥杰、汪毅夫等三位研究員執筆撰稿，歷時三年，於1999年完成《金門史稿》一書。[15]《金門史稿》被大陸學者視為地方史研究中一部極富開拓性意義的學術著作，然而，正因為是開拓性之作，也就不可能盡善盡美。[16]

二、史蹟

這書寫的是金門，但作者並非金門人，書也不在台灣出版，基於某種意識型態與感情因素，雖是一部有紮實學術基底的史學著作，但在金門文史學界並沒有獲得共鳴，只有台大歷史系教授楊肅獻寫了一篇評介，[17]而楊教授所要談論的，重點不是書的本身，而是關於金門近代史的研究。2005年，楊肅獻接受金門縣政府的委託，完成一份「金門近代史」的研究報告，將1915年至1945年這段幾乎快消失的金門史，勾勒出

---

[15] 汪毅夫、楊彥杰、謝重光，《金門史稿》，廈門市：鷺江出版社，1999年。

[16] 參閱郭聯志、高爾逸，〈《金門史稿》簡評〉，《汕頭大學學報》（廣東省汕頭市：汕頭大學），1999年06期，頁90。

[17] 楊肅獻，〈金門史的研究與寫作——評汪毅夫、楊彥杰、謝重光著《金門史稿》，《台大歷史學報》34（2004.12），頁425-434。

一個大致清晰的面貌。這是研究論述，非一般史書，未必適合閱讀，幾經波折未獲資助出版。一直到2009年，金門縣政府利用這些研究基礎，由楊肅獻總編輯，正式出版《金門近代史》一書。

　　一部金門近代史，可以說就是戰役史蹟。金門的文史學者多數不是正統的史學科班生，對斷代史、通史、國別史較陌生，但對專史似乎頗有心得，藉由平日的觀察與資料蒐集，針對某一個議題，幾乎都可以將資料作有系統的排列組合，呈現某一階段的歷史風貌。有關金門戰役或戰地史蹟的敘述，各種文章或摘要，處處可見，但能將之以書的形式完整呈現的不多，其中黃振良的《戰地史蹟》與董群廉的《戰地金門史話》，值得一讀。

　　《戰地史蹟》從早期盜寇侵擾開始敘述，進而談論金門近代幾次重大戰役，闡明金門如何成為戰地，再介紹金門因部隊進駐所引起的客觀環境變化，以及軍管時期各項戰地管制措施。是金門現有出版品當中，談論戰地史蹟等相關題材最豐富的一本書，也是一部具有深刻意識的金門當代戰爭遺址之紀錄。[18]董群廉曾任國史館協修，從事地方史編修業務，從2001年起，投入地方歷史田野調查，以口述歷史方式為金門保留無數珍貴史料，《戰地金門史話》一書，正是其努力的成果之一。《戰地金門史話》從民眾角度來探討金門，是一部民防體制戲碼下的在地民歌，寫出官方志書所未有的「民間聲音」。

三、史話

　　從史稿、史蹟到史話，見證了歷史是人寫的，人人可以寫歷史，大家都是史家的新史學思想。兩岸開放之後，除了資料共享外，思想觀念也可以相互交流。歷史不再只有一個版本，只有一種聲音，如同李福井的書《他們怎麼說歷史》，[19]他們怎麼說固然重要，但也不能只聽他們說。口述歷史是現代史研究普遍使用的方法之一，但一直存在著爭議，就是因為不能他們說了算，若無其他文獻史料驗證，說的話只能視為「故事」。通常，「故事」比正史更吸引人，「史話」其實就是一種側

---

[18] 參閱吳島，〈淺談黃振良戰地史蹟〉，《金門文藝》23（2008年3月），頁66-68。
[19] 李福井，《他們怎麼說歷史》，金門：金門縣文化局，2008年。

重故事性、普及性和趣味性的書寫方式，不是嚴格意義上的正史，也不是道聽途說的野史，而是一種通俗講史的史著。

　　解嚴後，觀光客絡繹不絕來金門參訪觀光，如何介紹金門推銷金門，地方政府責無旁貸。2004年金門縣立文化中心改制為金門縣文化局，以「文化金門」作為施政目標，在局長李錫隆的規劃下，積極出版金門文史叢書。2005年3月，委請史學出身的李增德，將歷年來有關金門的研究成果，包括考古發現、族譜編修、以及學者的研究，加以演繹析論，出版《金門史話》。[20]以歷史演義方式開啟序幕，由史前史開始，接著是宋、元、明、清，最後敘論當下的金門。尤其是後面兩章〈現代金門的曙光〉與〈金門的展望〉，探討大環境下的金門角色扮演，大潮流下金門未來的課題與展望。李增德旨在藉由《金門史話》的出版，彌補昔日金門歷史的缺漏，期盼《金門史話》可以成為認識金門的文化讀本。且有意效法太史公作史記，「成一家之言」，為金門未來籌繆規劃。

　　《金門史話》的編排方式，較適合大眾閱讀。另外，有一本性質接近，但已經不容易見到的史學著作，是在1987年時出版的《金門史蹟源流》。在戰地政務時代，此書之出版具有政令宣傳的意味，當時的《正氣中華報》以二版頭條刊登此新聞。[21]此書由李錫回擔任主編，顏生龍負責編輯，圖文並茂，將金門的歷史沿革、文物、風土民情、及現況作了最精簡的介紹，全書120餘頁。內容共分五個篇目，各篇標題，以今日的社會觀之，充滿八股習氣，官方視之為縣志之節略本，未公開發行出售，而是當作禮物分送外賓，或送有關單位典藏。

四、村史

　　1994年，文建會於立法院作施政報告時提出「社區總體營造」的觀念。翌年，李登輝總統亦呼籲，「國家生命共同體」的理念一定要從社區意識、社區共同體開始建立。「社區總體營造」在當時政府的大力推

---

[20] 李增德，《金門史話》，金門縣：金門縣文化局，2005年。

[21] 李錫隆，〈傳承歷史文化鼓舞民心士氣 金門史蹟源流專書縣政府已隆重刊行〉，《正氣中華報》，1987/10/01，第二版。

行，以及民間的支持下蔚為風潮。1998年中華民國社區營造學會與台灣省政府文化處合作，共同推動「大家來寫村史——民眾參與式社區史種籽村建立計畫。在全省邀請十個社區作為試點，進行試驗性的民眾寫史運動，這是一個企圖從草根重建文化自覺和社區認同的新嘗試。近20年來，隨著行政院文建會的鼓吹與推動，社區營造與村史書寫成為地區二大文化工程，人人寫村史成為新興時尚。金門縣原本就有寫作的風氣，由縣志、鄉鎮志到村史，常常可以見到有心人士的書寫身影，不論純係個人興趣，或是公家專案委託，每一部志書村史，都讓人樂觀其成。金門文史學會曾於2001年12月舉辦一場村史寫作與文化資產保存維護研討會，透過研討會，共享村史寫作的經驗。

粗略計算，金門至少出版過20本以上的村史，在現成的社區村史中，有的是民間私下自行撰寫，有的是社區營造專案規劃，但幾乎都是委由一人獨力完成，不像方志，屬於集體創作。而且，書的名稱五花八門，除了楊志文的《金門縣湖峰鄉土誌》、薛德成《金門縣金寧鄉榜林村誌》、李怡來《浯洲古龍頭鄉土志》，洪文章《金門縣後豐誌》，以及楊宏龍與陳炳容的《湖峰史話》，就書名而言，有史著的樣貌，其餘的作品，可能比較像文學著作。事實上，這些村史的作者，多數沒有受過專業的史學訓練，所謂的「誌」或「志」，體例上也不符「村史」應有的規範。寫作內容更是參差不齊，對保存鄉土文化，培養地方意識，雖有所貢獻，但就史書的層面而言，學術價值不大。

金門有160多個自然村落，到目前為止，能夠出版村史的村莊或社區，大概不超過20個。「大家來寫村史」不代表大家都能寫村史，或者每個村莊都可以弄出一部史。子曰：「夏禮，吾能言之，杞不足徵也；殷禮，吾能言之，宋不足徵也。文獻不足故也，足則吾能徵之矣。」除了文獻之外，也要有文筆，有值得書寫的東西。社區營造的成果展示，或是鄉土采風，不能視之為歷史。村史不同於縣志，可以委請專家學者負責修纂，村史有其局限性，通常撰寫之人都是該村莊的人，或是與該村莊有緊密關係的人，熱愛村莊，也熱愛寫作。找槍手代寫，不具說服性。

除了人的因素，另外就是村落的特性。金門有幾個村莊，像是珠山、後浦、瓊林、西園、水頭、陳坑、以及烈嶼的東坑、上林等，歷史

悠久，可以書寫的題材很多，早就為人們所熟悉，甚至成為學術研究的對象。出生於這些村莊的人才也很多，像是李福井、陳為學、李金生、黃振良、陳為信、許維民、陳怡情、林文鍊、林馬騰等，原本就頗富文名，只要有足夠的出版經費，拼湊出一本紀念性的「村史」，水到渠成，不是什麼困難的大事。至於能否流傳，或者傳承，就看造化與機運了。

華僑研究

一、華僑志

在所有的方志中，除了《廣東省志》外，大概只有《金門志》（96續修）才有專章記述華僑，顯見華僑在金門近代史上的重要性。早年金門的建設，金門人的生活，都靠華僑接濟，若無華僑，便無今日的金門，這是毋庸置疑的歷史事實。由台灣師大教授范世平主撰的《華僑志》，分上下二卷，共計十一篇，雖然各篇章的安排不盡理想，且部份內容重複，大致上對與華僑相關的議題皆已包含。在此卷中，讀者可以了解金門華僑的移民史、不同歷史時期的僑民人數、東南亞各國的金僑社團、鄉僑對金門的貢獻、傑出僑民的事蹟，以及金門縣政府的僑務措施等。蒐集的資料頗為詳盡，甚至達到瑣碎的程度。

孫中山曾說：「華僑為革命之母」，因為有華僑的支持與資助，才能推翻滿清政府，建立中華民國。因此，有關華僑的研究相當多，是中國近代史研究的重要一環。早在1920年代，便有哥倫比亞大學博士生陳達撰寫論文《華僑──關於勞動條件的專門考察》（*Chinese Migrations, with Special Reference to Labor Conditions.*），是對美國華僑實地調查研究的成果，論文通過後，立即受到美國出版界重視。[22]接著是溫飛雄的《南洋華僑通史》，[23]分成三卷，包括〈南遷史〉、〈貨殖史〉與〈雜傳年

---

[22] Chen Da, *Chinese Migrations, with Special Reference to Labor Conditions.* Washington, Govt. print. off., 1923.

[23] 溫飛雄，《南洋華僑通史》，上海：東方印書館，1929年。

表〉，從歷史的發展，論述三次海外避難的華僑，包括黃巢之亂、胡元入寇與滿清入關。之後，各種南洋史、交通史、殖民史著作紛紛出現，直到抗戰軍興，才阻礙華僑史的研究。

兩岸分治之後，大陸地區因意識型態與國際政治等諸多因素，有關華僑的著作相對減少；播遷臺灣的國民政府，設了一個專門機構叫僑委會，在1960年代出版過一系列的華僑志。1985年，在中央研究院李亦園主持下，出版了一套《海外華人社會研究叢書》，部份為翻譯作品，包括傅利曼（Fredman, M.）的《新加坡華人的家庭與婚姻》、洛溫（Loewon, J.W.）的《密西西比的華人》、陳約翰（Jono, M.C.）的《砂撈越華人史》等。1990年代，中研院近史所朱浤源曾主持東南亞華人社團、宗教及僑民教育等相關方面之研究，並出版若干相關著作。除此以外，中研院中山社科所以及台大、政大等校均有學者從事東南亞史及東南亞華人史之研究。

在這麼多的研究與著作中，學者竟然都沒有注意到金門。金門號稱「僑鄉」，但有關金僑的研究卻是一片空白，舊志中也少有記載。在林豪續修的《金門志》中有一段文字：「地不足於耕，其無業者多散之外洋，如呂宋、實力、交留巴等處，歲以數百計；得歸者百無一、二焉，其貿易獲利歸者千無二、三焉。即間而有之，往往無端被案而傾其囊，可慨也已！」[24]隨著東南亞經濟的發展，這種情形到了1920年代已完全改觀，經商成功的僑民陸續匯款回家鄉，此即是影響金門既深且遠的僑匯。胡璉在《金門憶舊》一書中，明言僑匯是僑眷生活上所依賴的一種要素。[25]

1949年以後，金門從開放的僑鄉變成封閉的戰地，地方社會受到高度的軍事動員、強烈的思想教化、嚴密的行為限制，不但完全斷絕了與閩南其他地方的往來，也大大限縮了與海外僑社、海外華人社群的關係，僑匯網絡自然也出了問題。僑匯不通，造成民怨，金門商會為此曾舉行僑匯座談會，商議僑匯之溝通及解決僑信積壓問題。[26]從1952

---

[24] 周凱修（清）；林焜熿纂；林豪續纂，《金門志》，卷十五，風俗記／商賈。
[25] 胡璉，《金門憶舊》（臺北：黎明文化公司，1976年），頁180。
[26] 作者不詳，〈金門商會召開座談商討僑匯問題〉，《正氣中華報》，1951年4月11日，第四版。

到1956年，外交部歐洲司也曾舉辦過「改善金門僑匯案」。僑匯問題複雜，涉及的層面很廣，包括制度面與法規面，在1971年李怡來編纂之《金門華僑志》中，曾談到「華僑協會」的角色轉變，以及軍方在整個過程中的操控。[27]

《金門華僑志》是第一本記錄華僑事蹟的專書，但還不能視為研究。金門之所以開始華僑的研究，跟解嚴開放有關。當軍方逐漸退出金門，所徵用的土地準備歸還人民，而土地繼承多數涉及僑民，需要各種證明文書，若無政府、僑社、駐外單位的幫忙，事情辦不了，於是促成兩地的積極互動。2005年值金門建縣90週年慶，金門縣政府為此特別於2006年元旦，在縣文化中心舉辦「世界金門日」。廣邀金門各界代表、旅居海外僑社、大陸與台灣的金胞聯誼社參與，希望藉此活動，讓金門走向世界。此後，每二年舉辦一次。

二、華僑訪談錄

「世界金門日」的舉辦促成華僑口述歷史的研究。首先是李錫隆編著的《雲山萬里：馬來西亞浯江華僑訪談錄》，於2006年出版。此書訪問吧生雪蘭莪金門會館、麻六甲金門會館，與柔佛州金同廈會館的華僑。記錄他們初抵南洋，胼手胝足，戮力開拓事業的情景，見證了金門人先天韌性，殷勤奮鬥的動人故事。接著是董群廉等人，分批親赴十多個金僑聚集的地方，以訪談方式，接觸數百位華僑，將錄音檔和圖片攜回金門，整理編輯成書。這套名為《金門鄉僑訪談錄》的金門僑鄉系列叢書，已出版10冊，範圍涵蓋汶萊、砂勝越、香港、越南、新加坡、菲律賓、印尼、獅城、檳城等地方。金門縣政府出版這套書，仍然只能視之為資料保存，書作為饋贈的禮物價值，大於閱讀，除了接受訪談的人物名字不同外，故事內容大同小異。

口述歷史主要以人物為對象，每個人的故事可能都很精彩，但畢竟只是小我，對社會影響不大，除非是「大人物」，否則不具研究的價值。即便是作為書寫的對象，例如朱德蘭寫陳興發、[28]江柏煒寫楊忠

---

[27] 李怡來編纂，《金門華僑志》（金門：金門縣文獻委員會，1971年），頁195-196。
[28] 朱德蘭，〈金門商人陳發興家族的東亞貿易活動（1861-1940）〉，中央研究院人文社會科

禮、[29]李仕德寫陳國樑，[30]傾向於成為傳記文學，不容易推衍出華僑史的研究。有關金僑歷史的研究，大約從2000年開始，主要為僑社與會館組織之介紹與分析。早在1993年，淡江大學周宗賢教授便曾在研討會中論述新加坡的金門會館。[31]新加坡為金門縣民出洋後第一個到達的地方，所以為金門鄉僑人數最多的地方，為求互助團結而有同鄉社團的設置，新加坡金門會館即為其中之一。金門會館前身為孚濟廟，創建於清光緒二年（1876），奉祀唐牧馬監陳淵暨夫人林氏。有關這座廟如何成為金門會館，可參閱江柏煒的文章——〈浯江孚濟廟：新加坡金門會館歷史的開端〉。[32]

三、僑社與會館

江柏煒與金門大學閩南文化研究所的一群教授，是金門華僑史研究的開路先鋒。尤其是江教授，從建築學跨界閩南文化，觸角擴及金門各個領域，對金門的建築與閩南文化用力甚深。不同於金門在地的文史學者，江柏煒在這塊土地上，從異鄉人到被認同為新金門人，已不只是單純的做學術研究。其學識涵養頗受金門縣政府與金門國家公園的倚賴，委以各種計畫案，出版眾多書籍。而國科會審查委員，似乎也很肯定其研究能力，專題計畫一個接一個通過，與華僑相關的計畫便有《金門的教育啟蒙與學校建築（1920s-40s）：近代華僑興學之考察》、《僑鄉金門的近代化歷程：以珠山《顯影》僑刊為史料之考察》、《海外僑社與僑鄉社會之關係：以馬來西亞金門人社團為例》、《城市發展與海外華人社會變遷：新加坡金門人「駁船業估俚間」之考察》、《島嶼環境、移民歷史與海外華人社會的建立：以馬來西亞雪蘭莪州浮羅吉膽（Pulau Ketam）的金門人為例》、《「混雜的現代性」：近代金門的華僑影響

學研究中心海洋史研究專題中心、國立臺灣海洋大學通識中心、國立金門技術學院主辦，《第二屆海洋史研習營》，金門縣：國立金門技術學院，2007年。

29 江柏煒，〈經略四方的南洋金僑楊忠禮的成功故事〉，《金門日報》，2004/12/31，副刊。

30 李仕德，〈金門旅日華商陳國樑與益泰號〉，楊加順總編輯，《2006年金門學學術研討會論文集》（金門縣：金門縣文化局，2007年2月），頁11-36。

31 周宗賢，〈新加坡的金門會館〉，鄭樑生編，《中國與亞洲國家關係史學術研討會論文集》（台北縣：淡江大學歷史學系，1993年10月），頁301-329。

32 江柏煒，〈浯江孚濟廟：新加坡金門會館歷史的開端〉，《金門日報》，2013/04/20，「浯江夜會」。

及其物質文化變遷》。

　　除此之外，江柏煒也熱愛寫作，不論是報紙文章或期刊論文，在在顯示江教授對金門僑鄉文化的深情與洞見。整體說來，其研究偏重在僑社團體，例如《閩粵僑鄉的社會與文化變遷》、《海外金門會館調查實錄馬來西亞篇》、《星洲浯民：新加坡金門人的宗鄉會館》等書，以及2012年接受金門國家公園委託所作的《海外金門人僑社調查實錄：日本篇》成果報告，皆可視為一系列的研究。

　　以人數而言，日本的金僑不多，但因多從事商業，擁有傲人的財富，使其等家族在僑居地的華僑社會扮演舉足輕重的角色。金門新頭陳家、英坑黃家、山后下堡、山后中堡，一棟接一棟的洋樓與閩式建築，都是來自他們的僑匯。早在1986年日本宮崎大學教育學部市川信愛教授便已注意到華商的實力，曾撰述〈長崎華商「泰益號」關係資料の調查研究〉，[33]並在2001年時出版《金門出身旅日華僑の僑鄉社会分析》一書。[34]接續市川信愛的研究，江柏煒的計畫主要在探討金門鄉僑的發展歷程、海外貿易商號的經營，以及他們在僑居地所建立之會館、祠廟、義莊（義山）、學校所扮演的角色與功能。透過這些歷時性的分析，希望補齊目前較為缺乏的日本金門華僑家族研究，同時指出日本華僑社會如何從落葉歸根到落地生根的變遷過程。

四、僑鄉文化

　　「從落葉歸根到落地生根」，這是一個民族主義與民族認同的問題，相關的研究可以參考戚常卉的論文。美國波士頓大學人類學博士戚常卉，對海外殖民地金門人的生活方式，以及金門人的文化認同，每每能從人類學與社會學的角度切入，分析移民內在的思維與信仰。例如其博士後研究《邊界與越界：海峽殖民地時代新加坡金門人》，[35]與研討

---

[33] 市川信愛，〈長崎華商「泰益號」關係資料の調查研究〉，《書簡目錄》，宮崎大學教育學部社會經濟研究室，1986年3月。

[34] 市川信愛，《金門出身旅日華僑の僑鄉社会分析》，九州：九州国際大学社会文化研究所，平成13[2001]年。

[35] 戚常卉（中央研究院社會學研究所），《邊界與越界：海峽殖民地時代新加坡金門人》，國科會專題研究計畫，執行起迄：2001/10/01~2002/12/31。

會論文〈殖民主義與南洋生活方式：戰前新加坡的金門移民〉、[36]〈文化認同與跨界：新加坡的金門移民，1850年代－1942年〉，[37]以及期刊論文〈網絡與安置：新加坡的金門移民，1850年代－1942年〉。[38]〈邊界與越界〉一文，研究殖民權利與被殖民者之間的抗衡，殖民者所建立的疆域、邊界，如何被殖民者跨越，建立自己的疆界、領域。本文以英國海峽殖民地新加坡的金門移民為對象，分析金門移民在英國殖民體制中，如何強化「唐人」認同。

江柏煒指導的研究生黃子娟，以《從落葉歸根到落地生根——新加坡金門人的族群意識與認同變遷》獲得碩士學位。該研究探討新加坡金門人對家鄉認同的形成與轉變，透過分析新加坡會館與鄉團的文獻，以及會館、鄉團成員的訪談資料，建構出近百年來不同時期的金門人認同。[39]新加坡是個由多民族所建構的國家，其公民的國家認同是新加坡。也就是說，即便是仍保有中華民國國籍，經常返鄉的華僑，對外必然宣稱自己為「新加坡人」。如同戚常卉的「唐人」概念，或如呂紀葆的《我從金門來》，[40]其「金門」是民族與族群認同，沒有到國家認同的層次。「認同」是一種極其微妙的心理，會隨時間與環境而轉變，因此，不論是「落葉歸根」或「落地生根」，可以用於個人的心理分析，不能據此推論為一個世代的轉變。

五、顯影月刊

其他的學位論文尚有曾玉雪的《金門南洋華僑之社會衝擊（1840-1949）》、楊唯羚的《華僑對原鄉捐資興學之研究——以金門縣珠山小學為例》，以及游鴻程的《清代金門東南亞移民》。曾玉雪以1949年作

---

[36] Chang-hui Chi, "Colonialism and the Nanyang Way of Life: Quemoyan Immigrants in Pre-war Singapore." Paper presented at the *2003 AAS Annual Meeting*, New York, March 27-30, 2003.

[37] Chang-hui Chi, "Cultural Identity and Border-Crossing: Quemoyan Immigrants in Singapore, 1850s-1942." Paper presented at the *2005 AAA meeting*, Washington D.C., November 30-December 4, 2005.

[38] Chang-hui Chi, "Networks and Emplacement: Jinmen Migrants in Singapore, 1850s–1942. " *Journal of Chinese Overseas*, 6（2010），pp. 22-42.

[39] 黃子娟，《從落葉歸根到落地生根——新加坡金門人的族群意識與認同變遷》（金門技術學院閩南文化研究所，碩士論文，2009年），頁i。

[40] 呂紀葆，《我從金門來：金門人奮鬥創業的故事》，新加坡：金門會館文教部，2006年。

為斷限，著眼國共對立，海外華僑在政治立場上必須做出選擇。金門成為戰地，阻礙金僑回鄉，僑匯變少，華僑對金門的社會衝擊已大不如前。興建學校是僑資投入最多的部份，金門學校的設立多數與華僑捐資有關，有的甚至是完全倚賴僑匯而建設、經營的。楊唯羚以珠山小學為例，闡釋華僑興學對金門教育之貢獻。

　　楊唯羚與曾玉雪的論文有一個共同點，即特別看重《顯影月刊》的價值，用了相當多的篇幅在介紹該刊的創辦經過。這份刊物是今日華僑研究的重要資料，楊肅獻主編的《金門近代史》，有關民國初年的金門歷史，多數取材自該刊的記事。江柏煒對此份刊物研究最為透徹，[41]除了將成果發表於期刊外，經常在演講或研討會中談及此一刊物。依據江柏煒的研究，《顯影》對於了解1920-40年代的金門雖有其史料價值，還是有其侷限性，即因沒有其他可供比較的文獻，無法完整對《顯影》進行史料批判。金門的文史學者很早便知道這份刊物的存在，疼惜這份刊物會像其他僑刊變成歷史名詞，於是在1996年間，由薛氏宗親會著手重印，製作合訂本。2006年江柏煒接續此刊的整理，加入珠山學校紀念刊等資料，以影印方式重印數十套紙本，分送國內外圖書館典藏，並且作成數位檔，增進《顯影》的利用價值。

六、落番

　　傳統的歷史研究，主要為文字敘述。近代以來，由於攝影術的發明，圖像文本廣泛被用於記錄歷史。電影工業的興起，歷史事件變成可用動態的方式加以記錄和保存，因而產生一種新的史學理論──「影視史學」。影視史學擴大了我們對歷史的理解，歷史不再只是史料編纂，他們怎麼「說」歷史已不重要，重要的是我們怎麼「看」歷史。

　　金門國家公園利用一棟洋樓建築，規劃成一處僑鄉文化展示館，加上原有的金水學校展示館，與金門華僑相關的文物史料，在這裡都可以見到。並且透過解說圖示，可完整呈現金門人的海外移民歷史。然而，展覽畢竟還是太被動，金管處希望化被動為主動，利用媒體宣傳，讓民

---

[41] 參閱江柏煒（國立金門大學觀光管理學系），《僑鄉金門的近代化歷程：以珠山《顯影》僑刊為史料之考察》，國科會專題研究計畫，執行起迄：2003/08/01~2004/07/31。

眾欣賞洋樓韻味之美，讓民眾認識富麗堂皇的建築物背後金門華僑篳路藍縷的艱辛過程。於是斥資八百多萬，請來擅長拍攝金門題材電影的導演唐振瑜，花了一年多的時間，在金門與馬來西亞兩地取景，於2011年出品一部講述金門人移民南洋的史詩電影，中文名稱為《戀戀風塵：落番》，英文片名為"The Quest"（意為追尋、探索）。

《落番》不是一般的商業電影，也不是純粹的紀錄片，而是二者結合的「劇情紀錄片」。在紀實之外，導演佐以電影手法，穿插「戲劇重演」的場面串連各段落。《落番》拍攝完成後，首先在馬來西亞放映，然後一路由臺灣演回金門。這部所謂的「紀錄片」，搭配李子恆創作的〈蕃薯情〉主題曲，確實讓很多老一輩的金門人深受感動。《落番》觸動了金門人的共同記憶神經，《金門日報》上盡是各種呼應文章與報導，金門人的族群意識又短暫地復活了。電影講述的是金門人的悲苦，但呈現出來的卻是藉由少數幾位華僑的功成名就，來自我安慰並以此為傲。把金門人的故事拍成電影，這動作值得肯定與鼓勵。但是，正如《金門日報》上的一篇社論所言，《落番》沒能獲得影評人的青睞，沒能引起金門以外觀眾的感動，除了電影本身缺少共鳴外，最重要的是金門人的核心價值太狹隘。因為缺乏金門人與外界對話的文化認知觀點，使《落番》一片的歷史敘事讓人覺得有點粗糙、模糊、隔閡、疏離。[42]

移民研究

一、金門同鄉會

「原鄉」與「異鄉」；「落葉歸根」與「落地生根」；「離散」與「家國」，這些都是文學創作的好題材，文化研究的重要議題。相較於一個民族的流離失所，金門的移民只能算是異地而居。翻閱金門各姓族譜，都說祖先來自中原，古厝的堂號，記錄著各自的衍派。金門原本也是異鄉，異鄉變故鄉，故鄉又變他鄉。對這一代的金門移民而言，這是

---

[42] 〈金門情感VS電影美學〉，《金門日報‧社論》，2011年7月14日。

最弔詭的感情。

　　1958年金門發生八二三炮戰，政府將許多金門鄉親疏遷到台灣。之後，前往台灣的金門人逐漸增多，到南洋（主要為新加坡）的人反而減少。當南洋的金門移民逐漸老去，新一代的人已經沒有鄉情可言。金門對他們而言，只是他父祖的出生地，所謂的「鄉愁」，通常只在文學創作中出現，不是真實的存在，也不是普遍都有的情感。至於移居台灣的金門人，「原鄉」與「異鄉」只是一種選擇，說「離散」太沉重，說「漂泊」太矯情。台灣與金門屬同一個國家，沒有民族認同問題，多數金門移民已隱身在台灣的社會中，如果不刻意突顯，人們未必知道他們來自金門。戰地政務時代，返鄉有其困難度，「黑名單」裡的人甚至回不了家，因此，感覺上金門太遙遠，難免會形成鄉愁。而今，返鄉只需要一張機票，一個小時的航程，交通方便到讓人分不清哪邊是金門，哪邊是台灣。

　　人與土地存在著一種不容易說清楚的親密關係。1980年代以前，中華民國政府規定人民的身份證，與某些重要文件都要註明籍貫，用意當然是為了方便管控，但也有不忘本的意涵。台灣的政治型態複雜，省籍問題經常被不當操弄，為了族群融合，消弭族群矛盾與地域情節，政府逐漸修法。新式戶籍制度取消了身分證中的籍貫欄，改為出生地，籍貫一詞漸成歷史。以前，只要看到籍貫為「福建金門」，就知道是金門人，現在已經無從分辨，出生地在金門，不一定是金門人。這些年，金門湧進不少新移民，這些新金門人籍貫不是金門，也不在金門出生，但已被視為金門人，享有與金門人一樣的福利。

　　究竟有多少金門人遷往海外，很難查考，許多數字都是估計，不是來自學術研究。張火木的《金門華僑誌》認為，金門海外僑民號稱70萬人，其中旅台鄉親約24萬人。[43]這些人大多於民國40年代以後離開金門，其中又以60年代台灣工商業起飛之後，遷往台灣就業者居多。俗話說「人不親土親」，這群在台灣的金門人，在陌生的環境打拼，最需要鄉情的慰藉。如同僑社之於華僑，旅台金門同鄉會的成立是自然、必

---

[43] 張火木，《金門華僑誌》（金門：金門縣文史工作協會，2002年），頁41-43。

然，也是必要的組織。根據呂欣融的研究，[44]早期只有台北縣、市與高雄市有金門同鄉會，協助金門民眾返金的交通聯繫、短期住宿、生活安頓；定期辦理同鄉連誼，提供台灣的金門居民一個精神寄託處。從1970年開始，經過3、40年的發展，金門同鄉會已從雙北、高雄，擴展到幾乎涵蓋台灣所有縣市，有些地方甚至出現同質性的組織，雖然名稱不叫同鄉會，仍以服務鄉親為宗，例如，「烈嶼公共事務協會」、「珠浦許氏宗親會」、與「旅台公共事務協進會」等。根據金門縣政府的官網統計，旅台金門同鄉會組織已超過25個。

現今的台灣的社會，大環境已改變，傳統的同鄉會功能也已變質，從一個原本為凝聚鄉誼而存在的地域性組織，慢慢轉化成登記有案的人民團體。而且，因為台灣的選舉委實太多，同鄉會不得不跟著參與公共事務，在各種選舉中扮演舉足輕重的角色，成為候選人競相爭取拉攏的對象。也因此，同鄉會的理事長、理監事等職務便深具影響力，能夠擔此重任者，能夠服眾望者，必然是事業有成的傑出人士。《金門日報》的「鄉訊版」，經常報導旅台金門人的傑出成就，報導文學家楊樹清長期在這塊領域耕耘，在他筆下的金門鄉訊人物高達400人。楊樹清將歷時近20年所寫的文章，編輯成全套十冊的《金門鄉訊人物誌》，在2012年4月的台北市金門同鄉會大會中公開發行。獲贈此書的與會人士，一致肯定楊樹清對凝結金門人情誼的貢獻，讚譽此書為金門現代史的縮影。

雖然台灣各地幾乎都有金門人居住，但人口比較多的地區主要還是雙北、桃園、台中、與高雄幾個較大的都市，尤其是新北市的新店與中永和，金門移民的形象最為鮮明。1987年永和市與金城鎮締結為姐妹市，1988年新店市也與烈嶼鄉結為金蘭之交，中和則有一座「八二三紀念公園」，顯見這些市鎮與金門的關係，以及旅台金門人在這些地區的影響力。許多市鎮的金門同鄉會，除了定期召開會員大會，辦理各種服務鄉親的活動外，也出版鄉訊或會刊，有的甚至有官網，報導與金門相關的訊息。

---

44 呂欣融，《戰後台灣金門同鄉會發展》，長榮大學台灣研究所，碩士論文，2007年。

二、女性移民

　　旅外金門人中不乏優秀的女性，但在華僑史與移民史研究中，女性向來比較處於弱勢，甚少被關注。早期，女性是和家族結合移動中的一員，是男性移民的「隨行者、配偶以及扶養家屬者」。金門是個宗族社會，旅台同鄉會這種宗親組織，自然是以男性為主，女性的表現再傑出，也無法擔任「爐主」或「理事長」。隨著台灣社會的開放，女性主義抬頭，百年來的禁忌在2008年時被打破，先是彰化蕭家出現首位女主祭，次年，金門旅台李氏宗親會也經由擲筊的方式選出一位女性爐主李淑睿。李淑睿於2007年當選台中市金門同鄉會的理事長，在金門同鄉會史上，是繼陳秀霞後的第二位女性理事長。

　　「前線女性在寶島」，這是一個非常有深度的議題，同時也是一個值得探索的話題。許美玉從女性的視野，以生活在永和地區的金門婦女為對象，進行深入訪談，研究她們遷居台灣後的環境適應問題，包括在台灣讀書工作的情況、配偶對象的選擇、生育子女人數、生育男性子嗣的觀念、以及對子女的教育期望等。通常，女性移民比較保守，是原鄉文化的護衛者，族群認同較為強烈，外人對金門人的印象，主要由她們來傳遞。

　　正如許美玉的結論，[45]金門和台灣為兩種不同的社會型態，金門婦女為適應台灣的環境，在生活上勢必有所調整，包括語言、祖先的祭祀、生育禮俗等。對第一代婦女而言，金門老家才是家，能夠獨立生活的人會希望落葉歸根，但若必須依靠子女，不得已只好跟著子女落地生根；第二代婦女，對金門的情感較淡，認同度不強，且正值個人生涯的奮鬥階段，即便必須經常返鄉探視親人，大都不會選擇返鄉定居；至於那些成為台灣人媳婦的金門女性，怕只能「嫁雞隨雞」，跟著子女們他鄉作故鄉。

---

[45] 許美玉，《前線女性在寶島：永和地區金門婦女生活研究（1949-2001）》（國立臺北教育大學台灣文化研究所，碩士論文，2007年），頁171-172。

三、金門外來移民

　　金門原本也是一個移民社會，在這個島上沒有所謂的土著，因此，要界定誰是本土金門人，誰是外來移民，有點困難。近年來，金門縣政府提供金門居民許多福利，包括敬老年金、三節配酒等，都還涉到金門人的定義。原本只有離開金門的人，才會在乎自己是金門人；常年住在金門的人，從來沒有這種認同上的困擾。但是，隨著金門解嚴開放，人民有遷徙自由，屬於同一國度的金門，自然沒有拒絕的權力。除了短期租住者外，例如金門大學的台籍學生，大概是除了軍人之外，最大的外來人口群。另外，在金門置產、戶籍設在金門卻不實際住在金門的人也愈來愈多，形成影響治安極為嚴重的「幽靈人口」。

　　在海外，沒人會冒充金門人；在台灣，沒人搶當金門人；在金門，很多人希望自己是金門人。對這群與金門友善、長年住在金門、認同金門、對金門曾做出貢獻的外來者，現在有一個新的稱呼，叫作「新金門人」。這固然是一種肯定，同時也是一種認同分化，用以區別「老金門人」或在地金門人。根據崔春華《外來人口與金門發展之研究》，金門的外來人口大致分成兩個階段：1949年國軍進駐到1992年解嚴開放遷入者，包括從軍中退下來選擇定居金門、在公教單位服務，必須長住金門、以及嫁娶金門人而在金門生根者。大抵上，這些人在金門出生的後代，都是金門人，沒有認同上問題。其次是開放觀光後遷到金門的，屬於定義上的外來人口。[46]這群人因工作上的需要，必須短期住在金門，對建設金門，發展金門的貢獻，不能抹煞。然而，金門認同與價值無關，族裔民族主義是一種血緣關係，世界各地的族裔紛爭之所以無解，就是因為族裔不是靠選擇，而是與生俱來。

　　以上所論述的外來人口，對金門的經濟發展、社會建設所產的影響，其實有限，未必能夠因此就改變金門。改變金門有兩種力量，一是外爍，一是內造，內造才是「金門人」最大的隱憂。截至2013年5月，金門的外籍配偶人數共2,196人，其中大陸籍近2,000人，占八成六，印

---

[46] 崔春華，《外來人口與金門發展之研究》（銘傳大學公共管理與社區發展研究所碩士在職專班，碩士論文，2002年），頁8。

尼、越南、馬來西亞、菲律賓、泰國等外配共292人，占一成三，顯見跨國聯姻及兩岸通婚正在影響金門未來人口比例與結構占[47]這群外配屬於國際移民，是金門真正的外來人口，毫無疑問，其後代是貨真價實的金門人。至於這群人，有自己的祖國與原鄉，如同落番的華僑，再怎麼努力想融入當地社會，「外地人」的印象依舊鮮明。因為，這不全然是文化問題，族裔根源才是最難消除的印記。包容外來人口，金門人絕對有這個雅量，但不要天真的認為，從此以後，大家都是金門人。

從1970年代末期開始，台灣輸入越來越多的外籍配偶，根據內政部的統計資料，這群被稱為「外籍新娘」的人數，在2011年1月底時已高達445,113人，已接近台灣的原住民人口（約48萬人），佔台灣十五歲以上人口的2%以上。這麼多的外來移民對台灣社會所造成的衝擊，絕對不能輕忽，許多專家學者已經開始在研究相關的問題，政府也制定了各種法令，期能有效管理新移民。2013年5月金門縣設籍人口為116,168人，外配人數2,196人，約佔1.9%。事實上，這個數據應更高，因為金門實際常住人口可能只有一半，而且青壯人口較少，因此，外籍配偶對金門社會的影響勢必超過台灣。

根據謝或玥的研究，2006年3月金門46對結婚新人中，外籍配偶佔了一半。[48]外籍配偶是準國民，不是勞工，但是仍有其就業需要。在勞動市場中，女性本身就是相對的弱勢，尤其是在邊陲離島的金門，對遠嫁而來的新移民女性，想謀個職位、找個工作，難度太高。外籍移民的就業障礙，可能不是最重要的議題，如何妥善管理，使之能獲得尊重，最終同化成我國國民，才是最困難的挑戰。

在蔡志慶的研究中，[49]我國現階段的移民政策確實有值得檢討的地方，只是，學者們似乎太過一相情願地想儘快擁抱這些新移民，忘了根深蒂固的文化差異，以及族裔認同的不可轉移性。簡鴻智以台灣人引以為傲的「民主價值觀」為例，訪談金門的外籍配偶，了解其對民主價

---

[47] 李金鎗，〈新移民家庭教育講座開鑼〉，《金門日報》，「地方新聞」，2013/05/26。
[48] 謝或玥，《新移民女性就業問題之研究——以金門地區為例》，銘傳大學公共事務學系碩士在職專班，碩士論文，2005年。
[49] 蔡志慶，《我國對於大陸與外籍新娘管理制度之比較研究——以金門地區為例》，銘傳大學社會科學院國家發展與兩岸關係碩士在職專班，碩士論文，2006年。

值的認知。[50]「民主」是近代以來歐美文化的思想主流，對東方國家來說，多數仍處於起步階段，即便是道地的台灣人，也未必具備一定程度的素養。外籍配偶是否肯定民主價值，對金門社會影響不大。政治活動向來是男人的事，在地金門婦女尚且不知何為政治，向這些新移民談平等權、自主權、自由權、多元權，以及制衡權，無異是雞同鴨講，這類政治術語，猶如天方夜譚。

人物傳記

一、匾額人物

　　《金門縣志》引述〈清巡道倪琇浯江書院碑記〉：「金門，人文藪也。其地為紫陽過化，歷代顯宦名儒，先後接踵，科目尤甲全邑，國朝登巍科隸仕版者更不乏人，斯地靈之獨鐘乎？抑庠序之培植有以基之耳。」[51]倪琇的這個疑問，不用急著回答，或許兼而有之。金門人向來最自負的莫過於這句諺語：「人丁不滿百，京官三十六」，這句諺語最早是用來形容「西洪」洪氏子弟，在科舉時代的功名成就。「西洪」別名「鳳山」，故址在金湖鎮太湖畔的榕園附近，明朝時發展達到巔峰，人才輩出，子弟多人到京城就職，因此得到這樣的盛譽。撰述金門第一部志書《滄海紀遺》的洪受，便是西洪人。今日西洪已人去樓空，幾成廢墟，只剩一棟房子，但這句諺語轉而被套用在整個金門縣境，用來形容金門過去的盛景。

　　清代武功鼎盛，很多金門人在朝為官，有所謂「百步一總兵，九里三提督」的說法，這是後人難以超越的紀錄。根據楊天厚的《金門匾額人物》，金門共有進士43人、舉人130多人，貢生更是不計其數。[52]金門有一種習俗，稱之為觀匾（或晉匾）。《辭海》：「匾額，一作扁額，

---

50 簡鴻智，《大陸配偶對臺灣民主價值之認知──以金門縣為例》，銘傳大學國家發展與兩岸關係研究所碩士在職專班，碩士論文，2010年。
51 《金門縣志》（1991年增修），卷五，《文教志》，頁797。
52 楊天厚、林麗寬，《金門文史叢刊系列（三）金門匾額人物》（金門：金門縣文化局，2005年），頁6。

榜於門屏之上，或堂榭園亭所題之橫額也。以其懸於室之上端，故稱匾額，亦單稱匾或額」。其目的不外乎歌功頌德、教忠教孝、慶賀祝禱、明告揭示、警示惕勵等，以宗祠、寺廟存具最多，也最具特色。

　　金門是一個宗族社會，每個姓氏都有其宗祠，從宗祠內懸掛的匾額數量，可以見識此一姓氏的身份地位。每個宗祠都有其晉匾的規定，雖然科舉制度已廢，沒了傳統功名，但「功名」這種東西已是中國文化的一部份，任憑社會如何變遷，它依舊是一股激勵人心的正面力量。每年到了祭祖時節，便會有晉匾的相關報導。早年，金門人不易在政府裡當官，因此，凡是取得博士學位者或當上將軍者，皆可在宗祠內立匾。此一習俗對某些「小姓」而言，意義非凡。但是，對一些「大姓」，已變成是困擾。這些宗族出產的博士與將軍已多到爆，加上現今博士學位之頒發過於浮濫，將軍可以價購，多數人對這兩種功名已不屑一顧。真要在宗祠內立匾，靠的不是功名，若對國家、對社會、對家鄉毫無貢獻，匾額，不過就是一塊刻了字的木頭。

　　《金門匾額人物》一書作者跑遍金門各個宗祠，查考立匾人的身份，從唐宋一路延伸到清代。把歷史上與金門相關的歷史人物，以及金門出身得有功名的人物，包括進士、舉人、貢生，製作成表格，所蒐錄的金門歷代「先賢」不下數百人。這些金門先賢，文韜武略、道德文章、學問涵養，在作者筆下個個躍然紙上，身為金門人，真是與有榮焉。金門志書不乏人物傳記、鄉賢忠烈事蹟的記載，但多數不為一般所知，某些人甚至很難視之為「先賢」，或界定為「金門的」。如同金門某些宗祠內，常有大官致贈的匾額，雖是宗親，但與地方卻是毫無關係。金門的「先賢」範圍有時候，推得太遠了。

　　金門文獻委員會從1970到72年，共出版三輯《金門先賢錄》。哪些人物稱得上是先賢，大致上已有定論，通常都已記載在志書中。這類書籍的出版，自然有其教化作用，尤其是文獻委員會或文化局，更是當仁不讓，負有傳承並發揚金門文化的職責。金門未獨立設縣之前，屬於同安縣轄區，同安與金門關係密切，有一句俗諺說：「無金不成同」，因為同安住著很多金門人，這些金門人對同安縣的貢獻也很大。兩岸開放後，曾任同安縣文化局長的顏立水，經常在《金門日報》撰寫文章，介

紹並析論同安與金門的關係，深受金門縣文化局的器重，出資幫他出版《金門與同安》、《金同集》等五本書。2006年時曾與陳炳容、黃振良合作，出版《先賢行跡采風》，將明代以來金門人留落在同安的文物古蹟，概略性地作一介紹。基本上，金門的先賢，某些方面說，也是同安的先賢，其事蹟見於《同安縣志》。

先賢事蹟總是讓後人津津樂道，雖然一再重覆，文人墨客仍然樂此不疲。2009年12月6日，金門縣文化局在台北光點電影主題館舉行「再現金門紀錄片影展」，及《文化金門全紀錄二》新書發表會。金門縣文化局自2005年拍攝「文化金門」DVD之後，再一次委託新泛亞國際製作「文化金門全紀錄」，透過記錄耆老的影像及口述歷史，並結合歷史畫面等呈現方式，讓世人深入認識、見證金門文化風華。套書部份則委由金門的一些文史作家，將舊作稍加整理，換個名稱再次出版，其中，《前人的足跡（金門的古蹟與先賢）》仍由陳炳容與黃振良負責撰述。

二、歷史人物

「前人」不同於「先賢」，正如「同安」不是「金門」。這不是玩文字遊戲，金門人之所以尋找先賢的足跡，為的就是一種情感認同。匾額人物，就整個金門而言，意義不大。但是就各自的宗親祠堂來說，是不能忘本的祖先，沒人敢妄加論述「賢」與「不賢」；但是，歷史人物情形就不同了。幾位與金門相關的歷史人物，在不同立場的學者研究中，歷史定位截然不同，金門人其實不必因為他們曾來過金門，住過金門，就一相情願地將之收納於先賢的神龕內。既然稱之為先賢，就應該在「立德、立功、立言」上有足以作為後人楷模的成就，不能只是因為出名。歷史上不乏作奸犯科的金門人，這些人不值得為其立傳，然而，就歷史「資治通鑑」的角度而言，仍有必要存其事略。

《金門縣志·人物志》在職官篇中收錄一些非金門籍的武將政客，這些人加諸在金門人身上的苦難，有待歷史去清算。在金門的歷史發展上，他們確實曾引領風騷，主宰金門的命運，其事蹟不應被抹煞，但將之並列於先賢的篇章中，不但容易造成誤解，而且存有爭議。總之，人物立傳很難訂定規範，人言史家必須客觀公正，試問誰能無情，尤其在

記述先人（或先賢）事蹟時，如何真能秉筆直書？對一般人而言，為先人諱，是美德；對史家而言，隱惡揚善，是偏頗；至於，刻意為某人立傳，則是不入流。

金門縣志中的人物傳記，既無章法，且斧鑿太深，充滿編撰者的主觀意志。「匾額人物」是客觀的存在，是歷史的事實，以功名作為標準，在手段上沒有疑義；「歷史人物」，或者「金門先賢」，沒有客觀的標準，全憑編撰者自由心證。而且，不是只有一個作者，是很多作者，把史書當作家譜來寫，或者把家譜寫入史書，藉此顯揚自家的先賢，這不是史家該有的胸襟。這樣的地方志，離重修的時日不遠，因為下一個「姓」氏的修史者，必然是有為者亦若是。

（一）朱熹與鄭成功

沒有批判就不叫學術，對於「先賢」，我們或許有心理上的障礙；對於歷史人物，大可就事論事。金門前輩作家溫仕忠參加「閩粵風情文化交流座談會」，在會中介紹了幾位金門歷史人物，包括陳淵、朱熹、鄭成功、魯王、以及金門設縣後的發展。[53]這類文章，其事蹟大多抄錄自誌書，對傳聞與史實未加分辨，像是「浯民自朱熹教化，從此文風蔚起」，未免高估了朱熹。朱熹是否真的來過金門尚且無定論，何況是講學，即便講學，也不可能短時間內就讓浯島自此被化，「迄元明清各朝，代出賢才，文臣武將，出類拔萃。」未免太誇張。考之朱熹年譜，朱熹22歲任同安縣主簿，28歲罷歸。此時的朱熹，思想學問均未成熟，也無任何著述，雖以講學為務，離我們所認識的理學大師朱子，還有很長一段距離。再者，《泉州府志》有關朱主簿采風浯島的記載，用的詞語是「傳聞」，顯見這是一段公案，只是金門人寧信神話，不信歷史。

朱熹與鄭成功是重要的歷史人物，相關的研究多到不勝數。研究學者與他們之間沒有情感上的糾葛，因此，即便是考證文章也是就證據而言，不須參雜太多個人情緒。在金門享有盛名的作家張榮強，對鄭氏一生光輝事極為肯定，用考證文章為鄭成功辯解。鄭成功曾在金門招兵買

---

[53] 溫仕忠，〈「閩粵風情文化交流座談會專題報告」金門歷史人簡介〉，《金門日報》，2002/12/23-25，副刊。

馬，從事反清復明的中興大業，在金門留下許多足跡，但驅除荷蘭、收復台灣卻與金門無關，不能視為金門的功勞。鄭成功在台南的歷史意義絕對不是在金門可以想像的，雖然台南與金門為了觀光目的經常舉辦鄭成功節日活動，兩地都有「延平郡王祠」，惟知名度與香火相去甚遠。台南的延平郡王祠已有百餘年歷史，出自人民對鄭成功的感念；金門的延平郡王祠卻是國共對峙下的產物，假藉鄭成功的歷史意義，遂行反攻大陸的意識型態鬥爭。

　　1969年，金門戰地政務委員會，為了激勵軍民反攻大陸的決心，將原來的鄭成功衣冠塚改建成「延平郡王祠」，金門的文人雅士將之品定為金門24景之一。次年，金門縣文獻委員會出版由郭堯齡編纂的《鄭成功與金門》，2007年金門縣文化局再版，相隔將近40年。新書增加了彩色圖片，但在圖書分類上卻被劃歸在「縣市采風」，不是歷史文獻。郭哲銘在《金門文藝》上寫了一篇文章，推介此書並以「金門女婿」稱呼鄭成功，期許金門再出一個鄭成功，「有為者亦若是」。[54]真的有人想效法鄭成功嗎？一個只活了39年的悲劇英雄，不獨是孤臣孽子，怕也是個家庭生活經營的失敗者。至於鄭成功對金門所帶來的傷害，究竟是被遺忘了，還是被原諒了？

　　鄭成功在金門15年，金門是鄭成功出征的起點，也是敗北時退守的據點，但金門還是無法避免成為「戰地」。金門土地貧瘠，糧食生產不足供應大軍所需，必須大肆征餉。政大哲學系教授李曾在〈鄭成功與金門人之關係述論〉一文中，努力為鄭成功的軍紀開脫，認為不可能有「橫征暴斂」的事，若有燒殺搶掠、俘虜婦女的事情發生，也是因為兩軍作戰，不得已的行為；或者根本就是其他部將所為，不是鄭成功的本意。[55]在歷史長流中，鄭成功的功過大致上已有共識。

　　2002年廈門市鄭成功紀念館舉辦了一場紀念鄭成功的學術研討會，名稱為《長共海濤論延平：紀念鄭成功驅荷復台340周年學術研討會》，「驅荷復台」正是鄭成功的歷史定論，在此進程中金門雖有貢

[54] 郭哲銘，〈金門，鄭成功文化的祖庭地〉，《金門文藝》18（2007.05），頁27-29。
[55] 李增，〈鄭成功與金門人之關係述論〉，國立政治大學文學院，《中國近代文化的解構與重建（鄭成功、劉銘傳）——第五屆中國近代文化問題學術研討會論文集》（台北市：國立政治大學文學院，2004年），頁189。

獻，但意義不明確。鄧孔昭在會中發表了一篇文章，談鄭成功對金門社會歷史的影響。[56]誠如鄧文所示，鄭成功對金門的影響還沒有完全被研究，許多論述鄭成功與金門的文章，[57]若不是著重在與鄭成功攀關係，便是設法將「反清復明」與「反攻大陸」結合在一起，二者皆以金門作為跳板，金門於是成了海峽兩岸軍事對抗或文化移植的中繼點，也因為這兩段相隔數百年的歷史，金門被推上世界舞台。

（二）胡璉

金門最早的歷史人物是唐代率部屬來金門牧馬的陳淵，傳聞此人不但善於養馬，而且深諳草藥，常為鄉民及馬匹治病。因其對開發浯洲有功，死後被建廟奉祀，稱為「開浯恩主」。元代時，其廟有七進，之後歷經修繕改建，於清道光朝只剩三進，即今日之樣式。此廟俗稱牧馬侯祠，正式廟名為孚濟廟，其神明信徒尊稱為「恩主公」。

金門歷史上有兩位恩主公，除了開拓浯島的陳淵外，八二三炮戰時期在金門當任司令官的胡璉將軍，也被一批人尊稱為金門現代恩主公。[58]其功績，除了帶領金門軍民締造古寧頭大捷、八二三炮戰勝利外，任內更致力於建設金門，諸如辦學校、鋪馬路、植樹林、興水利，以及蓋金門酒廠等。金門縣政府為感念胡璉將軍對金門的貢獻，終於在2011年幫他蓋了一座紀念館，蒐集與胡璉有關的資料，以及胡璉家族捐獻的文物，放置館內，提供民眾參觀與緬懷。2012年金門酒廠建廠60週年，也順勢推出胡璉將軍紀念酒，用以紀念這位「建廠者」。胡璉的事蹟已存在了60年，卻為何現在才開始拿來作文章，才開始有人紀念他，有人研究他？這都是金門的「恩主公文化」作祟。根據相關的新聞報導，被人尊稱金門恩主公的尚有兩位蔣總統。[59]這些都是政治人物的官樣文章，不值得討論。喜歡郝伯村的金門人也不少，也許有一天他也會

[56] 鄧孔昭，〈鄭成功對金門社會歷史的影響〉，楊　楨主編，《長共海濤論延平：紀念鄭成功驅荷復台340周年學術研討會論文集》，上海：上海古籍出版社，2003年。
[57] 例如蔡相煇，〈鄭成功家族與金門〉，楊加順總編輯，《2008金門學學術研討會論文集──烽火僑鄉敘事記憶：戰地、島嶼、移民與文化》（金門縣：金門縣文化局，2008.11），頁159-170。
[58] 楊靖銘，〈金門現代恩主公：胡璉將軍〉，《金門文藝》10（2006.01），頁112-115。
[59] 參閱郭堯齡，《兩代蔣總統與金門》，金門縣金城鎮：金門縣政府，2003年。

被某些稱叫一聲「恩主公」。

　　陳淵雖是歷史人物，但其事蹟多已不可考，奉之為神，純粹是一種信仰，無關乎對錯，無關乎立場。至於胡璉，其歷史評價，可能不是金門人說了算。在國共戰史上，胡璉有「金門王」之稱，[60]許多中共的軍事史家用這12個字來形容他：「愛才如命，揮金如土，殺人如麻。」向來被視為「王」者，有褒有貶，胡璉是個悍將，在國民黨的軍事史中頗具爭議；在金門卻是一面倒的稱讚，例如張儒和的「蓋世功勛永垂不朽」。[61]金門的文史作家，對胡璉將軍的偉大故事，更是如數家珍，隨時可以來上一段。對那些還活在封建時代的純樸鄉民而言，胡璉是救苦救難的聖明君主，是金門人心中的「王」。

　　對這個「王」，金門人心中充滿感恩。2002年翁文贊的碩士論文，歸納出胡璉在金門的歷史地位，說金門因胡璉而安定、而成長、而繁榮，[62]說胡璉開啟金門現代化之路，說沒有胡璉就沒有今日的金門。2005年金門縣政府出版《金門風雲：胡璉將軍百年紀念專刊，1907-1977》，李炷烽縣長「序」，引「智勇冠當代，行藏識遠圖」之語來形容這位「我們的司令官」。2010年，金門縣文化局進一步選纂胡璉遺稿，出版三大冊的《胡璉將軍紀念專輯》，期盼藉由此一鉅細靡遺的套書，讓各界得以全面了解這位金門現代恩主公對戰地金門的貢獻，緬懷這位親民愛軍的英雄將帥。

三、文獻人物

　　因為戰地政務，金門的發展與建設，不論是硬體或軟體，都落後台灣甚多。金門人的民心與思想受到極大的箝制，自由民主風潮難以生根立足，或多或少影響金門人的創造性，這些都是軍管的結果。自由與安定原本就存在著矛盾，在一個風雨飄搖的時代，金門人選擇了安定，

---

[60] 丹青，〈「金門王」胡璉〉，《晚霞》（四川省成都市：四川省委老幹部局；雲南省委老幹部局；貴州省委老幹部庫；西藏自治區委老幹部局），2010年19期，頁47-49。

[61] 張儒和，〈胡璉上將蓋世功勛永垂不朽——敬悼胡上將海葬金門三十周年〉，《中外雜誌》82:4=488（2007.10），頁117-122+9。

[62] 翁文贊，《胡璉與金門之研究》（銘傳大學應用中國文學研究所碩士在職專班，碩士論文，2002年），頁131-149。

使戒嚴有了正當性，也造就了如胡璉等軍事將領成為親民愛民的地方父母官。

善良的金門人，吃過太多的苦，因此特別容易感動，對有恩的人，總是心存感念，為之立廟供奉，視之為神，頂禮崇拜；為之興建紀念館，典藏文物，供人緬懷；為之出版專刊，編選文集，流傳後世。這些作為都無可厚非，雖然背後都有某種動機與意圖，我們還是給予正面的肯定。只是，若從學術研究的立場來看，歷史人物是可受公評的。與金門相關的這些歷史人物，受金門人愛戴，其用情之深已經超越歷史，接近宗教與信仰。對多數金門人而言，「真相」不重要，重要的是「意義」。換句話說，金門人因為這些歷史人物而成就自己，找到自己在歷史中的定位，歷史人物是金門人文化上的根。

歷史人物，家喻戶曉，活在庶民心中，是茶餘飯後談論的對象，其事蹟多數已變成傳奇，但就學術研究價值而言，顯然不夠充分，不論金門人如何高度予以認同，終究少了一種族裔上的情感，不像區額人物，可以親切地稱呼：「我們的」先賢。金門的區額人物，多數以功名留芳後世，雖然也有詩詞文章，但能集結成冊流傳的不多。近幾年來，金門一些文史學者開始蒐錄、編校、出版所謂的金門古典「文獻」，並進行有系統的研究，例如吳島的《滄海紀遺校釋》、楊天厚、林麗寬的《釣磯詩集譯注》、郭哲銘的《遯庵蔡先生文集校釋》、《滄海紀遺譯釋》與《金門古典文獻探討》等。誠如中山大學中文系金門籍教授蔡振念所言，金門的古典文學研究還在起步階段，謬誤之處甚多，唯資料豐富，可以經由整理古籍文獻，撰述一部金門文學史。[63]

（一）蔡獻臣（1562-1641）

金門文學史的理想太遙遠，尚待有心人，倒是金門古典文學的研究與相關學位論文值得觀察。在金門的區額人物中，蔡獻臣、蔡復一、許獬、盧若騰合稱「金門四秀」。此四人的詩詞，別具特色，甚具剖析價值。首先是蔡獻臣，根據張建騰的研究，在明代金門儒士中，蔡獻臣具

---

[63] 蔡振念，〈金門古典文學的整理〉，《金門文藝》30（2009.05），頁73-75。

備了中心人物的地位，與金門籍的蔡懋賢、蔣孟育、陳基虞、黃華秀為同榜進士，人稱「五桂聯芳」。透過蔡獻臣，可以對明代金門以及同安人物，提綱挈領。而蔡獻臣對金門的貢獻，最讓人津津樂道的則是御賜的「瓊林」村。[64]2005年金門縣文化局出版由蔡主賓編輯的《明光祿寺少卿追贈刑部右侍郎蔡獻臣年譜》。蔡獻臣仕宦生涯30多年，實則「宦遊家食參半」，有一半時間賦閑在家。因此，其一生閱歷大都與家鄉緊密相關，在其著作中，也就留下了許多同安風土人情的記載。蔡獻臣一生的性命之學、用世之才，都在其洋洋巨著《清白堂稿》中。

（二）蔡復一（**1576-1625**）

　　蔡復一，字敬夫，號元履，明福建省同安縣翔風里十七都蔡厝（今金門縣金沙鎮光前里蔡厝）人，從小便搬到同安縣城住，明萬曆二十三年中進士，官至兵部左侍郎、總督貴州、雲南、兩湖、廣西軍務兼貴州巡撫，號稱「五省經略」，與蔡獻臣齊名，時人稱「同安二蔡」。[65]蔡復一是個傳奇人物，有關他的稗官野史相當多，向為金門人所樂道，據說「薄餅」便是其夫人所發明，[66]這道金門美食留傳至今，清明時節，金門家家戶戶都吃「薄餅」（另名「潤餅」），台灣也有潤餅，但吃法與口味皆與金門不同。蔡復一的主要著作為《遯庵全集》，但學界看重的卻是他的詩。根據郭黛暎的研究，因「竟陵派」的牽連，使得蔡復一的文名受到壓抑，不若其政蹟之顯赫。郭黛暎認為蔡的文學成就至今撲朔難明，但蔡的人生經歷與他的詩富含聯繫，耐人尋味。其文名毀譽參半，與他政治上的成就，判若兩人。[67]透過詳探蔡復一的詩文，郭黛暎發現蔡的詩作帶著來自家鄉浯嶼之「海性」，有別於竟陵派，因此稱之「竟陵別調」。

64　張建騰，《金門蔡獻臣研究》（銘傳大學應用中國文學系碩士在職專班，碩士論文，2003年），頁259。

65　黃振良、陳炳容，《前人的足跡──金門的古蹟與先賢》（金門縣：金門縣文化局，2009年），頁97-119。

66　李增汪，〈蔡復一故居復舊兩岸蔡向大陸陳情〉，《金門日報》，2014/01/02，「地方新聞」。

67　郭黛暎，《竟陵別調──蔡復一詩研究》（國立清華大學中國文學系，碩士論文，2009年），頁1。

（三）許獬（1570-1606）

　　有關金門先賢的傳奇故事，足以講個幾天幾夜，只是因為正史沒有記載，是真是假，聽者自由心證。洪春柳在《七鶴戲水的故鄉》中說，「金門才子」許獬的夫人發明了俗稱「米香」的小茶點。[68]這故事與蔡復一夫人發明「薄餅」有異曲同工之妙，看來真的是才子配佳人，英雄豪傑的家裡總是有個蘭心惠質的賢內助。許獬被譽為金門第一才子，可惜的是只活了37個年頭，雖然文章寫得好，終究沒有足夠的時間成熟到成為一代宗師。但也因此，他的傳奇，多數集中在年少之時，流傳的故事大抵圍繞在他的天資聰穎、調皮詼諧等。[69]許獬留下來的作品有《許鍾斗文集》、《叢青軒集》、《四書闡旨合喙鳴》、《四書崇熹註解》、《叢青軒易解》、《存笥稿》等書，但他之所以家喻戶曉，多少與許氏後人的努力有關。清乾隆年間，許獬獲以鄉賢的身分，與宋朝的邱葵、明朝的黃偉、蔡復一、林釬、盧若騰等入祀金門朱子祠，讓典範永垂鄉里。1981年，後湖許氏族裔宗親為許獬蓋了一座「會元紀念館」，放置許獬塑像與相關書籍，供後人景仰與學習。

　　在金門文史界，無人不知許獬的大名，講述其故事的文章很多，但多數是穿鑿附會，人云亦云，未經考證。英年早逝的許獬，不論功業或學術成就，似乎都不足以作為後人研究的對象。有關他的事略，見於方志記載，有關他的傳奇，則由《金門奇人軼事》進一步加以演義。除了徐麗霞在《中國語文》上的文章，[70]以及林繼平一系列《四書》研究的論文外，[71]再也沒有其他較具學術性的論文或專書，此種現象令人費解，或許正如徐的文章所示，關於許獬的傳說太多，已凌駕於史實。

　　就目前的文獻而言，任職於金門縣政府的許績鑫，是最早有系統研

---

[68] 洪春柳，《七鶴戲水的故鄉》（台北：設計家，1996年），頁129。

[69] 參閱林怡種，〈金門第一才子許獬〉，《金門日報》，「浯江副刊」，2009/06/15。

[70] 徐麗霞，〈金門第一才子——許獬的傳說-上-〉，《中國語文》102: 4=610（2008.04），頁116-130。

[71] 例如發表在《東方雜誌》上的〈從許著「四書闡旨合喙」論中庸德治主義理論的完成〉、〈從孟子許著論孟子形上學之發展〉、〈論語許著所展現孔子的形上思想〉；發表在《中華文化復興月刊》上的〈大學思想價值之重估——許鍾斗「四書闡旨合喙鳴」評述之一〉；發表在《人文世界》上的〈評述論語許著說——天、命、性、道之意義與價值〉、〈從許鍾斗著「四書闡旨合喙鳴」看理學家之釋中庸〉。

究許獬的學者。2002年，身為許獬後人的許續鑫以許獬為例，探討明代的科舉制度。[72]基本上，其論文包含兩個不同的主題，一是明代科舉制度，另一是許獬的生平事蹟。二者之間屬於平行論述，沒有交集，對許獬的著作思想也沒有析論，甚是可惜。此論文後由金門縣文化局獎助出版，書名《金門第一才子——許獬》。金門先賢中，才華橫溢者不少，以才子稱許獬，大致無異議，只是不知這「第一」的品評，從何而來，除第一之外，不見第二。無論如何，許續鑫的書仍是目前介紹許獬最詳盡的著作。

2006年，終於有人跳脫許獬生平傳說的迷思，不再執著於「金門第一才子」的枷鎖。成大中文研究所的研究生鄭沛文，以許獬的著作為對象，進行考述，並探討作品的歷史意義。除了論述著作，也解析許獬的人格思想與傳世形象，兼具正面與負面、歷史與民間、一元與多元。[73]2008年，台大歷史研究所畢業的方清河，出版《叢青軒集譯注》一書。全書分上下兩冊，超過四百頁。此書與《遯庵蔡先生文集校釋》、《釣磯詩集譯注》、《滄海紀遺譯釋》等，隸屬於金門縣文化局的古籍校勘叢書，名為「金門古書新譯叢書系列」。據文化局表示，此套書可以顯揚浯島豐厚的歷史底蘊，對在地的金門鄉親來說，有助於凝聚鄉里意識，產生內聚的動能。

（四）盧若騰（1600-1664）

誠如鄭沛文的研究所言，每個歷史人物都有其傳世形象。鄭成功是「民族英雄」、胡璉是金門的「恩主公」、許獬是「金門第一才子」，這些後人所給予的稱號，或許有人不盡同意，然其中必然有某些歷史事實存在，有其一定的價值與意義。以盧若騰而言，他的文學表現在詩，因此，福建師大教授陳慶元稱他為「南明金門詩人」。[74]根據蕭鈺婷的研究，盧若騰的詩作反映了南明時期的金門現況，記錄兵馬倥傯的金門

---

[72] 許續鑫，《明代科舉探微——以同安許鍾斗為例》，銘傳大學應用中國文學研究所碩士在職專班，碩士論文，2002年。

[73] 鄭沛文撰，《許獬及其作品研究》，國立成功大學中國文學研究所，碩士論文，2006年。

[74] 陳慶元，〈南明金門詩人盧若騰〉，《中國典籍與文化》（北京市：教育部全國高等院校古籍整理研究工作委員會），1996年04期，頁37-41。

島，以及百姓生活的點點滴滴。盧若騰用詩以噎胸中之氣，是有意識的創作，有點類似號稱「社會詩人」的杜甫。因時局變遷，盧若騰只好隱逸故鄉金門，也因此，他的詩充滿對金門社會、地理的描述，具有金門在地文人的特質，其作品是文學，也是歷史資料。[75]陳教授所謂的「金門」，已不單指盧若騰的出生地，也包括詩的時代性與地方性，盧若騰充滿諷世與勸世的說理詩，當然也展現了他的個性。

　　盧若騰為官正直，一向敢言，因而得罪當道，不見容於朝廷，下放地方。崇禎十五年（1642），盧若騰外遷擔任浙江布政司左參議，興利除弊，為民謀劃，蕩平劇寇，百姓感念其恩澤，建祠祀之，稱為「盧菩薩」。中山大學教授龔顯宗便以「正直菩薩盧若騰」為題，研究他的詩作。[76]盧若騰留下的著作有《留庵詩集》、《島噫詩》、《留庵文集》、《制義》、《與耕堂學字》等，其中尤以《島噫詩》最常被提及，職是之故，吳島應台灣古籍出版社之邀，從盧若騰的諸多遺作中，特別選定此書加以校釋。盧若騰的詩題材廣泛，研究起來需要一定的文學造詣，也因此，更具吸引力。林俊宏的〈南明盧若騰詩歌風格研析〉；[77]葉英的〈南明盧若騰詩歌風格研析〉，[78]題目相同，卻各自有想法。曾玉惠在《南明盧若騰「士」主題詩歌探析》中引述《全臺詩》，稱盧為「詩史」，[79]郭秋顯的博士論文也說盧「詩歌頗具史料價值，堪稱是詩史。」[80]「詩史」正是盧若騰的傳世形象。

　　1996年金門縣政府委託許維民等人，對盧若騰故宅及墓園進行調查研究，並於2007年出版《盧若騰故居》一書。盧若騰故宅座落在金城鎮賢庵里賢聚，屋宇形制簡單，和本島一般圓脊式的一落四櫸頭民居無異，又稱「留庵故居」。墓園位於賢厝村北面，與故宅相距僅約百公尺。此墓乃是其子饒研因夢乃父告以「在外苦寒」，而於康熙廿二年至

---

[75] 蕭鈺婷，《盧若騰詩作研究》，國立高雄師範大學國文學系，碩士論文，2010年。

[76] 龔顯宗，〈正直菩薩盧若騰〉，收錄在龔顯宗著，《台灣文學家列傳》（台北：五南圖書出版公司，2000年），頁1-19。

[77] 林俊宏，〈南明盧若騰詩歌風格研析〉，《臺灣文獻》54：3（2003.09），頁249-273。

[78] 葉英，〈南明盧若騰詩歌風格研析〉，《中國國學》3（1974.12），頁109-114。

[79] 曾玉惠，〈南明盧若騰「士」主題詩歌探析〉，《崑山科技大學人文暨社會科學學報》第三期（2011年9月），頁183。

[80] 郭秋顯，《海外幾社三子研究》（國立中山大學中國文學系，博士論文，2007年），頁251。

四十七年間（1682-1707）由澎湖遷葬回籍所建。盧若騰故宅及墓園於1991年11月公告為第三級古蹟。因為故宅與墓園保存完整，讓後人對這位金門先賢更覺親切感，自然產生了解的意念。盧若騰的後人盧志鎮，借由研究以顯揚先人，理所當然。其論文分七章，內容包括家世與生平、師友、著作、詩文分析、貢獻與影響等。[81]其指導教授徐麗霞，也是盧若騰研究的專家，曾撰〈自許先生——盧若騰〉、〈盧若騰「瞻魯王漢影雲根石刻」釋義〉等文。[82]

（五）其他

金門先賢甚多，能成為研究題材者，一方面是機緣，一方面是人物本身的特質。前者包括後人中有擅於舞文墨者，或者其宗親組織強大能繼往開來者，研究者大抵是金門籍的後人；後者，通常具有全國知名度，其學術成就已為學界所公認，研究者不限於金門人，論文題目也不會刻意強調同安或金門。像是蔡廷蘭，他是金門、澎湖與中國所共有。人稱「開澎進士」的蔡廷蘭，先祖是金門瓊林望族，明末遷居澎湖，蔡廷蘭在此出生，1859年病逝中國江西豐城。成大中文系教授陳益源著有《蔡廷蘭及其海南雜著》，並與柯榮三博士選注《蔡廷蘭集》。[83]學位論文方面有洪惠鈴的《蔡廷蘭研究》、[84]林佳慧的《蔡廷蘭《海南雜著》研究》；[85]專書方面有蔡主賓的《蔡廷蘭傳》，由金門縣文化局出版。有關蔡廷蘭與金門的關係，高啟進在《金門日報》「副刊文學」中有專文介紹。[86]

蔡廷蘭與林樹梅、呂世宜等人皆有交情，都是周凱的學生。有關這些人交遊，參見陳茗的文章。陳茗是福建廈門人，先祖來自金門烈嶼湖下，兩岸開放後，其父陳慶元教授曾返鄉尋根，對金門有一份特殊的情

---

[81] 盧志鎮，《金門先賢盧若騰研究》，銘傳大學應用中國文學系碩士在職專班，碩士論文，2009年。

[82] 徐麗霞，〈自許先生——盧若騰〉，《中國語文》88:4=526（2001.04），頁101-114；〈盧若騰「瞻魯王漢影雲根石刻」釋義-上-〉，《中國語文》96:2=572（2005.02），頁100-114。

[83] 陳益源、柯榮三選注，《蔡廷蘭集》，臺南市：臺灣文學館，2012年。

[84] 洪惠鈴，《蔡廷蘭研究》，東海大學中國文學系碩士在職專班，碩士論文，2007年。

[85] 林佳慧，《蔡廷蘭《海南雜著》研究》，中興大學台灣文學研究所，碩士論文，2011年。

[86] 高啟進，〈開澎進士蔡廷蘭與金門〉，《金門日報》，副刊文學，2006/05/16-19。

誼，屢次應聘來台講學。陳茗於碩士班時便開始關注金門文學的發展，論文題目為《十五年來金門原鄉文學略論》。陳茗對金門先賢林樹梅情有獨鍾，從林樹梅的文學研究到他的交遊，以三年的時間完成了博士論文《海疆文學書寫與圖像──林樹梅奇特人生與藝文研究》，2011年金門縣文化局出資幫他出版。金門奇人林樹梅，一生奇特，其身世奇、歷練奇、防海防海奇、從軍奇，為林則徐視為「國士」「南金」。其人一生除奇之外，醫卜星算詞章篆畫無一不精。本書除了道述這位清末金門奇人的一生，更著墨於「海疆文學」此一概念的提出，可謂為林樹梅文學創作下一註腳之作。

林樹梅雖一生奇特，但研究者並不多，除陳茗外，其指導教授汪毅夫也曾就林樹梅的作品，分析其中所包含的閩台地方史料。[87]另外尚有施懿琳的〈金門文人林樹梅的海洋書寫〉、[88]藍雪花，〈清代金門愛國詩人、刻書家林樹梅〉等論文。[89]有關林樹梅與呂世宜的關係，陳茗在《集美大學學報（哲學社會科學版）》上已有專文介紹。[90]

呂世宜是清代著名的書法家，福建同安廈門人，先祖來自金門西村，故以西村為號。著有《愛吾盧文抄》、《筆記》（已刊）；《古今文字通釋》（未刊，藏於板橋林家）。呂世宜是書法家，後人研究著重在他的藝術表現，研究者多數為藝術工作者。例如郭承權，他以呂世宜渡台為主要切入點，分別針對呂世宜與台灣書壇兩大部分加以探究，分析二者之間的書法互動和影響。[91]金門在地藝術家吳鼎仁，對呂世宜的生平與書學風格用力甚深，其碩士論文便以呂世宜在金石學、書學上的成就，作為主要研究目標。[92]根據葉碧苓的研究，台灣自1965年以

87　汪毅夫，〈林樹梅作品里的閩臺地方史料〉，《臺灣研究集刊》（福建省廈門市：廈門大學臺灣研究院），2004年01期，頁67-72。

88　施懿琳，〈金門文人林樹梅的海洋書寫〉，《國文新天地》21（2010.04），頁83-91。

89　藍雪花，〈清代金門愛國詩人、刻書家林樹梅〉，《福建鄉土》（福建省福州市：中國民主同盟福建省委會），2003年02期，頁39-40。

90　陳茗，〈清道光間金門林樹梅與呂世宜交遊考〉，《集美大學學報（哲學社會科學版）》（福建省廈門市：集美大學），2009年04期，頁57-61。

91　郭承權，《呂世宜書法研究：兼論與臺灣書壇發展之關係》，國立臺灣師範大學美術研究所，碩士論文，1999年。

92　吳鼎仁，《呂世宜書學風格研究》，銘傳大學應用中國文學研究所碩士在職專班，碩士論文，2003年。

來，以「書法」為主題進行研究的碩博士論文超過八百篇，[93]經過她的分類，以書法家為主的研究有七人各有三篇，呂世宜是其中之一。除了郭承權與吳鼎仁之外，葉郁玫透過《愛吾廬題跋》分析呂世宜的書風思想，並藉由統計分析呂世宜的書法造形特色。[94]

---

[93] 葉碧苓，〈五十年來臺灣博碩士「書法」論文之研究動向〉，《書畫藝術學刊》第九期，頁101。

[94] 葉郁玫，《呂世宜書學與書法研究》，國立臺灣藝術大學造形藝術研究所，碩士論文，2009年。

Chapter 5
宗教與信仰

宗廟建築

一、寺廟與宗祠

金門沒有明顯的宗教派別或嚴格規範的宗教活動，雖然各種宗教都有人信奉，但主要還是參雜儒家思想的道教，在所有廟宇中，約有九成是道教色彩濃厚的道觀。[1]每個傳統村莊聚落都有宮廟，有些甚至不只一座，宮廟的所在地點決定五營的範圍，亦即村落的大小。[2]金門有許多諺語，例如「宮前祖厝後」、「無宮無廟不成村，有宮有廟才是村」、「青嶼祖厝官澳宮」，說明了宮廟在金門居民心中的地位。據統計，金門五個鄉鎮中，合法登記的寺廟有263座，若含未登記者，高達三百座，以土地面積來平均，密度為全國各縣市第一。[3]

由於傳統社會對自然力量的敬畏，大多數的金門村落，都會在每年宮廟神明聖誕時，定期舉行「平安醮」。基本上，這是一種對神明庇祐表示感謝的祭典，除了祈求賜福、合境平安外，醮儀活動更是金門特殊庶民生活文化的表現。尤其是祭祀活動需要高度分工與運作，因此支配著居民的生活作息與禮儀規範。整個作醮過程，是金門凝聚力的所在，表達了金門子民的生活模式。

近年來，金門開放觀光，為了吸引遊客，許多宗教慶典經常辦得

---

[1] 楊天厚、林麗寬，《文化金門全記錄（三）和協的天地》（金門：金門縣文化局，2007年），頁80。

[2] 顧擎，〈神威顯赫，金門宮廟〉，《金門文藝》27（2008.11），頁40-43。

[3] 張雲盛，《金門道教文化與宗教團體管理之研究——金門沙美萬安堂個案探討》（銘傳大學公共事務學系在職專班，碩士論文，2008年），頁2。

像嘉年華會，像是「迎城隍」活動，已固定成為金門一年一度的宗教觀光祭。解嚴後，許多限制隨之解放，社會日趨自由開放，原本較為神秘的宗教儀式也不再是禁忌，可以參與，可以討論，也可以研究。兩岸小三通之後曾帶來一股尋根的熱潮，尋根之旅引發對宗祠的關心，族譜編纂、家廟重修、祭祖活動、宗祠奠安，已然是金門這些年來重要的文化活動，盛大而且熱鬧。離散世界各地的金門子弟與宗親，都在此時，在祖先與神明的號召下，返鄉重聚，認祖歸宗。至於宮廟，則藉由醮儀活動以凝聚信徒，並配合地方發展，行銷宮廟文化，使之成為觀光景點，增加觀光收入。

歷代以來，官府常利用民間崇祀神祇的力量，協助治理、教化民心，或鼓舞軍隊士氣，像恩主公廟、城隍廟、媽祖廟、關帝廟等，很多是官員所倡建或倡修。明代的金門城與清代的後浦，就有很多屬於原本官祀的廟宇，但隨著歷史的變遷，如今皆已褪去官祀的色彩。若從「海印寺」算起，金門的宮廟歷史已有八百年，宮廟是常民生活的一部份，但礙於經費，年久失修的所在多有。金門文化局成立後，委託學者調查研究，出資修復許多歷史建築，老舊的宮廟再度以新的風貌呈現在世人眼前。

1999年任職於金門高職的楊天厚，利用教職之餘走訪金門各個鄉鎮，將田野調查結果出版成書。這本名為《金門寺廟巡禮》的導覽書籍，是第一本金門寺廟的完整紀錄，也是1995教育部中小學教師研究著作優等獎作品。透過本書的介紹，我們可以了解金門五個鄉鎮現今的寺廟景觀，包括寺廟建築、沿革，供奉的神祇、傳說，以及古今寺廟變遷與未來定位等。金門先民自中原遷徙南下，將中國民間信仰帶到閩南，近代以來則自西方傳入基督教，金門除了到處可以見的寺廟外，也有一些歷史悠久的教堂。近年來在外奮鬥有成的金門人，常有人返鄉捐款或捐地建廟，隨著時間嬗遞，金門的宮廟屢有增加，像是2005年完工的烈嶼保生大帝廟，是金門規模最大的廟宇，曾獲選「台灣宗教百景」。

2009年，黃振良重新整理金門廟宇資料，編著《金門寺廟教堂名錄》由文化局出版，收錄寺廟教堂共計262處。依照行政區排列，記載其名稱、始建年代、祭典日期、地址電話、楹聯，並附照片。然而，若

要講精彩程度，一定要上網。自從有了網路之後，許多喜愛寫文章的人，經常利用「部落格」發表、記錄所見所聞，提供相關資料，圖文並茂，藉由電腦的各種功能，不但方便閱讀，也適合查考，或進一步搜索。目前就有很多關於金門的網頁，提供與金門相關的歷史、人文資訊。例如「烈嶼觀察筆記」、「北雁南飛」、「金門部落」、「留在金門忘了飛」，都是認識金門，了解金門極佳的管道。較為遺憾的是，網頁上的資料，也包括網頁本身，隨時都有可能刪除，難以長久存在。宮廟然既是金門的文化特色，在這些部落格中當然不會缺席。2009年，金門縣政府將金門寺廟名錄作成網頁，[4]並提供廟宇名稱、主祀神明、與關鍵詞的查詢，其效能與影響力更大於書本。

　　金門人稱宗祠為「祖厝」或「家廟」，根據2007年出版的《文化金門全紀錄（一）文化的載體》，共有151座宗祠，[5]最早的祠堂距今已有三、四百年。這幾年來，每年又有修建或新增，根據《安定的家園──金門民居宗祠寺廟》統計，2009年時已達167座。金門開放觀光後，給觀光客的印象就是樹多、路多、宗祠多。金門的自然村落，許多是由兩個以上的不同姓氏所構成，因此，宗祠不只一個。像蔡姓聚落的瓊林，有「七宗八祠」之勝，[6]堪稱金門之冠，也是台灣第一，是觀光客和宗祠研究學者，最愛造訪的聚落。

　　宗祠是宗法社會的產物，重視禮教倫常，其建築型式格局，反映國人傳統觀念對自然現象的理解與詮釋，除考慮風水座向外，也要符合昭穆輩份倫常秩序。宗祠不同於宮廟，平常並不開放，外人不易登堂入室，何況是觀光客。因此，即便它們是很好的觀光資源，其價值還是不易顯現。有鑑於此，1995年李增德出版《金門宗祠之美》，[7]特就宗祠的文化背景、建築型式、匾額聯語、和雕飾彩繪，加以詮釋說明並配以圖表，使易於了解各個部位的結構處置意義，開啟宗祠之朝聖大門。

---

[4]　「金門寺廟名錄」〈http://temple.kinmen.gov.tw/chinese/Default.aspx〉

[5]　江柏煒、楊天厚、林麗寬，《文化金門全記錄（一）文化的載體》（金門：金門縣文化局，2007年），頁271。

[6]　楊天厚，〈金門瓊林村「七座八祠」研究〉，李金振編，《閩南文化學術研討會論文集》（金門縣：金門縣立文化中心，2004年），頁565-588。

[7]　李增德，《金門宗祠之美》，金門：財團法人金門縣史蹟維護基金會，1995年。

族譜學研究專家廖慶六，以四年的時間走訪金門，[8]前後來金門從事田野調查十七次，2008年時將其成果結集出版成《浯洲問禮：金門家廟文化景觀》一書。此書分兩編，上篇為《金門家廟宗族文化調查》，內容包括家廟與姓氏關係、家廟與宗族關係、家廟之祭祖儀式、家廟與建築關係等；下篇為《金門家廟文化景觀巡禮》，內容包括忌日祭祖巡禮、冬至祭祖巡禮、奠安祭祖巡禮、聚落布局巡禮等。依照作者發表在《臺灣源流》上的文章，作者希望透過對金門家廟文化之巡禮，包括重視奠安與祭祖儀式，保存宗族文化特色，以此文化景觀做為申請登錄世界遺產之憑藉。[9]

　　金門的宮廟與宗祠，大大小小加起來超過500座。雖然建築形制有其一定的規範，但即便供奉相同的神明，其內部擺設、雕刻彩繪、楹聯碑文、籤詩內容也不會相同。學者為了方便研究，除了對特殊宮廟進行個案分析外，也會設法歸納出一些共同現象，由此論述金門宮廟與宗祠的集體文化特色。任何建築都得考量地形地物，姑且不論堪輿風水，建材的選擇、工匠的技巧、族人的期望，都足以影響一座建築物的形成，包括其未來可能的地位。香火是否鼎盛，與神明有關；能否吸引信徒，與宮廟外觀有關。

二、建築形制研究

　　金門地區的傳統建築，較重要的類別有祠廟、宅第、庭園、傳統聚落、古市街等，較精美之傳統建築大多為木構造。相較於一般民居，宮廟的木質結構更多。木構造的建築不易保存，加上宮廟與宗祠屬於公有或共有，不能任意施工，以致許多規模較小的廟宇，外觀看起來顯得殘破不堪，損毀嚴重，若不及時挽救，恐難支持下去。對於較重要的古蹟或建築，政府大多會撥出預算加以維護，畢竟這類建築是人類共同的資產，其歷史意義與文化意涵，如同宗教信仰，一旦被剝奪，整個居民的生存意識和生活價值將會隨之崩潰。有鑑於此，1986年，金門縣政府委

---

[8]　陳延宗，〈「海濱鄒魯」新酒引──廖慶六《浯洲問禮：金門家廟文化景觀》讀後感〉，《全國新書資訊月刊》116（2008.08），頁42。

[9]　廖慶六，〈試論金門家廟文化景觀〉，《臺灣源流》42期（2008.03），頁38-52。

託漢寶德調查研究並修護金門重要的古蹟「奎閣」。[10]

金門開發於唐代，宋、明之時文風鼎盛，科甲題名者比比皆是，一時之間宦儒輩出。中國傳統思想，讀書人最敬重「文昌帝君」。清道光十六年（1836），金門鄉賢林斐章捐銀千兩，在現今金城鎮東門里珠浦東路上建造一棟兩層樓的建築，供奉讀書人的守護神──魁星，建築物以此名為「奎閣」。奎閣的整體結構，完全採木造樑柱系統，從開始建造到今天已有160多年，雖然外貌上沒有太大改變，事實上已經整修過很多次，最近一次就是建築師漢寶德主持整修後的結果。之後在2000年再度斥資新台幣421萬餘元修復，工程於2002年5月1日竣工。「文資法」實施後，「奎閣」由三級古蹟改為縣定古蹟，是金門鼎盛文風歷久不衰之表徵，也是金門觀光旅遊必訪之景點。

「奎閣」不同於一般宮廟，但與奎閣一樣，許多宮廟都曾重修過，現在的外觀與當年的建築形制相去甚遠，例如「海印寺」。海印寺興建於宋咸淳年間（1265-1274），明代數度重修，原奉祀通遠仙翁，今改奉祀觀音佛像。1958年「八二三炮戰」時遭到嚴重損毀，現貌為1960年之後所重建。1995年金門縣政府委託李乾朗進行調查研究，並提出一份成果報告。[11]2008年再委由符宏仁建築師事務所進行修護，事後出版《金門縣縣定古蹟海印寺石門關修復工程工作報告書暨施工紀錄》，[12]將本案進行修復過程所中產生的歷史訊息與修復之工序、工法、工料作有系統的收集、記錄、整理及公開，依規定古蹟於修復期間應作成工作報告書，存供日後文獻之用及修復參考。

通常，寺指的是佛寺，廟指的是道教的建築，祠指的是宗祠或供奉死後成神的建築。宮廟供奉神明；宗祠祭祀祖先；祠廟祭祀人王。事實上這種區分已愈來愈不明確，似乎也沒有任何律法嚴格限制宮廟與宗祠的建築形制。學者從事這方面研究時，有時候很難釐清。宗廟的背後有宗法制度在，意象最為明確，「家廟」、「宗祠」、「祠堂」、「祖厝」、「祖廟」，這些名稱意義相同，用任何一詞皆可，不會產生誤

---

[10] 漢寶德，《金門奎閣之研究與修護》，金門縣：金門縣政府，1986年。

[11] 李乾朗計畫主持，《金門海印寺調查研究》，金門：金門縣政府，1995年。

[12] 符宏仁，《金門縣縣定古蹟海印寺石門關修復工程工作報告書暨施工紀錄》，金門：金門縣政府，2008年。

解。「宮廟」、「廟宇」、「官祀建築」等，供奉的神明則有可能是道教的神、佛教的菩薩、儒教的先賢、雜教的鬼神，光從廟的名稱或外觀，很難論斷是何性質的建築。例如張崑振的《金門縣官祀建築調查研究》，所列舉的官祀建築就包括關帝廟、城隍廟、節孝祠與昭忠祠。[13]

最難理解的是「祠廟」一詞，可能指宗祠，也可能指宮廟，或者二者通稱。例如江柏煒的《金門傳統祠廟建築之比較研究》。[14]依其計畫摘要所述，「本研究以金門之宗祠與宮廟建築為主，藉此了解它們在宗族聚落所扮演的社會功能，以及居民所反映的文化意識；接著，掌握祠廟建築的配置法則、建築形制、構造與材料、裝飾作法等層面，分析其建築特色與價值；最後，以泉州、漳州與廈門地區的祠廟之重要案例進行比較研究，進一步了解金門祠廟建築的文化資產價值。」此計畫，從名稱上看主題應是金門的宗祠建築，事實上，內容相當廣泛，除細說宗法制度的歷史背景外，對信仰與廟宇的關係也用了很多篇幅。如作者在「金門祠廟建築的價值」中所言，宗祠與宮廟不同，雖各有其作用，但宗祠的意義與價值明顯超過宮廟，值得研究與保存。

就建築形制上來看，每間宮廟各有特色，因此，學者研究偏向個案處理，例如蔡建鑄的研究。他應用經營管理學的理論，探討瓊林保護廟與社區發展的互動關係，進而解析保護廟與瓊林村社區發展協會在地方民眾心中的定位。[15]隨著社會開放，人口快速流向大都會，地方上的傳統廟宇所扮演的功能，逐漸被社區發展協會所取代。宮廟對聚落居民的影響力已式微，某些宮廟早已沒有香火，只是一座古老建築，引不起信徒興趣，畢竟，人是現實的，信仰也很現實。

宗祠不同於宮廟，但建築形制上有共通的地方，許多學者喜愛一併論述，也有學者偏好家廟。家廟研究，大致上有以下幾個主題，包括建築形式、空間組織、營造技術等。依據雲林科技大學空間設計研究所許雅惠的調查，有關金門傳統建築的研究，目前所累積的成果仍十分貧乏，而且主要以民宅為主，對於家廟建築之營造技術探究始終付之闕

13　張崑振，《金門縣官祀建築調查研究》，金門縣：金門縣文化局，2007年。

14　江柏煒，《金門傳統祠廟建築之比較研究》，金門：金門國家公園委託研究，2007年。

15　蔡建鑄，《廟宇型社區發展之研究——以金門瓊林保護廟為例》，國立高雄大學高階經營管理碩士在職專班（EMBA），碩士論文，2008年。

如。因此，率先踏訪大金門120個村落（不含烈嶼），利用金門傳統匠師之口述資料，以及手冊文獻史料，輔以現場踏勘、局部測繪與照片紀錄等，藉此掌握金門家廟現況，於2003年完成碩士論文《金門家廟建築營造技術之研究》。[16]其研究結果認為，金門家廟形制在富麗莊嚴的多樣面貌下極富變化，而其基本型態為「一落一牆規樓型」（或稱單落單院式）；藉由此基本形式加上一些空間元素的組合變化，造就金門家廟建築形制上之多樣化。

金門家廟的形式雖富變化，基本形式不外乎一進式、二進式、三進式與樓房式四種。王建成在〈概述金門家廟的建築形式與空間格局〉一文中，分析150餘座現存（保存良好）家廟，一進式的有78座；二進式64座；三進式3座；樓房式6座。其中，金城鎮南門里莒光湖畔西河衍派的林氏宗祠，本祠上為媽祖廟，祠廟一體，為宮觀建築，與傳統閩南式的宗祠建築略異。[17]朱禹潔在《金門祠堂空間組織研究》中說，金門祠堂是以「落」為空間的基礎單元，而且「落」的前方一定具有「深井」，作為「落」的配屬空間。當居民在描述祠堂的規模時，用「落」作說明，如「一落」、「二落」、「三落」，只要說出「落」，就可知祠堂的規模，金門的祠堂類型以「二落」的最多。[18]

宗祠上的「衍派」，說明祖先來自中國大陸何處，其中以同安與金門的血緣關係最密切，兩地的宗祠建築應有相似之處。只是大陸因為文化大革命，祠堂遭受破壞，如今社會較開放，可以重建祠堂，金門的傳統祠堂正好可以提供其參考。所謂「禮失而求諸野」，金門原是閩南文化的邊陲，而今竟成中原文化的維護者，金門封閉了50年，「塞翁失馬，焉知非福？」這樣的邏輯頗為弔詭，但這就是歷史。

---

[16] 許雅惠，《金門家廟建築營造技術之研究》，雲林科技大學空間設計研究所，碩士論文，2003年。

[17] 王建成，〈概述金門家廟的建築形式與空間格局〉，《金門縣宗族文化研究協會會刊》5（2008.10），頁55-64。

[18] 朱禹潔，《金門祠堂空間組織研究》（台北藝術大學建築與古蹟保存研究所，碩士論文，2008年），頁156。

三、雕飾彩繪研究

雖然某些家廟可以作為範本，但不會有兩座家廟建得一模一樣。形制與外觀，乍看之下可能會有點相似，格局相同，但雕飾與彩繪肯定獨樹一幟。劉宜長以金門李、蔡、陳氏三姓宗祠為例，先探討金門的開發、宗祠活動與歷程，進而檢視宗祠建築裝飾之美、源流，與傳承。[19] 雖然集合三姓，卻都是個案研究，很難從其中歸納出共通的邏輯，即便三者之間有異有同，仍不足以據此推論金門宗祠的通相。當然，金門的家廟建築絕對有其文化意涵，[20]但所謂的「意涵」，就像雕飾彩繪，其表象與內容，需要經過一番解讀。

金門宮廟之美，美在雕飾與彩繪。林金榮在《金門傳統建築的裝飾藝術調查研究》中說，裝飾方法與材料、目的物、時代背景及人為因素有密切的關係，足以反映社會的經濟生活條件、人文思想、宗教信仰和審美觀點，更能深度的解讀金門傳統建築的文化內涵。[21]民居建築與祠廟建築不同，裝飾的內涵與象徵意義也不同，祠廟建築本身就充滿宗教與文化意涵，裝飾與審美不是重要考量。對於祠廟建築，向來只談工匠的技藝，不會以建築師或設計師來稱呼建造者。雖然近年來，常有建築師接下祠廟修護工程，大抵上也只是扮演規劃者角色，細作部份仍然得就教於傳統工匠，而金門傳統雕飾與彩繪人才的凋零，是文化資產保護最大的危機。

李永中在論金門宗廟與民居社會生活時，有一專章探討宗祠建築與雕飾彩繪。[22]根據他的研究，傳統宗祠石構部份，作工細緻，材質精美，屬宮庭式建築，雕樑畫棟，屋簷相疊，美不勝收；木構部份，結構原理充滿優異智慧，並展現出民間匠師的個人才華，符合結構力學分析；在雕飾上，更是匠心獨運，極盡華麗典雅，頗能將子孫對祖先的一

19　劉宜長，《金門李、蔡、陳氏宗祠之探討》，中國文化大學史學研究所，碩士論文，2001年。
20　參閱閻亞寧，〈金門鄭氏家廟建築的文化意涵〉，《中國技術學院學報》24（2002.07），頁195-204。
21　林金榮，《金門傳統建築的裝飾藝術調查研究》（金門：金門國家公園管理處，2007年），頁XI。
22　李永中，《金門宗廟與居民社會生活之研究》（銘傳大學應用中國文學系碩士在職專班，碩士論文，2005年），第六章。

片感恩孝思，和對世代綿延昌盛的祈求，一一表現在宗祠的各部位雕飾上。根據李的論文，祠廟裝飾研究有以下幾項，包括雕飾、彩繪、匾額、聯語等。

　　彩繪是中國建築空間中一項重要的特色，在國人的觀念裡，傳統建築的木結構須上油漆以為保護，故坊間寺廟及宅第多聘請匠師為其彩繪，以突顯其地位並增加空間美感。「彩」即油漆，具有保護木材及身分象徵的功能；「繪」即圖畫，具有裝飾及教化功能。彩繪裝飾能使建築形體的性格與特色完整的呈現，是一項結合「美術」、「書法」及「工藝」的綜合藝術。寺廟中施以彩繪之處為梁枋、斗拱、窗櫺、門扇、牆壁、中脊桁、瓜筒與天井等。台灣廟宇的繪畫，色彩絢麗，用色強烈對比，常用的色彩有大紅、綠、黃、藏青、白等，黑色使用得較少。這種以大紅為主的色調，含有正義、吉祥的意義。[23]

　　論及廟宇彩繪，李蕙萍的《金門廟宇彩繪研究》不但周全而且透徹，堪稱這個領域的傑作，尤其是介紹烈嶼廟宇中的「連環畫式」的彩繪，有其獨到之處，特別引人入勝。根據她的研究，用作繪畫的題材，幾乎都是通俗小說，尤其是《三國演義》，通俗小說深深影響烈嶼的廟宇彩繪。一方面是這些故事大家耳熟能詳，另一方面，因為是章回小說，較容易掌握每段故事的完整性。作者特別訪問了幾位著名的彩繪師父，像是林天助、吳鼎信、劉溪北等，了解他們為何獨鍾情於《三國演義》，偏好於關羽事蹟。渠等表示，理由其實很簡單，因為關公是忠、信、義、勇的表率，加上孔明的智，是整個《三國演義》的主軸，這些價值觀與倫理觀，透過彩繪的潛移默化，達成社會教育的功效。

　　廟宇彩繪的題材相當廣，有連環畫，也有獨立的故事。繪畫的方法，早期直接在部位上打白色粉底，也就是用石灰與石棉、糖水混合搗碎平塗在繪畫部位。這種方式較脆弱，一旦濕氣太重，或廟宇重修，彩繪便蕩然無存，消失不見。現今繪畫採「彩繪瓷燒」，即先在瓷磚素胚上作畫，上釉窯燒定型，再黏貼上牆壁，可長久保存。色澤鮮艷，美輪美奐，是一種新的繪畫創作。烈嶼的彩繪師，像早期的洪萬源與作品最

---

[23] 參閱文化部，《臺灣大百科全書》，〈廟宇彩繪〉，2014/03/03 檢索，〈http://taiwanpedia.culture.tw/web/content?ID=13724〉

多的林天助，都是自學而來，畫作都有自己的意識與美學，自己的風格，以及個人對彩繪故事的理解。

一般的寺廟調查研究專書，調查的內容主要為寺廟建築、寺廟祭祀活動，與寺廟裝飾，就其中選擇一項進行調查和記錄，能夠全面加以呈現的不多，唐蕙韻與王怡超的《金門縣寺廟裝飾故事調查研究》，[24]是這方面的重要成果。本書最可貴的地方是在裝飾表象的記錄報告之外，還有作者經由田野調查的觀察，對金門寺廟裝飾故事與民間信仰活動關係的分析，這是一般僅就寺廟建築調查，或只關注祭祀活動的學者較少切入的議題。不但為我們提示了金門傳統宮廟文化有形層面與無形層面的互動關係，也印證了文化現象的活水源頭與真價值，始終在於與生活、信仰密切扣合的關係中。

宮廟活動與庶民生活關係密切，尤其是在一個科技與醫學較不發達的鄉村地區，所謂的信仰，不全然都是精神層面，實務面也要靠神明的指引。某些宮廟設有籤詩，信徒藉由抽中的詩籤了解並遵循神明的旨意。抽籤卜卦雖含有迷信的成份，但即便是迷信，若能撫慰人心，指引生活的方向，絕對有其存在的必要，這就是為什麼在一個凡事講究科學的年代，廟裡的詩籤並沒有因此被人丟棄。籤詩的意義或有不同的解讀，但看到「上上籤」，心情一定會好起來。有關台灣寺廟詩籤研究，已經出了好幾本碩博士論文，劉玉龍收集了96套，5,000多首籤詩，寫成《寺廟籤詩研究──以台灣寺廟運籤為主》。[25]在他看來，籤詩是非常優美的文化資產，雖然五花八門，但大多具有教化人心的意義。

在金門，城隍是重要的信仰，每年一到迎城隍慶典，幾乎是萬人空巷，全部湧向後浦老街。平常時日也會有很多信徒前往燒香拜拜，擲筊求籤，請城隍爺指引迷津，受城隍廟詩籤影響的人不計其數。蔡美意會以城隍廟籤詩作為碩士論文主題，是順理成章的事，不致令人覺得突兀。該論文首先解釋籤題典故，指出籤題的原始出處，探討籤題的歷史內涵、教育意義及文化傳承；並針對籤文詩句，討論其用字、形式、修

---

[24] 唐蕙韻、王怡超，《金門縣寺廟裝飾故事調查研究》，金門：金門縣文化局，2009年。
[25] 劉玉龍，《寺廟籤詩研究──以台灣寺廟運籤為主》，彰化師大國文研究所，碩士論文，2006年。

飾等問題。一方面解析表層意義，一方面探究深層隱喻，分析文學與信仰的關係；接著找出籤題與籤文的對應關係，整理歸納出吉凶對應表格，從中發現其與人們求籤的意願關係，及在生活上的正負面影響。[26]

與蔡美意就讀同一研究所，受同一教授指導的莊唐義，選擇烈嶼上林李將軍廟，研究廟宇建築、將軍信仰、祭祀活動，以及廟裡的籤詩。[27]在籤詩部份，將50首詩白話講解一遍，分析各詩的主題，顯示的吉凶意涵，並將印刷時的錯誤一一校勘。作者的研究方法深受其師汪娟的影響，套用其模式，據此得出可以印證既存理論的結果。沒有比較研究，因此無法得知李將軍廟的籤詩和城隍廟的籤詩有何不同，籤詩與廟宇或神明有何關係，整套籤詩從何而來，是否任何宮廟皆適用？作為文學的籤詩，與作為神明話語的籤詩，以及作為指引信徒行為的啟示，這中間顯然還有很多沒有解開的謎，有待學者進一步研究。

籤詩是一種文學形式，但民眾在意的是它的內容，沒有人會去評論創作的好壞，會說「這是一支好籤」，不會說「這是一首好詩」。因為，實際上，許多籤詩並不符合詩的規範，感覺上，有些是粗製濫造，語法不通。籤詩是靜態的，也是隱匿的，嚴格來說，不是任何人可以取得或接觸，信眾看到的只是其中的一部份，即便看得懂文字，未必能理解其中的意思，更何況籤詩的弦外之音，有很大的解釋空間，需要一定的專業能力。從藝文欣賞的角度來看，不論是竹筒中的詩籤，或印刷在紙上的籤詩，其表現或視覺影響，始終不如明顯可見的楹聯。

對聯在中國傳統建築的裝飾中，是不可或缺的素材，欣賞對聯不僅可體會書法與辭藻之美，更能激發心靈上深刻的感受。一副好的對聯，要能詞句得體、對仗工整、且不落俗套，因此，說來容易，得之則難，正所謂「一聯難求」。對聯的種類很多，不同的場所需要不同的對聯，由於祠堂屬性特殊，其區聯內容與一般寺廟大異其趣。根據楊天厚、林麗寬的調查，楹聯是傳統文化中另類文字書寫的傳播媒體，異於其他平面文字書寫的卷冊，或印刷出版刊物，它有它的歷史源流，是先民生

---

[26] 蔡美意，《金門城隍廟籤詩之研究》，銘傳大學應用中國文學系碩士在職專班，碩士論文，2004年。

[27] 莊唐義，《烈嶼上林李將軍廟及其籤詩研究》，銘傳大學應用中國文學系碩士在職專班，碩士論文，2008年。

活、信仰、慎終追遠諸種思維結合的表現。然而，隨著今日社會時空環境的變遷，楹聯文化已逐漸式微，可能無法像以前一樣發揮教化的作用，這是值得我們深思的文化傳承危機。

信仰習俗

一、奠安祭典研究

有一則傳聞說，很多台灣本島的女性不想嫁到金門去，理由有三：金門人的祖先太多、拜拜太多、婆婆太長壽。如此具體而犀利的言論，讓金門男性頗覺尷尬，但又不得不佩服這些人對金門風土民情的觀察入微。任何民族要永續發展，必須對自己的歷史懷抱溫情。祭祀，是一種傳統的宗教習俗，習俗的背後有其歷史緣由。金門特殊的拜拜文化，或許已不符潮流，但透過祭祀，不管是對祖先或對神明，金門人在漫天烽火中、在貧瘠的土地上、在無所逃脫的天地中，找到安身立命的心靈慰藉。拜拜不是迷信，也不全然是宗教，它是金門人的一種生活方式。

金門人的祭典，對象以祖先和神明為主。根據《禮記、祭法》：「以死勤事則祀之；以勞定國則祀之；能禦大菑則祀之；能捍大患則祀之。」也就是有功於人民、社會、地方、國家者，都在祭祀之列。因此，上自天地，下及社稷，莫不有祀。金門舊不設縣，沒有孔廟，其餘的社稷、山川、文武名宦、鄉賢、忠孝節義幾乎都有廟祠。《金門縣志》將之概略分成「先賢」如牧馬侯祠、朱子祠、延平郡王祠；「節孝忠烈」如節烈祠、節孝祠、昭忠祠、忠烈祠、光前廟等；「佛神道」，又可細分為九類，包括與地緣血緣有關之神、中國傳統奉祀之神、閩省地域傳統奉祀之神、出於正史之神、出於稗官野史之神、純佛教之神、純道教之神、俗奉王爺之神、其他崇拜之神。

至於祖先之奉祀，可分為「家堂奉祀」與「宗廟奉祀」。金門習俗，家堂上備有長案及八仙桌，案上置二龕，左龕放置祖先神主牌位。舉凡祖先的生日、忌日，每年當中的各大重要節令，以及子孫的重要日子，如出生、生日、結婚、逢年過節等，都必須祭祖。除了祭拜奉祀於

家中的神主外，另建特別奉祀祖先的地方，稱為「祖厝」或「祠堂」。各姓祖厝祠堂，每年最大盛事，就是辦理祭祖活動，有的地方每年會舉行春秋二祭。

陳炳容以陳氏大宗穎川堂等六宗祠為例，研究金門宗祠之祭祖。[28] 這是第一本專門探討金門祭祖的學位論文，顯示這個議題具有研究的價值。之後，楊天厚以陳、蔡、許三姓家族的宗祠祭禮，作為博士論文的題材。依楊的意見，之所以選擇這三姓，原因是這三姓在明、清兩代科舉中有不凡的成就，其祀祖禮儀各有不同特色，彼此間深具互補性。[29] 2009年時，金門大學的戚常卉與江柏煒教授，接受國家公園金管處的委託，針對在金門地區族產龐大的後浦許氏、瓊林蔡氏的春秋兩次祭典進行調查研究，對照沒有宗祠與豐厚族產的軍戶後代金門城倪氏，以瞭解三宗族組織發展型式，並記錄三宗族的祭祖儀式。

如戚常卉所言，近年來的確有不少關於金門地區祭祖儀式與姓氏族譜的研究發表，[30] 除了該文所提的，以及上述的學位論文，在祭祖活動與儀式方面尚有王建成的〈金門祠廟的祭祖活動與儀式〉、[31] 廖慶六〈冬至祭祖巡禮：以金門陳坑陳氏宗祠為例〉等。[32] 學位論文方面則有李永中的《金門宗廟與居民社會生活之研究》，該文的第五章，專門探討宗祠奠安與祭祖。如作者所言，金門宗祠奠安儀式隆重繁瑣，匯集了中國文化的宇宙觀念、宗教情緒、倫理規範、社會習俗、宗法制度、家族社會等意識型態。

奠安，俗稱「安祖厝」，對金門人來說，奠安大典之盛大與熱鬧，用文字已無法形容，必須用鏡頭才能捕捉活動的美麗與意義。2006年金門國家公園拍了一部DVD，針對傳統聚落歐厝及珠山宗祠奠安進行記錄與介紹，以數位化的方式，將此一珍貴的文化資產加以保存下來。對

---

28 陳炳容，《金門宗祠祭祖研究——以陳氏大宗穎川堂等六宗祠為例》，銘傳大學應用中國文學系碩士在職專班，碩士論文，2007年。
29 楊天厚，《金門宗祠祭禮研究——以陳、蔡、許三姓家族為例》，東吳大學中文系，博士論文，2011年。
30 戚常卉計畫主持，《金門宗族組織與祭祖儀式》（金門：金門國家公園管理處，2009年），頁4。
31 王建成，〈金門祠廟的祭祖活動與儀式〉，《金門宗族文化》1（2004.12），頁77-89。
32 廖慶六，〈冬至祭祖巡禮：以金門陳坑陳氏宗祠為例〉，中國福建晉江：譜牒研究與五緣文化研討會，2008年。

任何一座宮廟或宗祠而言，奠安都是獨一無二的，除了攝影、錄影外，還會出版紀念專輯、特刊、慶典紀實等文獻資料，或是撰寫奠安誌。這類紀錄相當多，例如《金門縣烈嶼鄉東林靈忠廟重建奠安紀念特刊》、《金門縣烈嶼鄉保生大帝廟重建落成奠安大典專輯》、《古寧頭李氏家廟重建落成奠安紀念專輯》、《金門縣官澳楊氏祖廟奠安紀念輯》、《金門湖峰楊氏宗祠奠安誌》等，不勝枚舉，或許是因為出版印刷方便，加上經費充足，每本圖輯都設計得精美漂亮，只是，不論多麼華麗，都不能視為研究。若要使其具有學術價值，必須善用這些資料，從中找尋出活動的意義與信仰的價值。

大凡宗祠與廟宇落成都會舉行奠安大典，唯金門保有的古風最濃厚，觀看金門的奠安大典，猶如走進時光隧道。金門的宗祠，以區域而言，數量不但多且密集，因此，奠安活動也多。在谷歌搜尋「奠安」一詞，幾乎都是與金門有關，尤指「安祖厝」。台灣本島廟宇的宗教性活動稱為「建醮」，種類很多，根據劉還月的研究，建醮活動是一種由民間所舉辦的自發性宗教活動，該活動的舉辦，通常由地方上最具規模、信眾最多的廟宇籌措辦理。在眾多的建醮活動中，格外受重視的是有「安龍謝土」科儀的「慶成醮」。慶成醮是慶祝某建築物落成而舉行的醮典，一般以慶祝寺廟落成或公共設施完成最為普遍。除全新建築物落成外，舊建築物受損重建或加蓋，完成後都可建醮。[33]

奠安活動雖然盛大，畢竟是宗族的「家事」，可能數十年才會碰到一次。廟宇的建醮則任何人皆可參與，規模更大，頻率也高，可以發展成地方性的觀光節目。這幾年，金門縣政府大力推動宗教活動觀光，每年農曆四月，大批觀光客湧入金門，為的便是一睹金門「迎城隍」的盛況。「迎城隍」是金門目前最大的宗教文化活動，除了金門本島，已延伸到台灣與大陸。結合了宗教信仰、祭祀活動、觀光旅遊、美食小吃，以及特產行銷，金門「迎城隍」逐漸取代戰地金門，成為金門的新意象。

---

[33] 劉還月，《台灣民間信仰小百科（醮事卷）》（台北市：臺原出版，1994年），頁47。

二、城隍信仰研究

城隍信仰源自道教，之後與儒家思想結合，相互影響，因此，許多研究台灣宗教的學者將之歸為儒教。最早記載城隍的是《周易》：「城復於隍，勿用師」。當時祭祀城隍，只築土壇，無廟無像。設置城隍廟祭祀，大約在道教成為民間信仰之後。

從漢代開始，城隍的祭祀活動不斷提升，各地人民尊封已死功臣或英雄豪傑為城隍。到了唐代，城隍信仰大盛，各地廣為建廟，並已出現求晴祈雨、招福避禍、禳災諸事的祭城隍文。像韓愈、杜牧和李商隱等著名文學家，都曾撰寫祭城隍文。宋代時，祭祀城隍列入國家祀典，城隍廟普及各府、州和縣。這時的城隍神也開始世俗、人格化，有些信徒開始將一些歷史名人尊奉為城隍。明太祖朱元璋，對城隍更是特別崇敬，親自冊封京師、府、州、縣四級城隍，各級城隍神都有不同爵位和服飾，各地最高官員需定期主祭。到了清代，城隍祭祀同樣列入祀典，城隍的地位更崇高。新官到任前需到城隍廟齋宿，上任日，更需在城隍前完成祭禮才能就任。從城隍信仰在中國歷史上的演變可以看出，城隍的職能隨時代變遷，已由起初有求必應的神明，轉變為地位超然的國家和地方守護神。

金門供奉城隍的廟宇共有三處，位階最高的是屬於「都城隍」的「泰山廟」，位於金沙鎮田浦村，又名「東嶽泰山廟」，始建於明洪武二十五年（1392），廟中供奉的城隍爺與城隍娘係由中國大陸山東省分火而來。另兩座屬於縣級城隍，分別是位於金城鎮金門城村的「古地城隍廟」，以及位於金城鎮後浦的「浯島城隍廟」。古地城隍廟起建於明洪武二十年（1387），是金門歷史最悠久的一座城隍廟。清康熙十九年（1680），金門總兵署由金門城移至後浦，信眾將金門城古地城隍廟分火到後浦奉祀，於是有了「浯島城隍廟」。

根據《浯島城隍廟誌》記載，[34]康熙二年，[35]清廷厲行遷界，城隍

---

[34] 顏西林編撰，《浯島城隍廟誌》，金門：浯島城隍廟管理委員會，1997年。

[35] 關於這年代，可能有出入，參閱《北雁南飛——金門》部落格，〈lio0204.pixnet.net/blog/post/1465302-海天福主－金門浯島城隍廟〉

廟因此崩毀。直到嘉慶十六年，在這長達149年的時間內，後浦其實沒有城隍廟，目前這座仿官署樣式興建的「後浦城隍廟」完工於嘉慶十八年。之後經過多次重修，最後一次是在1993年，將舊廟完全拆除重建，於1997年竣工，現在的樣貌便是新建的成果。「古地城隍廟」迎城隍的神誕時間是農曆五月十七日，「浯島城隍廟」則選定每年農曆四月十二日舉辦迎城隍慶典。

對金門人來說，每年浯島城隍廟會，經常萬人空巷，[36]四面八方而來的信徒齊聚後浦，相當熱鬧。因戰地政務，金門成為封閉的島，也因此廟會活動儀式仍保有古風。但自從金門開放觀光後，地方政府大力推展宗教文化觀光，致使廟會逐漸商業化與世俗化。根據許中昀的研究，[37]他認為在當今以觀光和商業利益為主導的城隍廟會，政府與新參與者不諳民俗語境中的規則，忘了傳統廟會原有的特質與禁忌，將廟會發展為觀光，竟與保存傳統特色產生矛盾。是以，我們應該從非物質文化遺產所強調的本真性，重新審視現今的城隍廟會。了解敬神才是廟會的源頭，唯有敬神的本質在，文化傳統才能保留，文化資產價值與商業利益才有發展的空間。

台灣各地都有城隍廟，因此不乏城隍信仰的相關研究，例如凌淑菀研究臺灣城隍信仰的建立與發展；王耀賢研究台南府城的城隍信仰；周順生研究清代台灣城隍信仰的法制意義；林建利研究台灣安溪城隍信仰模式變遷；江怡葳研究新竹市城隍信仰。作為一種宗教信仰，金門與台灣的城隍並沒有太大差異，大致而言，圍繞著城隍廟的研究，不外乎廟宇建築的形制與藝術、廟宇的空間脈絡、廟宇與社區民眾的關係，以及逐漸受重視的繞境活動對地方觀光發展的助益。在楊天厚的《金門城隍信仰研究》一書中，對上述的這些基本議題都有詳細的說明。[38]這是一種在地的田野觀察與調查，作者以金門島上信眾對城隍神虔誠的敬奉為經，信徒遍及全島的迎城隍大型廟會活動為緯，嘗試由歷史面、生活面、信仰面，對這種誠篤的民間信仰作深層的檢視，重新思考傳統信仰的新定位。

---

[36] 楊天厚，〈萬人空巷迎城隍〉，《源雜誌》40（2002.07），頁42-44。

[37] 許中昀，《金門浯島城隍廟會之研究——地方廟會的文化傳統與資產價值考辨》，金門大學閩南文化研究所，碩士論文，2012年。

[38] 楊天厚，《金門城隍信仰研究》，國立中山大學中國語文學研究所，碩士論文，2002年。

誠然，隨著社會的變遷，宗教信仰正也正在轉變，成為一種所謂的文化祭典。雖然不止金門如此，也不限於城隍廟，但是金門的作為明顯凌駕台灣各地，其熱鬧與盛大程度，讓一些擁有著名城隍廟的地方政府自嘆弗如。然而，將傳統嚴肅的宗教祭典弄成像嘉年華會，利弊得失，一時之間難以衡量。但無論如何，這是一條不歸路，信仰一旦失落了，很難重建，觀光客膩了，不會再來。畢竟，支持宗教活動的是信徒，參與嘉年華會的是觀光客。觀光客像潮水，來來去去，城隍廟是生了根的神明，是信眾世世代代的守護者。如果必須作出選擇，我相信城隍爺想要的是香火，不是觀光客，只是，若能因為文化觀光為金門帶來利益，城隍爺在斬妖除魔，庇護合境平安職責之外，有義務幫忙招商。

利用節慶活動以發展觀光，是世界潮流，金門無法逆勢而為，置身事外。每年農曆四月十二日的迎城隍慶典，為金門帶來豐厚的人潮與錢潮，深受民間產業歡迎。對這樣的活動，成效如何，政府與籌辦活動的人都急欲了解。陳靜宜與蔡美玉從觀光學的角度切入，前者探討金門地方居民對迎城隍活動的效益認知、認同感與支持度之關係；[39]後者以觀光客為對象，探討遊客的情緒體驗與重遊意願之關聯性。[40]

金門有句俗諺說：「四月十二人看人」，用以形容是日後浦迎城隍的熱鬧場面。浯島城隍廟究竟存在多久，學者每有不同的看法，但金門人對於城隍信仰的虔誠，二、三百年來不曾變過。解嚴後，為了發展觀光，廟會活動，不論是質或量都已發生變化，少了宗教的神秘與嚴肅，多了慶典的喧囂與熱鬧。金門大眾對於這個節日，無人不知，無人不曉；外來的觀光客，藉由旅遊書籍與文章，以及電視報導，也清楚金門有這樣一個祭典。無論如何，宗教是人所創立，信仰的核心是人，不是神。唯有人活著，神明才得以存在，也唯有金門居民富足快樂，城隍爺的金裝才有著落。

---

[39] 陳靜宜，《地方居民對於民俗節慶活動的效益與認同感對活動支持度之研究──以金門迎城隍為例》，銘傳大學觀光事業學系碩士在職專班，碩士論文，2012年。

[40] 蔡美玉，《節慶活動情緒體驗、滿意度與重遊意願之研究──以金門迎城隍為例》，國立金門大學觀光管理學系，碩士論文，2013年。

三、風獅爺信仰研究

　　我們常用「宗教信仰」一詞，事實上，「宗教」與「信仰」是不同的概念，有不同的指涉內容，但也不是全然沒有關係，社會學家C. K. Yang認為二者都是宗教。他將宗教分成兩種：「制度化的宗教」與「普化性宗教」。前者像是基督教與伊斯蘭教，具有明確的教義、經典、組織及制度化的入教儀式；民間信仰則屬於普化性宗教，本身沒有系統化的教義、經典，更沒有嚴格的組織及入教儀式，且常與一般生活混合，難以區別。另一學者Erik Zürcher用山脈做比喻，他說，儒釋道如同山脈中三座大山峰，而三峰所共有的廣大底部就是民間信仰。[41]這個比喻用於金門的信仰研究最為貼切，以風獅爺為例，便是一種植根於道教的民間信仰。

　　根據文獻記載，金門島上原本長滿樹木，鬱鬱蔥蔥。自元代開始，一連串的事件，使金門最終變成一個「童山濯濯」的島嶼。元代時，為了發展鹽業，大量砍伐森林，用以煮鹽；明代時中國沿海海盜侵擾，金門常遭倭寇縱火燒林；鄭成功抵達金門之後，砍林造艦，實施堅壁清野戰術。金門受中國南部季風影響，風勢原本就強，一旦失去森林保護，風害更為嚴重。為了防止風害，金門島上的居民設立了風獅爺來鎮風止煞。民國38年以後，國軍進駐金門，開始大量植林，金門的地景地貌日漸改變，風害獲得改善。金門不再受風害所苦，但風獅爺與其信仰則被純樸的居民保留下來。

　　風獅爺對居民的歷史意義不容抹煞，但隨著金門的現代化，做為信仰圖騰的風獅爺彫塑已不再令人敬畏，轉而成為大人與小孩都可親近，在地居民與觀光客都可碰觸的藝術創作。原本斑駁的老獅子重新粉裝，繫上紅披風，繼續接受信徒的香火；新建的獅子，色彩炫麗，造形多變，經常引來觀光客帶著疑惑與不解的眼神。這些年，金門縣政府為了推展觀光，進一步將風獅爺形塑成代表金門意象的吉祥物，風獅爺的圖像出現在各種文宣書籍物件上，從小小的鑰匙圈與手機吊飾，到不同樣式的紀念酒瓶，甚至連商店街和慶典活動，都以風獅爺為名。對金門居

41　Terry F. Kleeman，〈由祭祀看中國宗教的分類〉，李豐楙、朱榮貴編，《儀式、廟會與社區：道教、民間信仰與民間文化》（台北：中央研究院文哲所，1996年），頁547-555。

民而言，佇立在村頭路口的石獅爺，依然受人敬重；但多到無所不在的風獅爺們，早已失去神明的色彩。然而，在金門人的心中，仍然期待它們繼續為金門人鎮風止煞，護土佑民，國泰民安。

雖然有些風獅爺是最近才被清理出來，但它們從來就不是出土文物，它們一直與人民的生活長相左右，金門人對它並不陌生，只是因為敬畏而少了一點親切感。金門何時開始有風獅爺，已難考證，大多數人都知道風獅爺的存在，但是談到有系統的介紹或研究，須等到解嚴之後。解嚴前金門有一份很重要的刊物，名為《金門季刊》，專門刊載金門文史學者對家鄉的研究成果。其中，李怡來的〈金門民間傳統建築漫談──石敢當與風獅爺〉，算得上是最早關的風獅爺研究。[42]李怡來認為風獅爺的獅子造型由古代的「飛廉」（風神）形象演變而來，但陳炳容在《金門風獅爺調查研究》中有不同的看法。由陳炳容撰述，許換生、許能麗攝影，出版於1994年的這本書，是日後各種風獅爺報導與研究的參考資料，此書甚至被教育部選中為數位教學資源。

根據陳炳容的調查，金門的風獅爺分兩種，包括村落風獅爺與屋頂風獅爺。村落型風獅爺有64尊，屋頂風獅爺93尊。這本書對風獅爺的設置目的、分布情況、雕塑材料與信仰傳說等，都有清楚的解說。相較於1980-81年間孔憲法的調查，[43]多了30餘尊，且更為詳盡。但如同作者所說，本書只能算是金門風獅爺的田野調查報告，關於風獅爺的其他研究，仍有待學者的繼續努力。

現在所看到的風獅爺，都已經過整修，修整後的風獅爺不論多麼華麗，多麼美觀，終究是一種厭勝物，不能因此忘記其宗教與信仰的內涵，在楊天厚與林麗寬的著作中，便是將風獅爺視為辟邪信仰來研究。[44]《金門風獅爺與辟邪信仰》一書，探討風獅爺設置與信仰的空間關係。[45]楊天厚認為，除了陳炳容所歸類的兩種風獅爺外，金門尚有一

---

[42] 李怡來，〈金門民間傳統建築漫談──石敢當與風獅爺〉，《金門季刊》14（1983），頁28-31。

[43] 孔憲法，〈金門風獅爺及其與聚落關係初探〉，《國立臺灣大學建築與研究學報》5: 1（1990），頁29-39。

[44] 楊天厚、林麗寬，《金門風獅爺與辟邪信仰》，永和市：稻田，2000年。

[45] 楊天厚，〈金門風獅爺與辟邪信仰〉，臺灣省文獻委員會，《臺灣史蹟源流研究會八十九年會友年會論文選集》（台北市：臺灣省文獻委員會，2000年9月），頁167-188。

種新近大量出現的觀賞用風獅爺。這種風獅爺是金門為發展觀光，結合金門籍藝術家所作的文創產品，出於商業動機，與信仰無關。另外，楊天厚也比較了金門風獅爺與澎湖石敢當的異同。[46]澎湖石敢當造型多為石碑或竹符，金門所見的石敢當，大多嵌於牆身上，用來剋制路沖，屬私設性質。

　　澎湖住著許多金門移民，因此信仰接近，石敢當信仰是否由金門帶過去，或是澎湖原有的，是個值得研究的議題。風煞是島嶼民族的共同宿命，金門如此，澎湖如此，沖繩也是一樣。人雖不同，但面對大自然的挑戰，求生存的反應理應大同小異，高師大授洪明宏的國科會計畫便是以此為主題，比較了金門與沖繩風獅爺的視覺表現與應用。[47]現在的金門風獅爺以第三類型較為人們熟悉，可能就是因為它們的視覺表現更優於傳統的風獅爺。雖然如今還是可以看到新設的傳統型風獅爺，但信仰意義和功用已經淡化，甚至連設立的位址也不對了。然而，即便如此，正如黃蕙馨在其論文中所說，新的風獅爺雖然已經脫離了與聚落居民的風水思想、生存環境、與信仰連結，但卻提供了另一種傳統信仰之外的新視野。[48]

　　那是怎樣的一種新視野呢？其實，就是一種不再植根於宗教信仰的風獅爺研究。金門籍的研究生洪栩彧，其生長年代正好跨越了戰地政務與金門開放觀光，對金門的發展感受最深刻。觀光是金門經濟發展的宿命，也是最好的選擇，然而經過20幾年的試煉，觀光產業還是沒能為金門帶來實質的效益，原因很多，其中之一可能就是金門的文化產業沒有獲得重視和有效利用。洪栩彧以其藝術的家學和涵養，用「尋找下一尊風獅爺」作為引子，檢試了金門的各種文化創意產業。[49]他認為風獅爺是金門第一個文化創意產業，可以是金門地區「文化產業」產品之創意

---

[46] 楊天厚、林麗寬，〈金門風獅爺與澎湖石敢當試析──金門篇〉，《硓石》12（1998.09），頁2-23。

[47] 洪明宏（國立高雄師範大學視覺設計學系），《風獅爺於金門、沖繩之視覺設計表現與應用的比較性研究》，國科會專題研究計畫，執行起迄：2009/08/01~2010/07/31。

[48] 黃蕙馨，《共生與疏離──金門風獅爺與聚落之關係》（南華大學美學與藝術管理研究所，碩士論文，2007年），頁213。

[49] 洪栩彧，《金門文化創意產業發展之研究：尋找金門的下一尊風獅爺》，金門縣：作者，2010年。

展現，但必須在產品製造上發揮「新穎性」與「適當性」，才能讓風獅爺及其衍生的產品，形成金門特有的人文景觀與文化資產。[50]

四、王爺信仰研究

金門全島的寺廟多達260座，以王爺為主奉神祇的寺廟比例最高，金城有17座，金寧21座、金湖13座、金沙8座、烈嶼5座，合計64座。沿自閩南地區的王爺信仰，在金門也大行其道。據《金門縣志》記載，金門的王爺有40個姓，事實上在民間奉祀的王爺中，不止這些姓。王爺信仰多以「千歲、將軍、王爺」為名，就金門而言，蘇王爺、池王爺最多，厲、金、朱三姓爺居第三，溫王爺第四。

王爺信仰屬於人鬼崇拜之類，是中國閩南地區最為盛行的道教信仰之一，也是臺灣民間信仰的一大特色。王爺信仰的來源，有很多種說法，系統複雜，其中以瘟神系統說和英靈（忠臣武將）系統說較為普遍。在民間信仰中，不管是有官方封號的，如廣澤尊王與開漳聖王，或不詳其名的各府千歲，甚至是有應公（王公），都被稱為王爺。中研院研究員康豹（Paul R. Katz）認為，王爺不是一個特定的神明，是一種男性鬼神的通稱，各種來源並不衝突。

金門民間道教信仰極為活潑質樸，且興味盎然，與民生關係極為密切，甚至可以說是民間的主流文化，但往往被譏為迷信。近年來，許多知名的學術機構、學者，常以金門的道教信仰作為研究的題材。本島一些有心人士也開始著手整理採集資料，將道教信仰形諸文字，例如沙美萬安堂的史料故事，已出版成書。張雲盛的碩士論文更以萬安堂為對象，探討金門道教文化與宗教團體管理之關係。金門早期受軍管戒嚴和地域封閉的影響，很多宮廟沒有健全的管理制度，以致影響到宮廟香火的興衰。作者以「金門沙美萬安堂管理委員會」的組織運作和組織變革為例，期盼建立一套有效的宮廟參考學習管理範例，提供給地區其他宮廟做參考。

部分王爺由邪鬼轉為除瘟之神，再轉為全能之神，當其彩乩後則接受善男信女的請示，乩身是代表神聖空間的神與在地方場域生活的人兩者

---

[50] 金門日報社，〈尋找金門下一尊風獅爺〉，《金門日報》，2012/08/09。

之間溝通的橋樑。在金門，許多廟宇都有「彩乩」的相關活動，其中沙美萬安堂、瓊林保護廟等，最有名氣。萬安堂在張雲盛主任委員統領之下，整理出許多乩示文，加以出版，例如《金門沙美萬安堂歲次己丑年彩乩乩示文輯錄》。王振漢說，從本書的內容中，讓人感受到王爺的神氣、威靈、莊嚴與慈悲，如同一位心靈的導師，指引一條希望與修行之路。[51]

王爺信仰既是金門民間信仰的主流，相關的傳說自然就很多。林文鍊的《地方傳說》，收錄很多則王爺的傳說。林文鍊認為，王爺的「代天巡狩」，從信仰角度觀之，是在發揮綏靖保安、求福禳災的宗教功能；從文化角度觀之，是在打開王爺廟的知名度；從社會角度觀之，是在整合關係廟宇的人群結構；從民俗的觀點來看，是常民文化活動的重要舞台。林麗寬的《金門王爺民間信仰傳說之研究》，將金門王爺傳說，依來源分為一般類型（含口述及文獻資料）與碑文紀錄之類型。根據她的研究，金門的王爺信仰，如同台灣和澎湖，在各種神明信仰中，最為信眾所尊崇，也最為蓬勃發展。

金門寺廟中供奉的神祇，多數從大陸分香而來，不同於其他神明，蘇王爺是在金門開基。相傳蘇府王爺姓蘇名永盛，唐朝時輔佐牧馬侯陳淵開發金門，武藝過人，屢退海盜，是金門的守護王，海盜私下稱他「蘇大王」。晚年因功封王，回到內地，去世後，金門人為紀念他，建「浯德宮」奉祀，並以其昔日部將「邱、梁、秦、蔡」諸千歲為配祀。全金門有九間廟宇以「蘇、邱、梁、秦、蔡」五王為境主神明，有25間廟宇陪祀了這五尊王爺。

翁志廷在《金門蘇王爺之信仰研究》一文中，分析臺灣地區金門蘇王爺信仰之流佈，認為鹿港「金門館」之王爺與金門有密切關係。金門館的蘇王爺自稱是從「浯德宮」分香而來，但是《金門縣志》卻認為「金門館」的蘇王爺，應是清代水師營供奉在校場關德堂之神，隨營兵移防台灣，一併帶往鹿港。[52]目前，安平金門館、鹿港金門館、艋舺金門館，都主祀蘇王等五王；另外，大陸惠安縣的象崙伍德宮、惠安縣崇

---

[51] 王振漢，〈金門的王爺文化──由「沙美萬安堂己丑年彩乩乩示文輯錄」談起〉，《金門日報》，2010/5/23，副刊。

[52] 參閱楊樹清，〈蘇府王爺千歲──蘇王爺與金門館的故事〉，《源雜誌》40（2002.07-08），頁39-41。

武鎮大乍村伍德宮、晉江市東石鎮萬德殿、南安市水頭村下貝護龍宮等，都是以金門新頭的伍德宮為祖廟；近年來，這些廟宇都會組團在四月十二日前回祖廟請火。

金門老一輩的人有此一說：有蘇王爺，就有城隍爺！後浦城隍與新頭伍德宮的蘇王爺有很深的淵源，據說，後浦城隍遷治的時間和地點，就是由伍德宮的蘇王爺乩示的。農曆四月十二日是新頭伍德宮蘇府王爺的千秋日，也是後浦城隍廟城隍爺的遷治紀念日。一般醮慶廟會遶境鎮五方，會選在王爺千秋聖誕日舉行，由於蘇王爺聖誕與城隍遷治遶境同一天，因此提前一天舉行，居民會在四月十一、十二兩日舉行醮慶，是金門重大的宗教活動節日。

五、軍魂信仰研究

金門有許多「將軍廟」，其中一部份屬於王爺信仰中的「將軍」；另一部份則是金門所特有，屬於軍魂崇拜的「愛國將軍」。1949年10月在古寧頭地區發生了一場極其慘烈的戰役，史稱古寧頭戰役或金門戰役，登岸的共軍和駐守的國軍，經過三天的激戰，雙方死傷人數，估計超過兩萬人。這些戰死的英靈，無人祭祀，其魂魄飄蕩在金門島上，不時傳出靈異事件。為了安撫這些亡魂，金門居民建造了一些名為「將軍廟」的廟宇來奉祀他們，希望祂們不再作祟，進而可以護祐眾生。

民國40至50年代，金門島的西北海岸附近陸續出現許多建築簡陋、規模狹小的廟宇，這些小廟宇都是奉祀在古寧頭戰役中犧牲的軍魂。古寧頭附近地面上的「將軍廟」不少，較具代表性者有兩座：一在北山，位在原古寧頭播音站外的田園中，奉祀戰役中犧牲的三尊軍魂神像，並以土地公陪祀。大門門聯：「愛心永德庇黎庶；國恩浩蕩衛鄉邦。」另一座在南山境外，始建於民國45年，奉祀愛國將軍，算得上是一座紀念廟宇。此廟後方緊鄰「仙姑廟」，仙姑廟右側是「伍德宮」。三座宮廟建在一起，由這種情形可看出這個地點必是一個鍾靈毓秀之地。

另外，同樣奉祀軍魂，不以「將軍廟」為名的有位於下埔下慈湖路旁交叉路口，始建民國70年代，主祀愛國將軍的「速聖廟」。原來的廟名也叫愛國將軍廟，奉祀民國38年以後金門戰地軍管時期殉職的軍魂，

近年來由於附近民宅大量興建，此廟也被改建，更名為「速聖廟」。在金寧頂堡另有一座主祀軍魂的廟，名為「軍力速聖公廟」，始建於民國53年，重修於民國89年，主祀民國47年八二三炮戰時，被砲彈擊中，一起罹難的12位軍民。建廟奉祀以來，不但當地信眾虔誠參拜，亦有外地民眾慕名而來，香火相當鼎盛。這類廟宇與一般廟宇不同，在村民心中歸類為陰廟，因此除了年節、鄉里廟會或法會期間會前來祭拜外，平常人煙罕至。不過，有一座廟的情形完全不同，那就是「李光前將軍廟」，是金門相當熱鬧的觀光景點。

李光前，字帆天，湖南平江人，中央軍校16期畢業，在抗戰勘亂時代屢次建功，民國38年以團長身份駐守金門，在是年10月25日古寧頭戰役中陣亡。1953年當地居民在李光前陣亡處立碑紀念，1971年時正式建廟祭祀，當時稱為「軍府萬興公廟」或「軍府爺廟」。1976年金門居民集資擴建，金防部司令也撥款資助，並呈報中央，追升為少將，廟因而取名「李光前將軍廟」。廟內有兩尊李光前著軍裝的神像，一尊著古裝，仿王爺打扮。2013年，廟方說是李將軍的副官託夢，自行把掛了27年的少將改為中將。

軍魂崇拜是傳統祭祀無主孤魂有應公信仰的一種，不同的是，其祭祀對象是與金門戰史有關的人物，有奮勇衛士的將軍、有戰死沙場的兵士、有因戰爭波及而傷亡的無辜民眾。人們感念其犧牲奉獻，或同情其身世可憐，也擔心無主鬼魂作祟，於是立祠供奉祭祀。愛國將軍信仰，一方面體現了人們企圖將作祟力量轉換為保護眾生力量的期待，另一方面，也展現了金門人的善良慈悲心。屈原《楚辭‧九歌‧國殤》：「身既死兮神以靈，子魂魄兮為鬼雄。」所有在國共戰爭中戰死金門、或戰地政務時期在金門意外身故的軍魂們，安息吧！[53]

---

[53] 參閱戚長慧，〈從鬼格到神格：古寧頭戰役後金門西浦頭軍魂崇拜的時間與空間探討〉，李豐楙、朱榮貴，《性別、神格與臺灣宗教論述》（台北市：中央研究院中國文哲研究所籌備處，1997年4月），頁169-187；戚常卉，〈金門愛國將軍信仰與集體記憶〉，中研院民族所民眾宗教研究群主辦，《台灣漢人民間宗教研究理論與方法國際研討會》，台北市：中央研究院民族學研究所，2009年。

Chapter 6
社會與經濟

兩岸關係（小三通研究）

一、名詞釋義與歷史背景

　　1949年中華民國政府播遷來台，基於政治與軍事理由，斷絕兩岸人民往來。台海兩岸在1979年之前沒有直接的貿易與交流，透過香港的轉口貿易亦極為有限。行政院在1977年曾頒訂《取締匪偽物品管理辦法》，對兩岸交流採負面態度。1979年元旦，中共在〈告臺灣同胞書〉中提出兩岸應該立即「通商、通郵、通航」的呼籲，俗稱三通。台灣雖在1987年11月開放大陸探親，解嚴之後也不再視「中共」為叛亂團體，但依舊拒絕三通，視之為統戰技倆。然而，兩岸貿易交流已大幅成長，台灣並且享有鉅額貿易順差，民間要求三通的主張日漸擴大。

　　三通牽涉的層面太廣，包括政治層面的衝擊、兩岸主權的僵持、社會秩序的顧慮、國防安全的威脅，以及兩岸談判對話的中斷等，均非短時間內可以解決的問題。同時考量到金、馬地區因受地理環境、人口稀少、資源貧瘠等因素影響，發展程度遠不及台灣本島；且自1992年戰地政務解除後，駐防官兵銳減，經濟發展益發不易，人民殷切盼望政府能開辦金馬地區與對岸的合法經貿交流管道或經貿特區，以振興金馬地方經濟。因此，在順應民情、促進離島建設發展的前提下，立法院於2000年3月通過《離島建設條例》，其中第十八條明文「得先試辦金門、馬祖、澎湖地區與大陸通航」，復於院會中決議需於六個月內分別完成離島小三通之評估及規劃工作。小三通之相關工作陸續開展，區域性的三通於焉成型。

2000年12月13日，行政院根據《離島建設條例》通過《試辦金門馬祖與大陸地區通航實施辦法》，作為小三通的管理依據。陸委會亦完成〈金馬試辦小三通說明書〉，其中說明小三通的目的、基本原則、開放項目、兩岸協商及小三通對金馬的展望等。

小三通的正式開放是在2001年1月1日，從此金門、馬祖與對岸的小三通開始實施；臺灣與大陸人員之間的往來，除了經過香港、澳門或其他第三地的轉機往來外，得以選擇航點與距離較近的金馬。然而最初的小三通，對往來大陸人員的身分是有所設限的，除了在大陸工作的臺商、臺幹之外，只有戶籍設在金門、馬祖滿六個月者，才能經由小三通出入大陸，並非任何臺灣居民都可以透過小三通往來大陸。

2008年6月19日，行政院院會通過《試辦金門馬祖與大陸地區通航實施辦法》修正案，開放國人持有中華民國護照或有效入出境許可證件，可經金門、馬祖之小三通管道往返大陸地區，同時開放大陸地區人民為臺灣地區人民之配偶或子女、在臺工作外籍人士之大陸配偶，得持入出境許可證，經移民署查驗許可後入出金門、馬祖與大陸地區。至此，小三通才算全面開放。

小三通實施之前，大陸與金馬、台灣官民的看法各不相同。實施之後，由於政策制訂未臻周全及未經兩岸協商，以致在政策、經濟、社會、軍事各層面產生許多爭議性問題。且在經濟發展、安全保障與兩岸關係等方面的實施成效也不如預期理想。然對小三通本身而言，其對金馬地區在經濟發展的重要性、在兩岸關係的連結上、在直航前對談的基礎上，以及在美國的台海戰略利益上，都確實有其續存的需求性。因此，如何改善中央政府的政策與如何加強金馬地方政府的發展基礎，便成為支撐小三通續存的基本條件。[1]

二、小三通研究成果

2011年11月27日，金門縣政府委託國立金門大學舉辦「小三通試辦十週年」學術研討會，對已實施十週年的小三通政策提出總體檢。就金

---

[1] 李嬌瑩，〈「小三通」的實施成效與續存需求〉，《復興崗學報》87期（2006），頁147。

門而言，小三通帶來了經濟成長的期望，然而，理想與現實總是有落差。一個影響金門社會文化既深且遠的重大政策，經過十年的演變，時空背景可能已經完全改變，確實有其檢討的必要。

這十年來，除了政府與人民的作為外，學界也非常關心。與小三通有關的著作多到難以舉例，相關的議題幾乎都已觸及到。小三通是金門、馬祖特有的議題，因此成了金門學的重要內涵之一。歷年來銘傳大學在金門開授的碩士在職專班，研究生經常分析此議題，寫成學位論文。在其他學校就讀的金門籍研究生，也有很多人透過對此議的研究，表達對家鄉的關切。目前累積的學位論文，以小三通為名的有45本，[2]不以小三通為探討主題，但涉及兩岸關係的也有十餘本。整體而言，小三通研究已接近飽和，即便有新的議題出現，距離作為學術性的研究議題，時機尚未成熟。

（一）小三通政策分析

小三通是民進黨執政時期的政策，對於一個將台獨納入黨綱的政黨而言，與中共往來，分寸上很難拿捏，進退之間充滿鬥智與算計。潘邦威在《民進黨政府「小三通」政策之研究——漸進主義的分析》一書中，利用政策過程理論及漸進主義研究途徑，將小三通政策視為一個漸進調適的決策過程，探討民進黨政府與中共如何對小三通政策採取各項作為與因應策略。[3]曾任金門立法委員的陳清寶，以他擔任立委時對政局的觀察，也認為短時間內全面三通有其高度敏感性，在不碰觸意識型態下，試辦小三通，或許可以打開兩岸交流的僵局。在《從金門檢視扁政府「小三通」政策》一書中，除了評述扁政府的大陸政策外，也從金門人的角度，思考小三通後金門的定位。[4]小三通是否能成為兩岸直航的突破點？台灣能否從兩岸三通談判中獲得利益？都是值得重視的課題。

兩岸小三通打破隔絕50多年雙方互不往來的紀錄，在長期的軍管之

2　在「台灣博碩士論文知識加值系統」中檢索「小三通」，共有45本。時間為2013年4月。

3　潘邦威，《民進黨政府「小三通」政策之研究——漸進主義的分析》，臺灣大學國家發展研究所，碩士論文，2004年。

4　陳清寶，《從金門檢視扁政府「小三通」政策》，淡江大學大陸研究所碩士在職專班，碩士論文，2001年。

下，小三通是當時大陸政策渾沌未明，最具體的大陸政策。王秀好《台灣推動兩岸小三通政策之探討》一書，從整合理論（統合論）的思考架構研究小三通，期望將研究發現提供相關單位在未來擬訂大三通政策上參考借鏡。[5]除了王秀好之外，張多馬《臺灣推動兩岸「小三通」之研究》，同樣利用系統理論的思考架構，探討小三通的形成背景、政策規劃、執行現況和缺失檢討；並觀察小三通與政府大陸政策之間的互動關係。[6]

從兩人的研究中不難發現，扁政府以政治面來操作小三通，而在地政府則是以政策面看待小三通，雙方看法分歧。小三通夾在政治考量與經濟期待雙重壓力下，對金馬經濟有多大幫助，以及對居民所期待是否相等，可能還需要時間評估。許奮鬥以一個金門人的觀察，發現中央與地方在小三通的執行上存在著一些爭議。中央政府推動兩岸小三通，目的之一在增進當地觀光與商業活動，促進離島經濟繁榮，照顧當地民眾日常生活之需要；而作者在金門出生成長，對家鄉的發展具有濃郁的情感與期盼，他所期盼的卻是透過金廈小三通政策的推動，促成金門戰略地位角色的重新調整。[7]

如何兼顧經濟發展與國境安全，是擬定小三通政策時思考的方向。柯錫聰《現行小三通政策與海岸國境安全──以金門地區為例》、謝東航《「小三通」對金門軍事安全影響研究──兼論兩岸直航策略》、許競任《小三通與金馬戰略角色之調整──系統理論的分析》、與李靜宜《「小三通」後金門地區「安全」之研究》，都觸及到一個重要的問題──金門的安全。小三通不只是一個政策，其中還牽涉到國防、戰略、社會各方面的考量。李靜宜所謂的「安全」，指的不是戰爭，不是軍事上的安全。在該論文中她明確的說明「傳統安全」與「非傳統安全」的差異。小三通實施後，走私毒品和槍械，影響金門地區治安時有所

[5] 王秀好，《台灣推動兩岸小三通政策之探討》，國立中山大學大陸研究所，碩士論文，2006年。

[6] 張多馬，《臺灣推動兩岸「小三通」之研究》，國立政治大學外交學系戰略與國際事務碩士在職專班，碩士論文，2003年。

[7] 許奮鬥，《中央政府與金門縣政府對「小三通」政策的分歧與爭議 》，銘傳大學社會科學院國家發展與兩岸關係碩士在職專班，碩士論文，2004年。

聞。這些非傳統安全威脅並不低於軍事安全，已成為影響國家安全的重要議題。

在兩岸關係發展中，小三通不是個太複雜的政策，雖然無法完全預期成效，大抵上，皆遵循著一定的發展脈絡。這個政策畢竟已實施了十餘年，國際環境與兩岸關係都已改變，小三通的意義或實質內涵自然也不再是當年所規劃的版本。謝迺塽《金馬「小三通」政策發展與影響之研究》、黃臣豪《金馬「小三通」政策發展過程之分析（2000-2007）》，與陳金增《金門「小三通」效應及發展之研究》，已慢慢將小三通研究的重點由政策分析移轉到效應與發展。小三通之後，金門如何永續發展，前任金門縣長李沃士，在《「小三通」後金門永續發展的策略規劃》一書中，認為金門未來的發展不能一味的追求經濟成長而忽略了生態保育與弱勢照顧。他希望將研究結果提供政府施政參考，打造一個生活的金門、生態的金門、觀光的金門、兩岸的金門、世界的金門、教育文化的金門、健康的金門、酒香的金門及地盡其利的金門等。事實上，他的論文就是他的政見，遺憾，政治的現實，人去樓空後，理想也隨之而去。

（二）小三通與金門經濟發展

陳建民在分析有關小三通研究的文獻時說，雖然國內探討小三通的研究所在多有，但多是針對實施後民眾對其政策的滿意度，以及兩岸政治的情勢發展等問題之分析，對於小三通實施後影響金門地區經濟層面的實證調查較少著墨。[8]確實如此，小三通實施之前，以及剛實施之後，便已經有很多研究針對此政策的背景進行政治面的探討；小三通試辦以後，相關研究多著墨於對兩岸關係的影響層面，或是對小三通政策之分析，僅有少部份研究以離島觀點來探討小三通對離島經濟的影響。

對金門人來說，感受最深刻的應是經濟層面的改變，也因此，出現了很多對小三通的滿意度研究。吳興邦《金門縣民眾對金廈小三通政策滿意度之研究（2001-2003年）》，率先以問卷調查的方式，分析民眾最

8　陳建民，《兩岸交流與社會發展：「小三通」與旅遊研究文集》（台北市：秀威資訊科技公司，2009年），頁4。

關心的問題。有55.1％的民眾認為小三通對金門的經濟沒有幫助，只有28.8％的民眾認為對經濟有幫助。[9]2002年時金門民眾對小三通整體滿意度評分為58分，較及格分數60分尚差2分，顯示政策的實施與地方民眾的期許有很大的落差。這份研究是小三通剛實施之時，經濟成效可能還沒有真正顯現。

2006年吳卓憲繼續研究小三通對金門經濟的影響。他根據官方統計資料，發現小三通實施五年來，金門對大部分台商而言，僅是經過的功能，小三通施行後僅對航空及運輸業者有很大的收益，對金門經濟發展幫助有限。[10]作者從在地金門人的觀點提出建議，金門可以發展有機農業或高附加價值的農作物，並維持金門既有的面貌與生態環境。呼應吳卓憲的研究，陳松德的論文便是以農產品及旅遊產業為例，探討政府開放小三通政策對金門經濟發展之影響。[11]

如同陳建民所說，在諸多小三通的研究文獻中。較缺乏的是實證研究。一般的碩士論文大致上僅能就理論架構，既有的文獻資料作粗略的評述，未能進一步深入探討。王翔煒的博士論文《離島小三通政策對金門地區經濟發展變遷之實證研究》，分析小三通政策實施前後金門經貿發展現況，並且提出「邊境貿易」現象，這是其他研究未曾觸及的問題。[12]金門與大陸並未出現邊境貿易，倒是小三通實施前後非法的「岸邊交易」相當猖獗。[13]「岸邊交易」或者稱之為「小額貿易」，真正的問題不是經濟與貿易，政府之所以採取重懲措施，原因是這種經濟活動所衍生的治安問題。阮冠穎在《跨界地下經濟：「金門小貿易」之社會分析》中指出，透過「金門小貿易」，大陸商品大舉進駐金門的市集、商店與觀光據點攤販，顯示金門海防或國家邊防已被穿透，對金門地區

9　吳興邦，《金門縣民眾對金廈小三通政策滿意度之研究（2001-2003年）》，銘傳大學社會科學院國家發展與兩岸關係碩士在職專班，碩士論文，2003年。

10　吳卓憲，《「小三通」對金門地方經濟發展之探討》，銘傳大學公共事務學系碩士班，碩士論文，2006年。

11　陳松德，《政府開放「小三通」政策對金門經濟發展之影響——以農產品及旅遊產業為例》，國立高雄大學高階經營管理碩士在職專班（EMBA），碩士論文，2006年。

12　王翔煒，《離島小三通政策對金門地區經濟發展變遷之實證研究》，國立中山大學公共事務管理研究所，博士論文，2007年。

13　參閱佳玫，〈金馬小三通開放兩年成效總檢——不合法的「岸邊交易」愈來愈嚴重〉，《商業時代》113（2003.01），頁32-33。

的人民健康、治安與防疫可能造成重大衝擊。[14]

經濟活動大致上包含三個面向，一是物資的交流，其次是人員的往來，第三是貨幣的匯兌。小三通的實施，不同的階段有不同的表現。

1.關於物的研究

2000年時8月經濟部完成小三通有關商品貿易開放規劃，並分三階段進行，第一階段開放農漁產品輸入金、馬地區；第二階段開放一般貨品輸入與輸出大陸物品項目表，全面開放大陸與金、馬地區的貿易，擴大開放金、馬進口產品加工後銷臺；第三階段則以金、馬作為兩岸貿易往來的第三地。陸委會也將相關計劃送交立法院，透過立法將長期存在、大陸多年推動的兩岸小額貿易合法化，不再以走私看待，也就是所謂的「除罪化」。然而，根據法務部表示，金馬地區實施小三通後，不僅走私、偷渡案件不減反增，偽造文書、違反漁業法等案件也更趨嚴重，甚至增加三、四倍之多。

走私、偷渡無疑是金門安全最大的威脅，必須未雨綢繆，防患未然。翁宗堯《金門地區走私偷渡問題之研究》指出，在戰地政務未解除之前，金門沒有走私問題。隨著國軍精實案之推動，金門兵力逐年裁減，警力之增加卻極為有限，上述問題逐漸浮現。尤其自2001年元月試辦金馬小三通以來，金門的走私偷渡問題才日漸嚴重。[15]張之麟《小三通後金門地區走私問題之研究》發現，小三通後走私行為已不再侷限於傳統點對點的交易方式，而有朝向組織化、機動化與地下化發展的現象，不僅活動的頻率增加，同時成功的機率也大幅提高。此外，走私活動常藉小額貿易的方式作為掩飾，模糊除罪化適行的範圍而大行不法。他認為，小三通政策下的除罪化與執法查緝等外部環境條件的改變，迫使走私手法同時產生了質變的現象，包括走私心態、角色、模式、貨品、與走私地點等。因此，金門地區的海域、海岸勤務布建與執法方式必須更加精進；小三通政策也存在諸多「修法」的空間。

---

[14] 阮冠穎，《跨界地下經濟：「金門小貿易」之社會分析》，國立臺灣大學建築與城鄉研究所，碩士論文，2002年。

[15] 翁宗堯，《金門地區走私偷渡問題之研究》，銘傳大學公共管理與社區發展研究所碩士在職專班，碩士論文，2001年。

金門是個島嶼，要防堵走私偷渡頗為困難，雖然有行政院海巡署中部地區巡防局金門岸巡總隊的設立，還是無法完全根絕金門海域大陸船舶的違法行為。鍾宗福《小三通後金門海域大陸船舶違法行為態樣之研究》、鄭嘉松《海巡機關危機處理之研究——以金馬小三通為例》，與謝文甲《小三通後金門海岸犯罪偵防行為與成效之研究》，都對小三通後金廈地區之間的犯罪問題相當憂心，試圖透過研究提供執法單位，提升岸際偵防技巧，進行治安管理。並透過兩岸共同治安維護，冀以改善兩岸人民生活的安全條件。

　　安全是相對的概念，需要雙方的互信互賴，也需要制度化。吳俊輝在《金門地區大陸食品之現況與危害》中指出，金門有一半以上的民眾對食品衛生表示不滿意或極為不滿，政府單位必須重視非法大陸走私食品對金門地區、甚至台灣本島居民健康之危害。1999年金門曾爆發牛隻口蹄疫，造成極大恐慌。如何防犯大陸走私動物及其產品而將疫病傳入國內，一直是農政單位相當關心的事。蔡建鑫《防疫措施之探討——以兩岸小三通為例》，以問卷調查的方式，解析往來兩岸小三通的旅客及經商人員（如台商等）對防疫政策認知、措施，以及對防疫政策重視度與滿意度之差異情形。

　　相較於農產品的危害，漁獲可能較不具威脅性，但是，小三通對金門地區農漁業之影響，仍不容輕視。金馬沿海長期受到大陸漁船入侵、濫捕以及非法捕魚，沿海漁業資源早已枯竭，當地漁民已無魚可捕。因此，金馬軍民所食用的魚產品幾乎全部購自大陸，兩岸之間的漁獲交易早已正常化，且普遍化。但在小三通政策推動之後，是否會對雙方交易造成影響或變化，又是否會對台灣金馬整體漁業造成衝擊？在2001年時鍾馨的《小三通後金馬與大陸漁產品交易狀況之研究》，便已提出出兩岸漁業合作的必要性與可行作法。研究中所建議的一些方案，雖然時過境遷，未必真能實施，但建立金廈漁業協調管理與合作機制絕對有其必要，李佳發的碩士論文便是以此議題進行研究。作者認為，從過去的經驗來看，兩地協調合作機制之建立，政治因素仍是最主要的變數。機制建立初期要達成共同認可並且簽署協議或許相當困難，然而從小三通的案例證明，純事務性的議題就算不透過正式的協議，也可以達到實質的目的。

2.關於人的研究

　　小三通在理論上有助於金、馬地區與大陸人員往來與交流，但由於政策上的限制，未能達到預期目的。對金門當地民眾而言，整個小三通政策的核心其實就是人的問題。觀光客不來，經濟便不可能發展；大陸人來太多，潛在的隱憂，也讓人不敢樂觀，這其實就是一開始三通便已存在的問題。即便在小三通實施十年之後的今天，兩岸局勢已相當和解，兩岸人員的往來幾乎到了未設限的地步，人的問題對金門的影響依舊有增無減。

　　曾任福建省主席的薛承泰，在2001年時便已發現這個問題。他以台大社會學教授的洞見，向國科會申請到一個兩年期的計畫案，研究「小三通對金門的人口與社會之影響」。[16]金門人口不多，實際在島上生活的更少，開放台商設籍之後，金門人口呈現大幅「成長」，已足以影響金門人口生態，甚至左右選舉。近幾年的選舉已明顯看到這些弊病，幽靈人口成了金門去留兩難的腫瘤。憲法賦予人民遷徙居住的自由，加上金門的社會福利太誘人，人口問題就算沒有小三通，也還是問題。

　　在薛承泰的研究中提到一個問題，即「中轉」現象。只有將觀光客留在金門消費，才能為金門帶來經濟效益，若金門只是大陸觀光客、台商借道的中繼站，對金門而言反可能造成經濟的損失。經由小三通到廈門消費，多於陸客在金門的花費。從觀光旅遊層面來看，金門的市場太小，不足以吸引大量的觀光人潮。長期而言，金門會日漸趨向扮演「中轉」的角色，本身不再是旅遊目的。

　　楊杰頤《「金廈旅遊自由行」之研究——兩岸直航後小三通的機會與挑戰》，對此議題研究最為透澈。開放兩岸直航後，許多金門人民便開始憂慮，直航會對小三通造成威脅，使金門邊緣化。果不其然，小三通使得金門的角色，頓時由前線轉為中介區，甚至漸漸演變為兩岸交流的先行實驗區。根據楊杰頤的研究，小三通政策使大量的旅客經由金門往返大陸，這些旅客多半為過境金門，並未在金門當地做有旅遊意義

---

[16] 薛承泰（國立臺灣大學社會學系），《小三通對金門的人口與社會之影響（1/2）》，國科會專題研究計畫，執行起迄：2001/08/01~2002/07/31。

的停留，遑論藉由個人消費對地方經濟帶來貢獻。兩岸的人流量一直以來呈現不對等的情形，據統計我方人民經由金門出境與大陸人民經由金門入境的人數比已達到8比1。如此一來，造成了大陸對台灣人流量的逆差，對於振興金門經濟並無幫助。[17]

　　小三通實施後，金門人該如何自我定位，應當何去何從？正考驗著金門人的智慧，遺憾的是有智慧的金門人似乎不多。隨著時間的流逝，在兩岸關係發展中，金門人的角色已經日漸被淡化，身為金門人，要不擔心也難。羅德水在《兩岸關係發展與金門定位變遷之研究——一個金門人的觀察》中提議，政府應就短、中、長期三個階段，儘速作出不同的安排。[18]事實上，無論如何安排，金門終究跳脫不了中介與過渡的命運。最讓人覺得諷刺的是，金門在戰時的價值居然遠大於在和平之時。當對小三通的期望逐漸落空時，有愈來愈多的金門人開始懷念起那一段風雨飄搖的歲月，雖然心境已改變，敵我意識也早已反轉，但要把記憶中的歷史完全抹去，還是有點難。

　　所謂人的研究包括兩部份，一是兩岸往來的人，屬於觀光旅遊層面；另一是金門在地居民，或對岸廈門百姓面對小三通的心理狀態，屬於社會認知層面。小三通絕對含有統戰的成分，大家都心知肚明。至於誰會獲利，誰會被統戰，可能都有自己一方的說法。小三通後，雙方的經貿交流日益密切、兩地人民互動頻繁，多數金門人藉由觀光、探親、投資，以及經濟的利益互動，結合了彼此的關係。金門居民自小三通後，對大陸社會的接觸與日俱增，金門和廈門已形成一日生活圈。根據王石堆的研究，金門的經濟要靠大陸，未來金門會更加與大陸結合在一起；[19]王水彰的研究也指出，小三通以來金門住民環境日益依賴對岸。他以一個金門人的觀察，建議政府及早作出一些回應。[20]基本上，他所

---

[17] 楊杰頤，《「金廈旅遊自由行」之研究——兩岸直航後小三通的機會與挑戰》，國立金門技術學院島嶼休閒資源發展研究所，碩士論文，2009年。

[18] 羅德水，《兩岸關係發展與金門定位變遷之研究——一個金門人的觀察》，淡江大學大陸研究所，碩士論文，1999年。

[19] 王石堆，《小三通後金門人對中國大陸社會信任之研究》，銘傳大學社會科學院國家發展與兩岸關係碩士在職專班，碩士論文，2007年。

[20] 王水彰，《小三通與金門住民生活需求、滿意度之研究》，國立政治大學行政管理碩士學程，碩士論文，2008年。

建議的軟硬體規劃，屬於中央政府層級的決策，未必適合金門。

任何的規劃，目的都是為了永續發展。小三通要能持續進行，除了硬體的建設外，也需要各種軟體的配合。所謂的軟體，範圍甚廣，其中服務品質雖然較為抽象，卻是不容忽視的動因，只要是與人有關的行業，顧客滿意度永遠是商家最在意的數字。與滿意度相關的論文甚多，例如：王慶章《金門小三通大陸旅客通關服務品質與滿意度之研究》、陳滄江《政府服務品質、民眾滿意度與民眾後續行為意圖之相關研究——以金門小三通為例》、曹守輝《旅遊風險知覺、滿意度與重遊意願之研究——以金門馬祖居民利用小三通赴大陸旅遊為例》，以及李俊龍《大陸遊客對金門意象認知與訊息傳播媒介關係之探討》等，都是以人為核心價值的研究。不同的是某些研究的調查對象為金門人，另一些則針對大陸遊客，較為可惜的是目前沒有人從事比較研究。而且，過度依賴問卷調查，在樣本數太低的狀況下，所得的數據難以呈現真實的樣貌。

3.關於錢的研究

早在政府開放小三通之前，金、馬地區就因為物資較貧乏，加上與中國地理位置接近，兩岸地區的居民，早就已經小三通了。雙方在台灣海峽上，直接進行海上貿易，以物易物或使用人民幣交易，已十分頻繁。隨著小三通政策的開放，金、馬地區居民能夠與福建地區直接通匯，但仍限美金，不得以人民幣交易。事實上，金、馬地區居民早習於接受人民幣。面對如此熱絡的地下金融交易，台灣的財經官員自是相當關心，但無法可管，只能無奈的睜一隻眼、閉一隻眼。

自2001年小三通試辦以來，金門各界便已了解，提供人民幣兌換服務勢在必行，且為不可或缺之服務，尤其是機場與碼頭。2005年10月政府開放金門、馬祖兩地試辦人民幣兌換業務。金門地區試辦人民幣兌換業務於10月4日正式啟動，包括台銀金門分行、金城分行；土銀金門分行、金城分行；金門縣信用合作社等五家金融機構，開業後，便有不少民眾陸續前往兌換。為服務小三通旅客，台銀和土銀的金門分行在水頭碼頭開辦人民幣收兌處，台銀金門分行在尚義機場亦開設兌換處。曾為反共跳板的前線，如今成為「孫中山」與「毛澤東」相遇交流之地，雖

然有點反諷，對兩岸日後的政經發展，卻有其正面意涵。[21]

李聰明最先研究人民幣的兌換政策，2007年完成碩士論文《金門地區開放人民幣兌換政策民眾滿意度之研究》。[22]他用問卷調查的方式，針對不同性別、職業、年齡層的金門民眾，詢問其對實施人民幣兌換的滿意度。大抵上民眾都持肯定的態度，只是因為該政策才試辦一年多，某些業務例如人民幣存、匯款業務尚未開放，因此希望政府加速鬆綁某些政策。此論文完成於2007年，距今又經過了五年的時間，小三通政策的進程早已不同於當年。作為一種貨幣，人民幣與其他國家的貨幣已無兩樣，掛牌買賣、轉帳匯款、匯入匯出，相當方便。

2001年金廈小三通後，金門人目睹相距僅十公里的廈門，燈火輝煌如不夜城，紛紛拿著新台幣準備「反攻大陸」。一批批的金門人，帶著花花綠綠的鈔票，到對岸當起投資客，炒樓炒房。某些地方甚至被戲稱為「台灣村」、「金門村」，原先看金門人還有些土土的廈門人，終於見識到金門人富有的一面。幾年下來，據說每十個金門人就有七個人在廈門有房產。他們將房子出租，收取租金，將租金存在大陸工商銀行戶頭內，賺取利息。只要有台胞證，就可在大陸開戶，不少金門人到廈門開戶後，便透過網路銀行（工商銀行）在金門下單，跨海購買上海股票，或申請買大陸基金，據說可以賺上一倍多。

2008年以後情勢逆轉，受全球金融風暴影響，被炒火的大陸房地產行情出現降溫現象，大陸當局為抑制過熱房地產，實施宏觀調控政策，促使房地產市場出現跌幅。金門人投資廈門房地產風險愈來愈高，有的被套牢動彈不得，有的店鋪租不出去，變成蚊子館，金門縣政府與「有識之士」經常藉由《金門日報》提出警告，勸戒金門鄉親要「停聽看」。[23]

在這樣的氛圍下，金門大學研究生王麗娟發出120份問卷，訪問曾經赴廈門購房的民眾，分析資料後得出以下的結論：金門赴廈門地區購置房產的民眾對地理位置的相近及生活習慣、文化相近具有認同感；對

---

[21] 陳中興，〈金門縣長李柱烽：開放人民幣，才能保值台灣資產〉，《遠見雜誌》第250期，2007年4月號。

[22] 李聰明，《金門地區開放人民幣兌換政策民眾滿意度之研究》，銘傳大學觀光研究所碩士在職專班，碩士論文，2007年。

[23] 參閱拙著，《金門行業文化史》（台北：秀威，2010年），頁206。

廈門土地、房產的所有權制度及使用狀況並不完全了解；所選擇的購買方式，大部份都是透過金門鄉親朋友介紹；愈早到廈門購買房產者愈會買在市中心，獲利也愈高；廈門地區的業者認為金門民眾在購房的決定過於快速，甚至有時會有「聚眾」的情形。論文最後建議金門民眾多了解大陸的相關法規，政府也應該多加宣導，最重要的是作者是金門人，本於愛鄉土的感情，金門投資環境後勢看好，勸大家還是把資金留在金門，共同建設家鄉。[24]

（三）比較研究

　　小三通是因為《離島建設條例》而來，所謂離島，包括澎湖、金門、馬祖、綠島、蘭嶼、小琉球等。小三通的實施則是根據《試辦金門馬祖澎湖與大陸地區通航實施辦法》，[25]對象只有金門、馬祖與澎湖三個地區。只是在一般人的理解中，小三通僅針對金門與馬祖，不包括澎湖。原因是陸委會評估，澎湖位於臺灣海峽中線一帶，距離臺灣相當接近，所涉問題較為複雜，實施難度較高，是否與金馬同時進行小三通，須再評估。因此在小三通開始實施時沒有納入澎湖，直到2008年10月15日，實施澎湖「小三通」常態化，澎湖正式加入「小三通」的行列。

　　事實上，對當地的澎湖人而言，開放納入小三通是個尷尬的決定，因為澎湖距離大陸遙遠，船程相當久，無法像金門或馬祖，在一個小時之內就可以抵達對岸。因此，澎湖小三通還是得經由金門，靠航空公司幫忙，開闢「金馬航線」，馬公到金門。小三通開始實施時，澎湖居民享有與金門、馬祖居民同樣的小三通權利，但在交通上不如金門方便。2008年7月4日，澎湖縣長王乾發率領180餘位澎湖鄉親，搭乘復興航空客機，由馬公直飛廈門機場，完成了澎湖與廈門直航的歷史新頁。包機直航較簡單，常態直航或者經由海運直航廈門，恐怕很難落實，這不是單純的政治問題，若無經濟效益，再好的政策都會失敗。

　　在法律文件上並沒有「小三通」一詞，1994年6月金馬愛鄉聯盟提

---

[24] 王麗娟，《金門地區民眾赴廈門地區購置房產之探討》（國立金門大學中國大陸研究所，碩士論文，2010年），頁96。

[25] 原名《試辦金門馬祖與大陸地區通航實施辦法》，2008年10月15日修訂，改名為《試辦金門馬祖澎湖與大陸地區通航實施辦法》，共33條，參閱《全國法規資料庫》。

出《金馬與大陸小三通說帖》，才有俗稱的「小三通」。事實上，所謂的三通，重點在「通航」，包括航空與海運。通商與通郵都是技術性的問題，兩岸早已在進行中，唯有通航，因涉及主權爭議，比較棘手，才會選在離島試辦。即便是離島，這三個地方皆有機場，基於國防安全的考慮，也不可能直航，因此，通航指的仍是海運。

　　小三通的研究，雖然標題為「金馬」，事實上除了政策分析適用於兩個地區外，實務上幾乎都是以金門為對象。小三通主要還是金門，馬祖無法與金門相提並論，至於澎湖，很少人知道它與小三通有關。論及馬祖小三通的文章甚少，圖書更是絕無僅有，專門研究馬祖小三通議題的學位論文只有三本，將金馬合併論述的研究雖然有十餘本，但都是將金門馬祖視為一體，不是分開的比較研究。小三通包括金門、馬祖、澎湖三個地區，但是目前仍欠缺區域的比較研究。金門、馬祖、澎湖三個離島，歷史文化背景不同，地理環境差異甚大，對小三通的感受自然也會有所不同。之所以未能成為研究議題，當是這種變化太微弱，不足以構成研究議題，沒有研究價值。

　　研究小三通的學者，多數都有地緣關係，若不是金門人，便是在金門讀研究所的在職進修人士，各行各業都有。這些人最能體認小三通帶給地方的影響，以及作為當地人的切身感受。金門人的例子已如前述，馬祖方面則有劉秋華的《「小三通」對馬祖經濟發展前景影響之研究》、劉枝蓮的《小三通政策之回應性評估——以馬祖為個案研究》、陳建國的《兩岸小三通後馬祖地區走私問題之研究》。小三通涉及的層面甚廣，一般性的政策分析與評述，較容易研究，任何系所的研究生都可以勝任；但較專業的議題，還是需要有特殊的背景，例如走私問題，當然得由警務或海巡人員來研究。

　　金門、馬祖與澎湖屬於一體適用的離島，政策上沒有差別待遇。雖然三個地方受小三通的影響深淺有別，但幅度都不大，許多學者因而認為小三通對金馬經濟發展沒有影響，劉枝蓮甚至批判它為樣板戲。劉枝蓮以一種極具批判性的觀點，除了檢視小三通在馬祖執行的成效外，也試圖尋找當局者明燈照不到的角落，他認為小三通必須跳脫工具化的角色，才能彰顯離島建設之本意。

三、結語

　　有關小三通的研究，議題很多，只是大家都將重心放在政策、經濟與政治的層面，忽略了小三通所造成的影響與效應。一般來說，這些研究生的學位論文只觸及到小三通表面的現象，研究方法太倚賴問卷調查，對許多實質的社會變遷，未能從統計數字上去分析。所獲得的結論也都局限於「建議」，很難形成可以作為政策的共識，遑論提供執政者參考。

　　小三通政策原本就是過渡性的安排，一旦大三通全面啟動，小三通便失去存在意義。透過小三通以達成兩岸和解，或是利用小三通促進離島建設發展，其實都是太過一廂情願的幻想。2007年9月7日廈門舉辦「兩岸三通與海西建設研討會」，不少人士提出先由「小三通」到「中三通」再到「大三通」的規劃。2008年，扁政府的最後一年，行政院提出「中三通」的構想，作為鬆綁兩岸三通的誠意。中三通只是短暫的議題，政權輪替後幾乎沒人再提，兩岸關係的發展，最終目的仍是大三通。

　　就《試辦金門馬祖澎湖與大陸地區通航實施辦法》內容來看，該法主要還是在於規範大陸地區人民，經過申請可以合法進入金門、馬祖與澎湖，從事探親、探病、奔喪、商務、學術、宗教、文化、體育、旅行等各種活動。只要移民署會同相關目的事業主管機關專案核准，幾乎都可以進行交流。小三通試辦十一年來，入出境人數總和截至2012年8月，已達9,061,975人，幾乎都是中轉。[26]根據「台灣智庫」的研究，「中轉」正是小三通對金門所造成的傷害。「過境不過夜」、「過境不消費」已成為金馬鄉親心中難說的痛。若要永續經營小三通，不可能只依賴中轉功能，必須將小三通「制度化」的利益，轉向為離島地區產業「加值化」，才能確保小三通對在地的經濟效益。

　　至於小三通的研究，政府應成立專責機構，規劃管理，網羅專業島嶼治理人才，改變現行的離島治理方式。不能老是以台北觀點看待離

---

[26] 台灣智庫，〈小三通功能升級發展演進之類型探討〉，〈www.taiwanthinktank.org.〉

島，無限制的開發，必須對島嶼生態冷靜關懷，正視金門島嶼資源稀少缺乏與特殊災害問題。否則，放任不管，致計畫與環境無法配合，再好的《離島建設條例》，都很難有成就。

警政與消防研究

一、金門警政沿革

（一）國軍駐守之前

金門方言中有一個詞彙，叫作「海洋」，或「海洋頭仔」，用以形容蠻橫之人，係由對海盜土匪之稱演變而來，這句方言見證金門一段動盪的歲月，《金門縣志·大事志》所記載的大事，多數與盜匪騷擾有關。

《馬巷廳志》記載，金門洋面曾經萬檣雲集，太武山是海上船隻進入廈門灣的識別目標，而料羅灣「突出海外，上控圍頭，下瞰鎮海，內捍金門，可通同安、高浦、漳州、廣潮等處，其澳寬大，可容千艘，凡接濟萑苻之徒，皆識其地以為標準。」[27]近代中國，海洋與海盜，有其密切關係，蓋因瀕海地區土地，多不適合耕種。《泉州府誌》說：「以海維生之民，風俗趨利輕生，一言不合，聚眾械鬥，重洋內港，艤舟橫劫。」《金門舊志》也說，「強劫多在外洋遠地，橫竊多在內洋近地，遊哨船聞聲莫應」，[28]顯見盜匪之猖獗，官兵也畏懼三分。

明朝時金門一帶屬同安縣，建有七座巡檢司城，分別是官澳、陳坑、峰上、田浦、烈嶼、高埔、塔頭，而前五個巡檢司皆位在今日金門縣的轄域內。依據呂進貴《明代的巡檢制度地方治安基層組織及其運作》，巡檢司為不可或缺的地方治安基層組織，然基於時勢變換，時有遷移革廢。巡檢司為州縣衙門的分出機構，職掌巡邏盤詰、巡緝私鹽、緝捕盜賊與協同防禦。[29]清光緒27年（1901）裁汰綠營，改練巡警營，

---

27 萬友正修、丁惠深重刊、黃家鼎校補，《馬巷廳志》（台北市：台北市福建省同縣同鄉會重印，民75年），頁60。
28 引自李仕德，《十七世紀的海上金門》（金門：金門縣文化局，2004年），頁10。
29 呂進貴，《明代的巡檢制度地方治安基層組織及其運作》，文化大學史研所，碩士論文，

31年9月正式創立巡警部，是為中國警察之始。自古至今，雖有官兵不斷在海上緝私捕盜，然而「海洋」或「海洋頭仔」仍似野草，斬草不除根，春風吹又生。

民國前後金門地方不靖，兵警時有時無，內陸盜匪不時肆劫。1922年同安土匪林聘率夥佔據烈嶼，肆虐居民，縣知事巢學厚派警圍剿。1925年同安一帶三點會匪猖獗，與同安一水之隔的金門，一年之內擄人綁票多達43案，[30]官民寢食難安。1934年新加坡金門會館派黃肖巖、林則揚回金門協助地方治安，在沿海地區構築碉堡，購置槍械，辦理保甲，概可見治安之不佳。[31]目前金門少數村落中尚存「槍樓」建築，例如水頭「得月樓」，便是一棟防禦槍樓。槍樓可瞭望與存放槍械，內部設有銃眼，通常為內寬外窄形式，便於防守。這些歷史遺跡，見證金門這一段動蕩的歲月。

1935年，福建省水警第二大隊，派遣一個分隊駐大嶝，主要任務為水上治安，不是緝捕盜匪。1936年，中樞頒訂各級警察機關編制綱要，於縣政府內設警佐一人，城區設警察所，受縣政府指揮，辦理各該區警察事務，這是金門有警察之始。[32]1938年5月13日，廈門被日本侵略軍佔領，廈門治安維持會成立，下設警務科和水警處。1939年7月1日，廈門特別市政府成立後設員警廳，下設「金門行政公署警務科」和18個分駐所。日本佔據金門後，金門警察所隨縣署遷往大嶝，併入福建省同安縣警察局。[33]

根據《日據時期金門調查實錄1937-1945》的記載，金門在日軍佔領之前便有保甲制度之實施，時金門人口約五萬人，編成93保，851甲。[34]1939年2月，南安、金門兩縣合辦保訓合一幹部訓練班，召集保甲長、人民團體幹事集訓。[35]1945年抗戰勝利，金門恢復縣治，設警察局

2001年。

30 郭哲銘編著，《浯鄉小事典》（金門縣：金門文化局，2006年），頁111。
31 李炷烽監修，《金門縣志：96年續修》第一卷，《卷首 大事志》（金門縣：金門縣政府，2009年），頁162。
32 參閱金門縣警察局官網，「歷史沿革」，〈http://www.kpb.gov.tw/〉
33 廈門市地方編纂委員會編，《廈門市志》（北京市：方志出版社，2004年），卷十九，《公安司法》，第一章「公安」。
34 中村誠道著、金門縣文化局編譯，《日據時期金門調查實錄1937-1945》（南洋協會台灣支部出版，中文版，1997年），頁35。
35 金門縣社會教育館編，《金門縣志》（上冊）（金門縣：金門縣政府，1992年），頁149。

於城廂觀德堂商會舊址。1947年，縣自衛隊改編為保安警察，劃歸警察局指揮。1949年國民政府退守臺灣，是年國軍進駐金門，並在金門成立防衛司令部，當年10月24日共軍登陸金門，爆發古寧頭戰役，從此金門淪為戰場，同年撤銷金門縣政府改為軍管區。軍管時期，海防有重兵把守，共軍尚且難逾雷池，何況盜匪，金門治安於是不再是問題。

（二）戰地政務時期

在戰地政務時期，金門劃為前線，警察人員之工作性質及範圍與其他地區不同，除依法維持公共秩序、保護社會安寧、防止一切危害、促進人民福利外，尚須配合防區政策，輔助軍勤與行政推行，協調軍民情感，支援軍事作戰。1949年大陸棄守，國軍進駐金門，縣政改制，警局裁撤，人員資遣，由駐防部隊中挑選出較優秀軍士，及原有被資遣的警士，共同組成保安警察隊，有員警、夫役共20餘人，[36]用以維持城區治安秩序。1950年3月保警隊改名「金門軍管區行政公署警察所」，設址於城區城隍廟。1953年金門又恢復縣治，警察所升格為縣警察局，增設刑警隊。1956年為因應戰地特殊環境需要，成立金門戰地政務委員會，再次實施戰地政務，並將金門縣政府納編，由戰地政務委員會監督。1962年1月實施警察、行政、民防三位制，將原有37個行政村里副村里長改為警勤區警員，兼辦行政民防業務，試辦六個月後停辦，仍恢復原有體制。1969年政委會縣政府合署辦公，警察局由民生路遷入浯江中心（舊縣署、政委會原地）辦公。

戰地政務時期的警政，較重要的有以下幾項：

1.戶籍管理

1972年3月起，金門民眾前往台灣，得依行政院所頒《戡亂時期台灣與金馬地區往返申請辦理辦法規定》，由政委會授權警察局，核發民眾往返台金許可證。1978年10月3日，為有效消弭空戶漏口，及防止役男逃避兵役與民防組訓，政委會頒佈《金門地區出入境人口管制規

---

[36] 《金門縣志：96年續修》，卷12《社會志》，頁178，「金門縣警察局設置沿革大事紀」表民38年一欄中，標點錯誤，應為員警、夫役。

定》，[37]將年滿16到55歲役男，及年滿16歲未婚女性全部列入管制。並於1987年3月再訂定《金門地區對非本地區人口遷入登記處理作業規定》，以確實掌握居民動態，達到人必歸戶，戶必歸鄰之要求。查戶口是我這一代金門人共同的記憶，經常在三更半夜被叫起床，在軍方與村里幹事面前核對家中成員與人數，有多有少，都必須交待清楚。結束時還要戶長蓋章，證明在查對戶口時並無擾民情形。

2.保防社調

戰爭的形式有二種，一是有形的，如砲彈轟炸；二是無形的，如隨著砲宣彈而來的宣傳單、空飄、海飄等。在金門，保密防諜不是口號，是生活中時時刻刻不能忘記的教戰守則。1950年代初期至八二三炮戰發生之前，金門實施「五戶聯保」制度，每五戶之間形成一個聯防，相互之間嚴密監視，五戶中如有一戶違反保密規定，其它四戶受連帶懲處。戰地政務時期，有很多只適用於金門的法律，在軍警嚴密監控下，民眾生活安定，刑事案件甚少，只有竊盜案件較多，且多係不良少年所為，對治安未構成威脅。戰地政務時期金門警政的工作內容主要為保防教育宣導、保防偵測與保安檢查。

3.正風易俗

金門是個封閉的島，人民少有休閒娛樂，參與賭博，或在旁觀賭，每個人都曾經有過。俗話說「小賭怡情，大賭犯法」，正是金門社會的寫照，時至今日，賭博習俗並沒有完全戒除。金門縣政府為了推展觀光，在每年中秋節時舉辦「博餅」活動，雖純屬趣味，但不能說不是一種賭的形式。觀光賭場最終未能設在金門，是幸或不幸，留待歷史去論證，但只要人們心中還存留想試一試手氣的意念，任何形式，任何場所，無不可賭。

為了遏止賭風，金門警察局曾訂頒《查緝賭博獎懲規定》一種，劃分各警所責任區，並成立機動查緝小組，廣布線索，鼓勵檢舉，展開

---

[37] 《金門日報》，1978年10月4日，第二版。

全面查緝。公教人員不論參與賭博或在場觀看，一律予以記大過兩次免職處分；供給賭博場所、參與賭博、或在旁觀賭的百姓，則採重罰手段。[38]我們常說「警察是人民的保母」，在金門，警察真的管很大，管年青人奇裝異服、男子蓄留長髮、管人家看色情書刊、管晚上燈光不可外洩、管違章建築、管特種行業、管物價、管防空警報，還要派員督導整理市容及環境衛生，因為管很多，權力也就很大。

4.交通管理

戰地政務時代，車子不多，路上跑的清一色是軍車。1960年代開始才有少數機車進口，但在1970年代末期，機車一度被列為管制品，只准五十CC以下的進口。至於汽車，1980年代以前也是管制品，只有縣府直屬機關才可配備。[39]主要道路都劃有標線，設有圓環，沒有紅綠燈，但不管有無車子交會，所有車子見到標線都得停車再開，完全不需要交通警察指揮，更不要說在路口站崗了。所謂的交通管理，充其量就是管一下計程車排班與載客情形，或者是與憲兵聯合，取締行車違規事件。

（三）解嚴開放以後

解嚴開放之後，金門最大的問題是人口難以掌控。戰地政務時代，金門人連在親戚家住一晚都得向村里幹事報備，更不要說離開小島，到台灣去，或者從台灣回來。金門人往返家鄉，比出國還難。轄區警察對老百姓的掌控程度，用插翅難飛來形容，一點不為過。在金門作案，要不被捉到很難，無處躲，也無路逃。解嚴後，金門成了不設防的島，觀光客來來去去，三教九流的人物在金門像是發現新大陸，台灣的聲光影色迅速移植過來，金門已然成了不夜城。兩岸小三通後，問題更嚴重，走私、毒品、偷渡，防不勝防，以有限的警力，很難保證給金門百姓安全的生活。

---

[38] 在戰地政務時期因賭博被撤職的公教人員，比照「二二八事件處理及賠償條例」後來皆獲得補償。張建騰，〈《縣政總質詢》蔡春生：民眾賭博被管訓應補償〉，《金門日報》，2012/05/31。

[39] 參閱黃振良、董群廉編，《和平的代價：金門戰地史蹟》（金門：金門縣文化局，2007年），頁247。

金門縣警察局除本局之外，在五個鄉鎮各有一警察所，且為維護港區安全，在料羅港另設一警察所，即料羅港警所。戰地政務時代，金門地區絕大部份之民生物資皆須仰賴臺灣本島經由料羅港輸運補給，料羅港設施雖未盡理想但尚能滿足需求。1992年11月7日解除戰地政務，同時開放觀光後，海運量劇增。2000年12月4日交通部公告將料羅港、水頭港、小金門九宮港合併為金門港，一港三港區，定位為國內商港。依據警察法、商港法等相關法令，港務警察應屬警政署掌理的專業警察業務，1999年5月金門縣警局港警任務功成身退，由高雄港務警察局金門分駐所接管金門港區警察工作，金門港分駐所，下設料羅及水頭兩勤務組。

　　其他重要變革包括戶警分立、警消分立、二級制改為三級制。基於動員戡亂時期嚴密戶口管理，配合治安需要，1969全國試辦戶警合一制度。1973年正式將戶政業務由民政單位劃歸警察機關主管，並將鄉鎮市區公所之戶籍課改為戶政事務所，隸屬警察局。隨著動員戡亂時期終止，戶政業務回歸民政單位掌理，金門縣於1993年6月1日實施「戶警分立」，各鄉鎮戶政事務所由縣政府監督指揮，辦理戶政業務，落實地方自治。

　　金門消防組織始於1933年，因後浦東門菜市場發生火災，造成重大傷亡，縣商會乃倡議籌組「金門消防會」，第二年正式成立「金門消防隊」。1936年10月「金門消防隊」改隸縣政府，並更名為「金門縣政府消防隊」。日本侵佔時期，縣消防隊無形中解散。光復後，由縣警局籌組「防護團消防隊」。1949年國軍進駐金門，縣警察局與商會籌款，成立「義勇消防隊」。1972年1月1「金門縣警察局消防警察隊」奉准成立，金門的防災體系始告成型。1994年1月行政院會議決議「消防與警察分立」，同年7月16日設立「內政部消防署籌備處」，自此警察與消防分立。[40]

　　2008年5月，金門縣警局獲縣政府暨考試院銓敘部核定，由原有之二級制改為三級制。依照《金門縣警察局組織規程》第九條，縣警局得

---

[40] 參閱金門縣消防局官網，「消防局介紹」。

視治安狀況設分局，分局以下設分駐所、派出所，並得劃分警察勤務區分局於偏遠或離島地區得設駐在所，執行警察勤業務。目前金門警察局下設兩個分局：金湖分局與金城分局。金湖分局下轄金湖派出所、金沙分駐所、烏坵駐在所。金城分局下轄金城派出所、金寧分駐所、烈嶼分駐所。

二、學術研究

（一）警政與治安

　　金門高中畢業生，成績優秀的可以申請保送中央警官學校或台灣警察專科學校就讀。[41]根據台灣警察專科學校招收金門、馬祖學生的招生辦法，每年都會有一至四名金門子弟就讀警官或警察學校。按規定，畢業後得返鄉服務六年，之後可以調往台灣。因此，在金門服務的員警中，很多是家鄉子弟。曾擔任金寧警察所所長的蔡俊輝，對返鄉服務員警的心理狀態甚為關心，在《返鄉服務員警工作滿足之研究——以金門縣警察局為例》的碩士論文中，[42]應用行政管理學的理論方法，以金門縣警察局編制內的員警為對象，探討返鄉服務員警的工作滿足程度，以及人口變項與工作滿足各個面向之間的關聯性。經他研究後發現，返鄉服務員警整體工作滿足大致呈現中度以上的滿意度，與本籍非金門縣員警之差距甚小。警察是民眾最常接觸的公務人員，警察是否樂在工作，間接地關係到社會治安的維繫和人民生命的保障，因此不可輕忽。

　　蔡俊輝曾經在「金寧地區九十年下半年守望相助工作任務訓練」研習會中，主講解「守望須知」。金門民眾很清楚，治安工作不能全靠警察，必須發揮守望相助的精神。守望相助的意義大家都知道，但實施的成效一直不理想。臺灣地區自1998年再度推動社區守望相助工作，當時，金門地區由於治安狀況單純，因此未同步推行，直至2001年兩岸小三通開始，民眾對於小三通可能危害治安的疑慮加深，社區守望相助工

---

[41] 《臺灣警察專科學校接受金門馬祖地區保送新生甄選入學辦法》，中華民國 79年6月29日內政部臺內警字第800826號令訂定發布，中華民國 84年11月25日內政部臺內警字第8471570號令廢止。
[42] 蔡俊輝，《返鄉服務員警工作滿足之研究——以金門縣警察局為例》，中央警察大學行政警察研究所，碩士論文，1998年。

作於是與小三通同步實施。現任金門縣消防局長的楊肅凱，就讀銘傳大學公共管理與社區發展研究所碩士在職專班時的論文，便是以守望相助工作為例，探討警民如何協力維護治安。[43]根據他的研究，在守望相助工作中，警察應扮演推動者與支援者的角色，應該鼓勵民眾參與及民間資源的投入，心態上應坦誠地與社區融合，以「學習概念」引領社區守望相助工作，政府部門應面對問題並積極回應。

金門高中畢業，保送中央警官學校，返鄉服務，最後當上地方最高警察首長的張蒼波，1995年調回金門出任金門縣警察局局長，歷任兩位縣長。張蒼波是金門縣警察局唯一一位本土化局長，是金門子弟走警察這條路的一個典範。2003年張蒼波以《金門地區治安組織聯防運作之研究》，獲銘傳大學公共管理與社區發展研究所碩士在職專班的碩士學位。[44]張局長任內正是金門的轉型期，小三通帶給金門的不只是社會變遷，也包括警政、治安的衝擊。此論文以金門地區各治安機關及民力組織為研究對象，研究1992年至2002年兩岸實施「小三通」前後十年間，金門地區各治安組織對抗犯罪之聯防作為、執行模式及成效，目的在檢討金門地區治安組織間聯防之缺失，重新建構治安組織間合作之新模式，以之作為未來金廈兩地共同打擊跨境犯罪之參考。

面對小三通可能帶來的治安隱憂，未雨綢繆，及早準備，當然是好事，但不必杞人憂天，反應過度。張之論文距今又過了十年，這十年來金門的治安並沒有惡化到必須採取極端作為。2001年12月行政院海岸巡防署與中央警察大學合辦《兩岸治安問題學術研討會》，會中張之共同指導教授楊永年，發表〈金門治安聯防體系之研究〉一文，[45]指出兩岸交流後可能的治安問題，張之論文題目可能受其師的提點。小三通與金門治安，是當時大家最關心的議題，張蒼波的高中同學，曾任金門縣警察局少年警察隊隊長的翁宗堯，對金馬試辦小三通後治安狀況也有獨到

---

[43] 楊肅凱，《警民協力維護社區治安之研究——以金門縣社區守望相助巡守工作為例》，銘傳大學公共管理與社區發展研究所碩士在職專班，碩士論文，2001年。

[44] 張蒼波，《金門地區治安組織聯防運作之研究》，銘傳大學公共管理與社區發展研究所碩士在職專班，碩士論文，2003年。

[45] 楊永年，〈金門治安聯防體系之研究〉，行政院海岸巡防署；中央警察大學主辦，《兩岸治安問題學術研討會》，2001/12/21。

的見解。[46]以當時的環境，治安問題較明顯可見的應屬走私，翁宗堯的碩士論文，寫的正是這方面的問題。[47]

金門是一個治安狀況特殊的地區，離島加上長期軍管，原本有利於治安管理。但因其四面環海且鄰近大陸，容易進行走私及偷渡；家戶配酒，金門人隨意屯放高粱酒，以期增值，卻未嚴格設防，使之成為適合竊盜的標的物；小三通提倡觀光，開放陸客自由行，若金、廈之間的跨海大橋，有朝一日建成，陸客將長驅直入，使金門治安更加複雜化；而二級改三級的警察組織變革，致使人力不足，亦導致員警士氣低落。凡此種種，讓人不得不憂心。現任中央警察大學行政管理系副教授的孫義雄，在《犯罪與刑事司法研究》期刊上發表了一篇文章，針對金門地區治安管理現況提出探討性的研究。[48]

該研究訪談了規劃、督導、執行等三個階層的警察人員各八名，訪談結果除了顯現上述現象之外，亦呈現了金門員警對治安管理需求的認知。除了增加警力、增進兩岸治安聯防合作等共識議題之外，受訪者也針對不同的治安問題提出建議。綜觀訪談結果，作者建議金門地區應採行問題導向的警政策略，以之研擬各項治安問題的管理方法，期有效處理金門日益複雜的治安狀況。

在孫義雄指導下，陳佩君以《問題導向警政運用於金門地區刑案防處之研究》獲中央警察大學行政管理研究所碩士學位。所謂「問題導向」的警政策略係指對治安問題採取事前主動先發的立場（proactive），取代以往警察所採用事後被動反應（reactive）的處理方式。陳佩君認為這個概念並不難解，它強調針對特定治安問題加以分析，了解其背後癥結與成因，再有效地加以處理解決。[49]

曾任金門縣警察局刑警隊長的江守寰，有感於金門警察的工作壓力沒有受到重視，於是利用在職進修的機會，研究金門警察工作壓力與

[46] 翁宗堯，〈金馬試辦小三通後治安狀況研析〉，《警光》534（2001.01），頁36-39。
[47] 翁宗堯，《金門地區走私偷渡問題之研究》，銘傳大學公共管理與社區發展研究所碩士在職專班，碩士論文，2001年。
[48] 孫義雄，〈金門地區治安管理現況之探討性研究〉，《犯罪與刑事司法研究》，17期（2011年9月），頁1-35。
[49] 陳佩君，《問題導向警政運用於金門地區刑案防處之研究》（中央警察大學行政管理研究所，碩士論文，2012年），頁9。

職業倦怠的關係，提醒警政高層在訂定警務策略或工作設計時，應審酌「人性的需求」，適時紓解部屬工作壓力與職業倦怠感，提振工作士氣及效能。在《警察工作壓力與職業倦怠關係之研究——以金門縣警察局為例》中，他發現金門警察的工作壓力是相對的，例如低階者比高階者高、外勤比內勤高、派出所比總局或直屬單位高、新進者比資深者高、教育程度低者比程度高者高。

各行各業都有其壓力，例如張華中對金門海巡人員的研究，[50]工作壓力會影響身心健康，這是不證自明的道理。我們無法衡量海巡人員的工作壓力與警察的工作壓力，誰比較高。不同職位有不同的工作壓力，每個人的抗壓性也不盡相同，甚至可以說，壓力其實是浮動的，會隨時空環境而改變。只要能調整，可以調整，都是好事，最怕持續性的壓力，身為執法人員卻無力解決壓力問題，絕對是相當可怕的警務危機。

金門警察人員的壓力是否比其他地區員警的壓力大，目前沒有相關研究。在一般人的認知中，金門治安較單純，警察勤務相對簡單，因此，理論上說，在金門服務應該較無壓力。壓力是一種心理認知，如人飲水，感受不同，但在犯罪心理學上，壓力經常成為犯罪的動因。壓力的產生有時候來自社區，金門地區的犯罪型態，與金門地區的自然、人文理境有關，要先了解這種關係，才能採取預防策略，這就需要問題導向的警務了。

（二）犯罪與司法

金門自解嚴開放以後，大批外來人口進入，大量外資投入。一方面使經濟與社會結構發生變化，另一方面也出現了諸如脫序、犯罪率上升、居民不安全感和道德困惑增強等負面現象。人們日益重視物質生活與感官享受，但精神文化並沒有同步成長，致使傳統純樸的家庭生活與社會價值觀日益崩解。以往金門人不會隨意興訟，而今，上法院的人數不但愈來愈多，民事案件的種類也日趨多樣與複雜，金門地方法院曾針對民事訴訟種類變化與社會演變之關係進行過分析。解嚴後，軍隊大量

---

[50] 張華中，《基層海巡人員工作壓力、身心健康與因應策略之研究——以金門岸巡總隊為例》，銘傳大學社會科學院國家發展與兩岸關係碩士在職專班，碩士論文，2007年。

裁撤，地區經濟大受影響，國民所得降低，雖然開放觀光，引進外資，但資源不平均，年青人失業情形嚴重。更棘手的是民眾過度追求金錢利得，色情與不法行業蔓延，經濟秩序、治安問題、社會風氣、家庭關係都受其影響。

　　根據金門縣政府的統計年報，[51]金門自1992年以後到2011年，刑事案件發生數平均每年438.7件，發生率每萬人69.2件。小三通以後，刑事案件雖有增加，但發生率反而降低，原因與金門人口結構的變化有關，包括台商設籍及金門人回籍。在金門，刑事案件以竊盜、賭博及公共危險居多。[52]依據金門縣警察局〈施政計畫、業務統計及研究報告〉，近幾年詐欺案變多了，詐騙集團的觸角顯然已伸入金門。重大刑案的破獲率都在九成以上，但是詐欺、恐嚇取財、毒品等案件經常破不了。刑事案件數十種，有些雖然犯罪率高，對社會治案影響不大；也有一些案件，即便一、二件，便足以讓人民產生驚恐，公共危險與暴力犯罪就是其中的項目。金門人嗜酒，酒駕肇禍、打架鬧事，時有所聞，青少年尤其是高危險群。

　　青少年犯罪並不是這幾年才發生的事，早在1978年金門地方法院法官劉福聲便已撰寫《預防金門地區青少年犯罪之研究》。[53]青少年犯罪之原因，依據翁正義的研究，多來自家庭因素。[54]受到社會轉型的影響，地區勞動人口大量外移，大家庭崩解，核心家庭、隔代教養的情況相繼增加，對子女的管教也較為鬆散。是以，影響金門地區青少年的犯罪因素，歷年來均以家庭因素高居第一。其中，以「管教不當」、「子女眾多」、「破碎家庭」分別居前三大主因。

　　至於青少年所犯的案件為何，李秀荷的碩士論文《金門地區少年犯罪成因及防制對策之研究（1995-2004年）》，有較為詳細的分析。根據她的研究，金門地區少年犯罪有其特殊性與趨勢，如犯罪類型一向是以

51　資料來源：《金門縣政府的統計年報》，〈100年度社會指標統計〉「表28保安防衛」，頁92。
52　參閱《金門縣志》卷12，《社會志》第五篇「警政與社會治安」，頁204。
53　劉福聲執筆，《預防金門地區青少年犯罪之研究》，金門縣金城鎮：福建金門地方法院，1978年。
54　翁正義，《金門地區少年犯罪之家庭因素》，司法研究年報，第18輯，第20篇，臺北市：撰者，1998年。

竊盜罪為主，但近年來竊盜罪已減少，而傷害罪漸增，犯罪類型有暴力化的傾向；主要犯罪原因因不同的研究方法，或不同的次級資料而呈現不同的結果，有家庭因素的「不當管教」、社會因素的「交友不慎」，及其他因素的「缺乏法律常識」等。作者任職於金門地方法院，得以近距離訪談一些觀護中的個案，並利用金門地院的統計資料，相互參證，發現青少年犯罪類型與原因，沒有必然的關聯性。[55]李秀荷在論文結論中呼籲重視金門青少年的犯罪問題，期盼各有關單位共同負起責任，從社區、校區、管區三方面著手，層層節制，互相聯結，資源共用，發揮教育與輔導的雙重功能，才能治標兼治本，矯正青少年的偏差行為。

　　自1885年義大利的法學教授Raffaele Garofalo，創造了「犯罪學」這個專有名詞以來，各種與犯罪學相關的理論、研究、實證，紛紛提出，使犯罪學成為一門獨特的知識體系。人之所以會犯罪，原因很多，但大抵上與其特殊的生活型態有關，包括內在因素如心理素質，外在因素如社會壓力。就金門而言，學者普遍以小三通作為一個環境變異因素。金門現代史有兩個轉折點，一是解嚴，一是小三通，後者對金門的影響可能更深遠。2011年9月接掌金門岸巡總隊長的謝文甲，在2006年就讀於銘傳大學社會科學院國家發展與兩岸關係碩士在職專班時，便曾就小三通後金門海岸犯罪偵防行為與成效進行研究。該研究指出，透過金廈管道，不必經由港澳、日本或其他國家，可以節省龐大的運輸成本。但在金廈互動交流頻繁的同時，走私、偷渡、詐騙、色情、槍毒及治安問題也隨之增加。[56]

　　凡此種種，凸顯出金廈地區治安管理的重要性，但也不能將金門的犯罪全歸諸於外在環境的轉變，至少就青少年的犯罪，與小三通議題並沒有直接的關聯性。曾有慶在《金門地區少年偏差行為成因及其防制對策之研究》中，還是認為1992年解除戰地政務，與2001年開放小三通，對滋長青少年的偏差行為有影響，[57]這都是一些想當然爾的假定。偏差

---

[55] 李秀荷，《金門地區少年犯罪成因及防制對策之研究（1995-2004年）》（銘傳大學公共事務學系碩士在職專班，2005年），頁129。

[56] 謝文甲，《小三通後金門海岸犯罪偵防行為與成效之研究》，銘傳大學社會科學院國家發展與兩岸關係碩士在職專班，碩士論文，2006年。

[57] 曾有慶，《金門地區少年偏差行為成因及其防制對策之研究》（銘傳大學公共事務學系碩

行為是一種道德認知，不是法律名詞，對於並未觸犯法律的行為，一個開放成熟的社會，應該要給予包容與尊重。法律對於青少年的犯罪，自有保護重於懲戒的用心，期使改過向善。但對於已經嚴重影響公眾集體安全的罪犯，司法是最後一道防線，為使之隔絕於人群，監獄是必要的設施。

「法務部矯正署金門監獄」自2008年到2012年，五年來平均每年收容的受刑人數如下表。

法務部矯正署金門監獄近五年受刑人收容情形一覽表

年別	總計	上年度年底在監人數	新入監人數	出監人數	年底在監人數
2008	164	50	114	81	83
2009	180	83	97	94	96
2010	186	86	100	80	106
2011	221	106	115	124	97
2012	205	97	108	86	119

資料來源：法務部矯正署金門監獄

以罪名來看，前十名情形如下表。

近五年新入監受刑人罪名一覽表 [58]

年度	總計	毒品違害防制條例	竊盜罪	公共危險罪	詐欺罪	偽造文書印文罪	貪汙治罪條例	槍砲彈藥管制條例	偽造有價證券	殺人罪	妨害自由
2008	83	27	15	7	7	4	3	2	3	1	1
2009	96	30	18	5	5	3	3	3	2	2	2
2010	106	38	13	6	6	5	3	5	2	2	2
2011	97	44	7	3	2	5	3	4	3	2	1
2012	91	19	8	9	9	8	2	5	1	2	3

資料來源：法務部矯正署金門監獄

其他未列入統計的，多數沒有受刑人，至少並不是每年都有。除了毒品違害防制條例與竊盜罪之外，其他罪刑的案件不多，難以看出其間的變化關係，唯某些罪刑確實已成為金門的隱憂，例如毒品危害、公共危險、槍砲彈藥等，光靠監獄的教化與教誨，無法杜絕再犯，必須思

士在職專班，2006年），頁8; 34。

[58] 2012年度的總計與上表有出入。其他的尚有妨害性自主罪、妨害風化罪、賭博罪、傷害罪、強盜罪、搶奪罪、侵佔罪、背信及重利罪、恐嚇罪、贓物罪等。

索新的防制策略。金門的未來要靠發展觀光，金門的經濟也要靠引進外資。然而，過度開發的結果，除了生態遭受破壞之外，一些傳統的價值觀也被扭曲了。昔日金門被稱為「海上仙洲」，而今卻被冠上「賄選島」的汙名，若當政者不能正視金門的犯罪問題，坐令治安惡化，有朝一日，金門會變成名符其實的「罪惡之城」。

（三）防災與消防

1.災害史略與防災文化

金門號稱「仙洲」，事實上，與號稱「寶島」的台灣比起來，自然條件相距甚遠。沒有肥沃的土壤，欠缺重要的物產，少量的農耕漁牧，僅能自給自足，生活所需全仰賴大陸對岸供應。沒有高山屏障，未能抵擋強風；雖有溪流，水量不足以灌溉。慶幸的是，除了颱風經常掠過，偶有乾旱外，甚少其他嚴重的天然災害。以天災人禍而言，金門的人禍甚於天災。昔有盜匪，近有戰爭，接著是戰地政務。砲宣彈，單打雙不打，常傷人命，金門百姓過的日子，很難與「幸福」聯想在一起。曾幾何時，2012年台灣競爭力論壇調查全國22縣市，發現金門人的幸福指數最高，排名第一。原因是金門的各項補助最多，不但免學費免牌照稅，三節還有轉手即可換錢的家戶配酒。很難想像，金門人會覺得自己很幸福，也許是金門人要的不多，也許是金門人知道的太少。

一般而言，自然災害包括地震、山崩、海嘯、颱風、乾旱、洪水等自然界變化。它們造成人類生活的不便、財產的損失、生命的喪失、自然資源的流失。金門的地質與地理位置得天獨厚，除了颱風外，不用擔心這些可怕的災害。在《金門縣志》中雖然也有地震的記載，但只說「有感」，無災情報導。唯獨對於颱風，用了很大篇幅記述。颱風是不可抗拒的災害，防不勝防。1979年以前金門還有一種防不勝防的災禍，即單打雙不打的砲宣彈。固然，中共的「炮擊」意不在傷人，但造成人民的驚恐和財產的損失，仍是不計其數。

這類災害大概是防不了的，不過，還是有一些災禍可以發揮人定勝天的智慧。1992年1月8日，金門遭受40年來最嚴重的乾旱，國防部和陸軍總部特別由台灣調撥工兵機械車20多輛來金門，支援金防部浚深本

島太湖、田浦水庫，及烈嶼的蓮湖、西湖等四座湖庫工程。金門是個小島，沒有天然河川、湖泊，居民用水除了水井之外，就靠人工湖泊，現今金門許多湖沼，經過整修美化之後，除了成為自來水的水庫外，也是著名的觀光景點。

　　戰地政務時代，金門曾經駐防十萬大軍，防災、救災幾乎都得靠國軍弟兄。在《正氣中華報》（《金門日報》前身）上經常有國軍協助救災的報導，[59]防區指揮官也經常叮嚀百姓小心火燭，慎防火災。[60]火災不是自然災害，幾乎都是人為不當。原因甚多，但在金門，主要為燈燭、爐火烹調、敬神祭祖掃墓、抽煙所引起。根據《金門縣志》的統計，從1956到1991年，每五年統計一次，平均每年火災發生的次數為13.6次。1992年以後，即解嚴以後，金門的火災大幅成長，從1992到2006年，平均每年的火災次數高達436次，2001年最高紀錄為822次。火災原因多為森林原野與燒雜草垃圾，比例占九成以上，這種現象不難理解，應與戰地政務解除，軍方釋出營區，民眾除草利用土地有關。

　　從以上數據的分析，顯示火災的發生與人們的生活型態有關，金門逐漸從農業社會進入商業社會，從鄉村生活進入都市型生活，火災的型態在轉變，因此防災的觀念與救災的方法都必須跟著改變。最簡單的例子就是，戰地政務之前，金門的房子只能蓋四樓，限高12公尺。解嚴後立刻出現12層樓的金信大樓，未來在小太湖邊會出現13層樓之五星大飯店。房子越蓋越高，裝潢越弄越複雜，防災與救災勢必越來越困難。

　　事實上，火災雖然可怕，但是由於死傷不嚴重，長久以來，人們常不當一回事。《金門縣志》統計自1956至2006年，50年來，因火災而死亡的人數只有9人；[61]消防署年度火災資料，金門縣從2004到2009年，死亡人數也只有3人。在人們的認知中，因火災而死亡的機率恆小於其他災禍。

　　金門閩式建築，多為磚瓦石材，例如模範街，且建築形制上有所謂「梳式布局」，例如山后民俗村，都有助於防火；但也有一些現今被列

---

[59] 參閱《金門日報》「舊版報紙數位典藏資訊網」，檢索「火災」一詞。〈http://archive.kmdn.gov.tw/index.aspx〉

[60] 〈天乾物燥 小心火燭 慎防火災〉，《正氣中華報》，「社論」，1983年1月25日。

[61] 2008/7/26截自金門縣政府主計室《金門縣統計年報》〈http://www.kinmen.gov.tw/〉

為古蹟的建築，例如總兵署、朱子祠、奎閣，以及一些宮廟祠堂，因年代久遠，建材多已老化腐蝕，且建築多以木構造居多，火載量大，容易燃燒，一旦遭遇祝融，毀損情形相對嚴重，即使修復，也已失去歷史意義。近年來金門吹起古蹟及歷史建築再利用活化風潮，古蹟建築導入許多現代電器設備，無形中提高了古蹟被破壞的危險性，火災風險也相對提高。

由於古蹟建築體本身具有文化、歷史、藝術價值，但抗火性差，一旦發生火災，必定是文化資產之重大損失。因此，古蹟建築防災計畫向來是古蹟維護管理之迫切要務。對金門縣消局來說，最重要的任務是預防火災發生，其次才是火災發生時的搶救作業及善後處理，但這項工作不能只靠消防單位，須全民一起參與。2009年10月8日，由金門縣文化局主辦，金門縣消防局協辦了一場古蹟暨歷史建築物防火防災研習演練，目的就是要教育民眾，了解火災的可怕，重視古蹟的保護。

2.災害防救體系現況與研究

1994年1月行政院會議決議消防與警察分立，同年7月16日設立「內政部消防署籌備處」，自此警察與消防分立。次年，金門縣警察局成立「金門縣消防局籌備小組」。在此之前，消防屬於警政的一部份，責司消防業務者也是警察人員。戰地政務時期（1956-1992），災害防救法令與體系並未明確建立，所有建設都以作戰為導向，民生、經濟均採軍事化管理。此時期其實並無「災害防救」體系，災害發生時，大都由軍方指揮，結合警力、民力共同救災。

1992年戰地政務終止，解除戒嚴，軍民分治。依據《福建省金門縣防救災天然災害及善後處理辦法》，在縣政府設防救災指揮部，以民選縣長為指揮官，並由警察局長任執行官，綜理全縣天然災害的防救工作。2000年以後，依《金門縣政府組織自治條例》，消防局成為縣政府一級單位，消防與警察從此正式分隸，亦即警察局由警政署管，消防局由消防署管，但二者都受金門縣政府督導。

在《災害防救法》中所界定的災害，有些在金門從未經歷過，但為了配合政策，金門縣政府與金門消防局訂定了很多災害防救計劃。例如

1997年的《金門縣綜合發展計畫》、《金門地區綜合建設方案（2000-
2004年度）》、2008年委託財團法人中華綜合發展研究院規劃的《金門
縣綜合發展計劃暨離島綜合建設實施方案》，以及最近由縣政府自己提
報的《金門縣災害防救深耕計畫》，其中都有專門篇章，規劃天然災害
之防治。有些建議要成立專責單位，有些建議要添購設備，也有建議統
合各部門資源。學者意見甚多，計劃寫得好，但坦白說，不切實際。

　　計劃中假定了許多災難，名為「潛勢分析」，但金門自有歷史以
來，未見此類型災難，雖不敢斷言將來一定不會發生，但對發生機率太
低的災害，實在沒必要浪費人力與物力去設想。例如空難，金門歷史上
確實有過空難，但這不是金門消防單位可以預防的。還有，像SARS，理
應等發生時再來應對，因為，一旦SARS又來，絕對不是當年的情形。另
外，像洪水、土石流、海嘯，根本就是弄錯時空。在李金振主持、陳水
龍等協同主持的《96加強金門縣政府防救災作業能力計畫》中，[62]將地
震災害、地雷未爆彈、海空難與生物病源災害，一併納入計畫，稱之為
金門特有的假設性災害防救計畫。[63]

　　不論是「深耕型」，或「假設性」，只要能發揮效用，都是好計
劃。而且，有些事也確實需要深謀遠慮，正所謂「人無遠慮，必有近
憂」。只是，金門資源有限，天有不測風雲，沒必要過度思慮機率太低
的災難。在金門，日常生活中最大的災難仍是火災，因此，防災救災應
以火災為重心，消防隊才是第一線的權責單位，不必疊床架屋，把事情
複雜化，救災講究迅速，簡單才能快速反應。

　　金門消防局從無到有，篳路藍縷，一路走來，為金門百姓做了不
少事。尤其是消防人員還兼其他「為民服務」工作，例如捕蜂捉蛇。在
民眾的生活中，常可見到消防人員的身影，而從事這一項工作的人，包
括警消與義消，對自己所處的群體也有較深刻的認同感。「打火兄弟」
代表一種榮耀，即使退休，還是離開不了這個圈子。「金門縣退休消防
協會」這種組織的設立，目的就是以之做為退休和現職消防人員的聯誼

---

62 李金振計畫主持、陳水龍等協同主持，《「96加強金門縣政府防救災作業能力計畫」期中
　報告》，[臺北縣新店市]：內政部消防署，2007年。
63 蔡家蓁，〈災害防救計畫昨天期末審查〉，《金門日報》，2008年6月25日。

平台，一起分享救災與救護經驗。2010年，金門縣消防局人事室課員翁志萍，執行編輯出版《金門縣消防局10週年紀念專輯》一書，記錄警、義消的點滴工作，藉此書出版，讓社會各界了解過去消防英雄的努力成果，以及今日的成長進步。[64]

在金門，義消的歷史甚為悠久，至今已超過一甲子。[65]1949年，當時金門只有警察所，在金城鎮莒光路老街上經營中藥房的顏西林，目睹對面街道餅鋪發生火警，燒掉一整排木造店鋪，感於火災之可怕，於是號召當地菜販、肉販成為義消隊員，也勸導商家出錢購置消防器材，建立民防消防機制，成立金門第一支義勇消防隊，並獲推為隊長。義消與義警，代表一種守望相助的精神，從民眾投入程度可以看出社區營造是否成功。從警察轉任消防，並擔任局長的楊蕭凱，便曾以守望相助為題，完成碩士論文。金門的消防人力、物力有限，如何結合民間資力，正考驗當局的智慧。

金門的消防史與後浦地區的發展關係密切，不論是義消的成立，或消防單位的設立，都從這個地方開始。陳金城在《金門地區傳統建築群防救災體系現況研究》中指出，金門地區建築物火災比例最高，其中又以金城最多。金城舊稱後浦，商業興盛，發達甚早。1910年12月20日，後浦發生空前大火，延燒40餘店家，清出來的敗瓦頹垣，堆積在城隍廟南邊，像一座小山，日久不移，後浦人給它起了一個名字，叫「木驢仔堆」，因其形狀有如古代軍事攻城器械木驢。每逢城隍廟作戲，民眾最喜歡站在木驢仔堆上觀戲。1915年金門設縣，木驢仔堆被移置他處。[66]

後浦有金門著名的老街和重要歷史建築，商舖林立，曾經繁盛一時。也因此，近代以來，發生過多次重大火災。重建後的後浦，充滿各種新舊雜陳的歷史記憶，走在後浦街上，可以輕易感受到歷史的痕跡。老街很想「浴火重生」，再現風華，但絕對不想真的「浴火」。2008年

---

[64] 翁志萍等執行編輯，《金門縣消防局10週年紀念專輯》，金門縣金寧鄉：金縣消防局，2010年。

[65] 張光海等總編輯，《烽火歲月一甲子：金門義消》，金門縣金寧鄉：金門縣消防局，2009年。

[66] 參閱吳鈞堯短篇小說〈1916 城隍〉，收錄在《火殤世紀：傾訴金門的史家之作》，台北：遠景，2010年。

12月30日，金城鎮南門老街，一棟俗稱「童氏古厝」的閩南建築發生大火，已有百年歷史的木構古厝，經不起猛烈火勢，付之一炬。這棟古厝位於城隍廟南門土地公廟下方，為雙落兩欅頭閩南式建築，一度做為小吃店，賣蚵仔麵線、炸芋頭等閩南美食，為城區民眾共同記憶的建築。數年前空置，被當成堆放瓦斯、炊具的倉庫，如今發生火災走進歷史，讓民眾不勝噓唏，感嘆老建築又少一棟。

火災是文明的殺手，古今多少瓊樓玉宇、舞榭歌台，都因火吻而成廢墟，而成歷史名詞。生活離不開用火，因此，任何想要活下去的人，都必須面對火帶來的災難。我們不應狂妄地認為可以憑藉科技，杜絕火災發生，應該謙卑地思考，火災何以發生，火災如何發生。唯有當人們對用火懷著戒慎恐懼的心情，才能減少被火紋身的不幸。換句話說，這是教育的問題。金門的災害防救體系應將重點放在加強教育上，諸如宣導火災常識、改進用火習慣、使用防火材料等。或許，鼓勵民眾在屋頂上種仙人掌，也是一種策略。不是真的相信仙人掌可以御火，而是藉此提醒人們：「天乾物燥，小心火燭」。[67]

🐟 觀光遊憩研究

朋友知道我是金門人，常會問：「金門有什麼好玩的？金門有什麼好吃的？」觀光旅遊，不需要太複雜的學術性定義，上面這句話淺顯明白，不用多作解釋。[68]吃和玩的主角是人，如何把人吸引來，來了還想再來，這需要謀略，謀略靠研究，沒有研究作後盾，觀光事業難以發展。這些年，與金門觀光旅遊相關的研究、導遊手冊、網頁、攻略、影音介紹，多到可用「汗牛充棟」來形容。金門畢竟只是個小島，全島繞一圈，不用花到多少時間，加上多數景點範圍小，打個卡、照張相，差不多就結束了。觀光客在金門停留的時間短，消費當然就少，一旦旅遊業無利可圖，商家無意願投資，觀光遊憩的品質勢必難以提升，只靠公

---

[67] 金門民宅上常會放置以花盆、瓦罐、或破舊鐵水桶、鋁製臉盆等栽種的仙人掌。有只擺一盆的，也有多到七、八盆的，屋頂上種仙人掌是金門傳統建築的奇景。根據《民國廈門市志》的記載，「戒火，一名仙人掌，形如人掌。以罐植之屋上，云可御火災。」

[68] 有關「觀光旅遊」的字詞釋義，參閱《金門縣志・觀光志》，頁337。

部門的行銷，成效有限。金門絕對是個觀光旅遊的好去處，但要靠觀光客來賺錢，感覺上愈來愈困難。

對一個出生在金門，但在島上只生活了十幾年的「金門鄉親」而言，金門是既熟悉也陌生。所謂好玩的地方，常是小時候鑽來鑽去玩捉迷藏的坑洞；所謂好吃的東西，常是家裡放到壞掉也沒人要的物產。這是旅遊最弔詭的地方，我們千里迢迢到一個陌生的國度，拍下一張張美麗的風景照片，點一桌號稱地方特色的菜餚，但不管怎麼看，怎麼吃，總覺得似曾相識。吃和玩是旅遊重要的活動，但旅遊作家可能會告訴你，心情的轉換才是旅遊的終極意義。有人藉旅遊來激發靈感，用人用它來療傷；有人用它來記憶某些事，有人用它來忘卻某些事。的確，旅遊不是只有吃和玩，還要有能令人感動的故事。

台灣媒體發達，有關金門報導的節目一再出現，內容大同小異，某些商家已經被訪問到有點煩了。或許還有很多人沒去過金門，想找個機會去走一走，去看一看，但要說完全不知道金門在哪裡？金門是個怎樣的地方？我不相信有這種人存在。金門已開放20幾年，戰地的神秘色彩逐漸退去，「謎樣的金門」也不再迷幻，[69]帶著朝聖心情來金門觀光的人已愈來愈少，少了這樣的優勢，金門的觀光遊憩發展要面對的競爭就更多了。

一、觀光策略研究

陳建民等人在〈金門地區觀光競爭態勢之研究〉一文中說，觀光旅遊活動具替換效應，即旅客在同一時間內僅能選擇一個地區旅遊。因此，國外觀光市場、台灣本島觀光市場與金門觀光市場形成競爭態勢。旅遊目的地意象是影響旅客選擇到金門旅遊之關鍵因素，因此，金門必須先了解自己市場的競爭優勢。[70]陳建民著有《兩岸交流與社會發展：「小三通」與旅遊研究文集》，他認為，大陸居民之所以願意到金門旅遊，是因為對兩岸分治50年所延伸出來的戰爭遺跡與不同風俗感到好

---

[69] Discovery，《謎樣金門（Unknown Kinmen）》，[臺北市]：Discovery Networks Asia，2007年。1張DVD（約45分）。

[70] 林進財、陳建民、張皆欣，〈金門地區觀光競爭態勢之研究〉，《觀光研究學報》，8：2（2002.12），頁151-175。

奇。[71] 經由小三通而來的大陸旅客，是金門觀光最大的市場，因應不同的旅客，金門觀光發展必須採取多樣化的市場擴充策略，儘量開拓，達到一定的經濟規模。[72]

金門的產、官、學界、居民與媒體，對於金門地區推展觀光各有看法，必須加以整合。楊再平《「金廈旅遊圈」整合架構下的金門觀光發展策略管理之研究》認為，「小三通」後，廈門與金門已互為旅遊客源地及目的地，「金廈旅遊圈」已趨成形。因此，建構一個「以旅遊產品為核心，以旅遊企業為主角，由政府輔導推動」，能夠發揮政策對接、企業對接、且具有鏈接市場機制和協調機制的「金廈旅遊合作體」，是「金廈旅遊圈」區域旅遊合作能否成功的關鍵所在。

近年來，在旅遊界興起一股名為「黑暗觀光」（dark tourism）的浪潮，成為全球觀光旅遊專家學者研究的熱門議題。「黑暗觀光」又稱黑色旅遊（black tourism）或悲情旅遊（grief tourism），意指參訪的地點曾經發生過死亡、災難、屠殺等黑暗事件的旅遊活動。傅貽瑞在《金門戰地觀光旅遊行為之研究》中提到，臺灣許多地方政府積極規劃與推動戰地觀光，離島金門擁有保存完善的戰地景觀和國家公園，最具代表性。金門雖曾是戰地，古寧頭戰場也確實有很多傷亡，八二三炮戰對金門也造成很大的傷害，但把金門戰地觀光與黑暗觀光相提並論，容易造成誤解，不是理想的觀光宣傳。

戰地是金門發展觀光的資產，但這只是其中一部份。除了戰地文化，金門還有豐富的閩南與僑鄉文化，很多古蹟建築遠比台灣還悠久，「戰地、自然、文化」是金門發展觀光的主題。2003年文建會（現為文化部）評選金門為全台18處申遺潛力點之一，金門各界相當興奮，所有文化菁英全部動起來，每年至少出版一本推動計畫或相關研究。經過十年的討論，最終決定用「金門戰地文化」為名提出申請。對政府的努力，我們應作其堅強的後盾，但是，對一個可能勞民傷財，徒然無功的決策，主政者有時候要放下身段，別太過一廂情願。目前聯合國教科文

---

[71] 陳建民，《兩岸交流與社會發展：「小三通」與旅遊研究文集》（台北市：秀威，2009年），頁179。

[72] 參閱林芳裕、楊世傑、陳美燕、董燊，〈金門地區推展替代型觀光與遊客身心收穫之研究〉，《休閒研究》，3：2（2011.12），頁70-88。

組織登錄的世界遺產超過一千個，屬於近代戰爭遺址的少之又少，金門要用九宮坑道、翟山坑道、獅山砲陣地來申遺，困難度太高。

世界文化遺產絕對是觀光發展的保證，自1972年開始推廣世界遺產以來，世界各國莫不以擁有世界遺產為榮。列入世界遺產後，對遺產地之觀光發展、古蹟維護、學術研究以及文化保存都有相當重要之助益。金門想搭上這條列車，還要再等等，儘管上車的機率甚低，但申遺計畫本身就有其價值。在申遺過程中，主政者可以藉此調整觀光產業發展方向，整合各種觀光資產，並鼓勵學界進行研究。能否申遺成功，且聽天命，但金門的觀光遊憩產業要興盛，在盡人事。

有關金門觀光的學位論文不少，至少40本以上，大多是以問卷的方式，調查對金門旅遊的滿意度、旅客的觀光意向、當地居民對發展永續觀光的態度，以及金門開放觀光對社會的衝擊等，撰稿人包括吳一萍、吳志偉、李俊彥、李毓秀、李瑾珊、李錫奎、沈育鈴、林秀珊、林芳裕、林憶蘋、金以蕾、高淑貞、張怡雅、張金勝、張皆欣、張榮昇、許丕祥、郭朝暉、陳向鑫、陳明梨、陳淑靈、陳詩炎、陳靜怡、黃又仁、黃士嘉、黃耀德、楊再平、楊杰頤、楊菱琪、楊傳治、劉再傑、蔡承旺、蔡家蓁、顏宏旭、蘇承基等；博士論文則有李能慧《金門觀光客行為傾向模式之建構與實證》與張梨慧《金門觀光發展的越界凝視》。論文題目範圍甚廣，多屬書生論政，所得結論，僅供參考，無實質效用。倒是公部門委由學術單位或專家學者的研究案、計畫案，比較會獲得採用，例如米復國、張梨慧、陳建民、李國忠、汪荷清、郭育任、楊明賢等人所作的報告。

二、金門物產研究

每次到松山機場接機，在來機延誤的等候中，我常想起很多事。機場是離家最近的地方，買張票，一個小時後，就可以看到美麗的家園。這些年也的確較常回去，「故鄉」已沒那麼遙遠，只是不知為何，對金門的感覺卻愈來愈陌生。手裡拎著大包小包的金門特產，有些是自己買的，有些是親友送的，多到得用手推車，看我這一身行頭，肯定是到金門旅遊的觀光客。帶點伴手禮回來犒賞親朋好友，這是人之常情，我也

不例外。帶東西不難，帶什麼東西可是一門學問。能從金門帶出來的東西，其實很有限，而能用「箱」作單位的「等路」，大概只有貢糖和高粱酒了。

　　金門是個小島，資源有限，物產不多，生活所需，大多仰賴台灣本島供應。解嚴開放觀光後，一些原本屬於地方性的產業，在政府獎勵下，看到觀光的商機，引進新式機器，大量生產。經過包裝與行銷，變成了所謂「金門特產」，某些商品如牛肉乾、貢糖、一條根等甚至進入台灣的通路，在大賣場中，任憑顧客選購。這時候的「金門特產」與一般商品已無兩樣，除了工廠設在金門之外，跟金門已無瓜葛，因為機器、原料幾乎都是從台灣、或大陸購入，人力也多是外來的。貢糖的花生、麵線的麵粉、高粱酒的高粱、裝酒的玻璃瓶，都不是「金門製造」，有朝一日恐怕連釀酒的水都得向大陸購買。這樣組合而成的商品，是否還能冠上金門一詞，我也不知。

　　台灣有很多金門特產店，網路郵購也很方便，只要有在賣的商品都買得到。仔細觀察這些特產中心，架上陳列的金門特產以各式高粱酒為大宗，其次為貢糖、牛肉乾、麵線、鋼刀、一條根系列，再來就是農漁貨的加工品，如紫菜、酸白菜、高粱醋、高粱手工蛋捲；若在金門的話，還可以買到閩式燒餅、高粱茶葉蛋、高粱酒香腸、黑蒜頭，以及一些用高粱酒糟做出來的東西。

　　高粱酒養活一半的金門人，這話一點都不誇張。戰地政務時代，金門人出生入死，受了50年的苦，金門人在戰爭所受的苦，也從戰火中獲得救贖。金門高粱酒，可以說是金門人的「戰爭紅利」。金門高粱酒是一個「傳奇」，這是經過歷史的錘鍊，在動亂中，以迷離的姿態所醞釀出來的生命瓊漿。喝一口金門高粱，可以感受到民族的血淚，有戰爭的烽煙、有英雄的悲歌、有遊子的流落、有生活的煎熬。若沒有這一層滄桑的歷史味道，金門高粱就只是一種「白酒」。但金門酒廠卻是一個「爭議」，從私人產業到被軍方接管，經過無數人的努力，如今成為金門的金雞母，年產值超過130億新台幣。2012年金門成為台灣地區十大幸福城市的榜首，金門人的幸福感來源，完全拜金酒所賜。

　　2012年正值金門酒廠創立60週年，金門文史作家李福井出版了《烽

火甘泉：金門高粱酒傳奇》，強調金門人要飲水思源，「吃果子拜樹頭」，並意圖藉由這本書為人物定位，為金酒定音。現在的金門人充滿矛盾，一方面批判戒嚴軍管的不當，造成金門人50年的苦難；一方面卻在享受金酒的福利時，歌誦軍事強人的武斷作為。胡璉將軍被部份金門人當作「恩主公」來崇拜，這是金門人喜歡造神的結果。在金門，人可以成神，鬼可以變神，高粱酒則是人、鬼、神都愛的瓊漿玉露。

金門高粱酒確實是一部傳奇，在李福井之前便有戚常卉、林美吟的《古城與老酒廠：金門高粱酒傳奇》、楊天厚、林麗寬的《金門高粱酒鄉》、劉華嶽計畫主持的《金門城酒鄉文化推廣計畫》，報刊雜誌上多的是「憶往」、「懷舊」的文章。這些書籍與文章大多屬於官方史觀，歌功誦德的成份多，沒人敢講些批判的話。

曾任金酒公司董事長的雷倩，在一篇文章中說，「金門做為一個離島，如何讓人『專門』來此消費，是我們要討論的。」[73]為此，金門蓋了五星級的飯店，設立了大型免稅商城，甚至一度想要弄個賭場。不可否認的，從經濟發展的方向想，這是一條路，可以為金門帶來極大的利益。但最後為何放棄賭場，金門人畢竟沒有被利益沖昏頭，知道這是一條不歸路，賭場對這塊土地與後代子孫的傷害，再多的錢都無法彌補。

如雷倩所說，金酒不會永遠風光，面對大陸三萬家白酒公司的競爭，金酒公司必須求新、求變、求永續經營。目前已有十餘本學位論文，都在嘗試為金酒公司提供建言，包括行銷策略、大陸市場分析、品牌形象，以及民營的可行性等，作者有陳穎萱、陳麗竹、李嘉珍、傅大煜、楊廷標、陳明坤、楊應雄、胡美真、王和協、李紹君、李姍容、倪致儒、徐業凱、王淑貞、潘彥廷、陳彥慈、翁自保等人。

產業發展的變數太多，在商言商，金門並不是一個非要不可的因素。金門高粱酒廠原為供應金門十萬大軍而設立，用白米換高粱也是為了照顧金門百姓，即便胡璉有先見之明，也不可能預知金酒公司今日的規模。其實大家心知肚明，金門高粱酒與金門的意象已漸行漸遠，這家公司太大了，已經無法用「金門」一詞來框限它。金酒種類，推陳出

---

[73] 雷倩，〈金酒新行銷策略與金門的夢想〉，《金門文藝》27（2008.11），頁13-16。

新，某些商品也頗具創意，但要將金酒視為文創產業，太過牽強。倒是貢糖、牛肉乾、砲彈鋼刀，可以和金門意象完全結合，文創的空間相當大。

三、金門飲食文化研究

有一句老話說：「一方水土養一方人」，金門也不例外。在國軍還沒駐守之前，金門人能吃的東西有限，「上山採地瓜，下海撈魚蝦」成為庶民生活的寫照。老百姓最常吃的就是「地瓜籤」，國軍來了以後，才有機會嚐到存放很久的「戰備糧」煮成的白飯。這些年金門發展觀光，推出各種美食，舉辦各種美食活動，邀請台灣知名詩人、文學家來金門作客，品嚐美食與美酒，再藉由他們的文章，幫忙宣傳金門的美食。在大家推波助瀾下，讓人以為金門處處有美食，金門美食嚐不完。大家似乎都忘了，在那個清貧的年代，金門人窮到沒東西可吃。

「美食」，是為了配合觀光產業發展而創造出來的詞彙，在庶民生活中，沒有這樣的概念。食物的作用是為了充飢，能溫飽最重要，好不好吃其次。只有在不虞匱乏的狀況下，才會想到在食材上動手腳，在烹調上做文章，食物不再只是食物，逐漸變成可以欣賞，可以品嚐的藝品。當然，能稱為美食，有其條件，但美食與否，要看是對誰而言。許多在南洋輝煌騰達的華僑返鄉時，面對滿桌的山珍海味，心中最想吃的卻只是一碗地瓜稀飯。

記憶中的食物才是最美的，鄉籍作家洪玉芬曾邀約一群「金門幫」的文友，各自選取記憶中最懷念的食物菜餚，寫成文章，最後編輯成書，名為《島嶼‧食事：金門人金門菜》。篇篇情思悠遠，穿越時空，宛如打開記憶的寶盒，勾勒出各自心中對食物的回憶與憧憬。他們記憶中的美食，與一般觀光客舌尖上的美食，未必能劃上等號。

美食不等於飲食，這話應該不會有爭議。現在的金門，不愁吃，能吃的東西愈來愈多，世界各地的食材都弄得到，新式餐廳一家一家的開，金門吃的水平已不輸台灣本島。早年金門人宴客時，大都在自家院子搭棚辦桌，請總鋪師來料理，金門人稱負責辦桌的人為「館棧」，並因此發展出喜宴時的特別「館棧菜」。在許多文獻上還記載了這些菜譜，只是很少人能完全復刻。其中有幾道菜，現在還可品嚐到，例如

「宴菜」，也有人寫成「燕菜」，它是另一種形式的「佛跳牆」，是湯也是菜，口味獨特，不是人人都喜歡。

同樣的食材，菜館燒出來的叫美食，自家老媽煮的叫家常菜。從阿嬤的灶腳到五星級大飯店的廚房，從攤子上的零嘴到特產店的伴手禮，從自己吃到拿去賣給觀光客，這樣的轉變過程，我們稱之為「飲食文化」。有關金門地區飲食紀錄，先從官方出版品談起，較完整的紀錄有許維民的《金門傳統美食》、葉均培的《金門飲食文化》兩本書，前者對民間傳統美食作一詳實記載，配合清晰圖片，讓人熟悉當地的飲食料理；後者採藝文資源調查報告方式，也以圖文呈現，除了相關飲食文化調查結果，並開設專題報導。

在學位論文方面，有王美媛《金門傳統飲食文化之研究》、許乃鑫《金門飲食文化的演進及其影響因素之研究》、李曉君《金門飲食文化調查》等。王美媛認為金門傳統飲食文化已進入多元化時代，造成金門傳統飲食文化改變的因素有四，包括人口結構、經濟發展、政局改變、台灣飲食文化的入侵等；許乃鑫認為金門飲食文化，受到國軍進駐的影響，隨著戰地政務的解除，以及開放觀光，引進新的飲食觀、食材與烹調方式，促進了金門飲食文化的交流與融合；李曉君以文獻回顧的方式收集坊間有關金門的特色小吃，並實際走訪民間，進行各式風味名產的分類與分析，將金門飲食文化分出四個階段。

從以上的著作，我們大致上可以歸納出，飲食文化是庶民文化的一環，金門的飲食文化深受閩南、僑鄉、戰地三個因素的影響。像「廣東粥」、「雞頭魚尾」習俗，可能是華僑帶回來的；牛肉大餐、麵食（刀削麵、炒泡麵、拌麵）是因駐軍才有的。江柏煒在〈戰地生活、軍人消費與飲食文化：以金門為例〉一文中說，自1949年以降，金門在長達43年的軍事統治期間，除地方社會與空間地景被高度軍事化外，也因軍人消費經濟的蓬勃，產生了與之相應的微型產業及文化，飲食即為其中之一。[74]

這些源於戰地生活的飲食習慣，並沒有因駐軍離開而消失，反而被

[74] 江柏煒，〈戰地生活、軍人消費與飲食文化：以金門為例〉，《中國飲食文化》9:1（2013.04），頁157-194。

轉化成在地的飲食文化，繼續存在於庶民階層的日常生活中。飲食是庶民生活不可或缺的一環，若能將它變成一種產業，並與觀光產業結合，成為吸引外地遊客的焦點，對金門行銷觀光幫助甚大，也是金門經濟發展較容易達成的項目。飲食產業的就業人口多、創業門檻較低、客源層面多元，如果蓬勃發展，可創造不少產值且帶動就業機會。

但是，因為飲食產業競爭激烈，替代性高，多數無法成為延續15年以上的老店。是故，提供創新與精進的輔導措施是公私部門需要協力合作的重要事務。例如，舉辦節慶或競賽活動，強化品牌形象等。目前，金寧的「小麥石蚵文化節」、金沙的「高粱風獅爺文化季」、烈嶼的「芋頭節」、金湖的「夏艷海洋花蛤季」、金城的「迎城隍祭典」，都有不錯的知名度。另外，精緻化與強調養生，也是近年來金門飲食文化的新趨勢。任何作為都有其價值，最重要的是如何將美食佳餚與金門的歷史文化勾連起來，在大歷史中編出小故事。金門人的鄉愁，繫於味蕾上的記憶，而遊客們所品嘗的金門美食好酒，則是行銷金門、創新金門的軟實力。

Chapter 7
文學與藝術

文學研究

　　許多研究金門文學的人，可能都會碰到這樣的質疑：「金門有文學？」這句話聽來很傷人，尤其是對那些喜歡舞文弄墨的金門人而言，尤其難受。然而，學術研究依循的是科學方法，關心的是事實，不考慮情感。金門有沒有文學，當然可以討論，結論也可能是見仁見智。只是，至少在當下，我們應該虛心接受，金門的那些鄉土書寫，離「文學」確實有一段距離。以〈穿越鐵蒺藜與軌條砦〉一文獲時報文學鄉鎮書寫獎的烈嶼作家林媽肴，曾說金門是座「文學孤島」，金門文學、文壇，與台灣仍有一段遙遠的距離。而被視為催生「金門學」的知名中文系教授龔鵬程也曾說，金門文學尚未形成一個「類」。換句話說，「金門文學」還不成氣候，還無法單獨成為一個研究的標的。

　　話雖如此，「金門」之名太響亮，戰地風情，高粱酒香，多少文學大師慕名而來，用他們的詩詞彩繪金門。金門文學在他們的加持下，逐漸開花結果。金門與文學，文學與金門，漸漸可以劃上等號。如今，「金門文學」一詞已到處可見，金門縣政府順勢推出金門文學地圖旅遊，「金門文學研究」也愈來愈受歡迎，學位論文紛紛推出，而一些原本研究台灣文學的大學教授也不時「偶然」介入，從而開啟一個新的研究場域。金門文學變成台灣文學的一個支脈，金門文學再也無法孤立於另一個時空。來自大陸，據聞出生於金門烈嶼的陳慶元教授，在《東吳手記》中說，考慮將來撰寫《臺灣文學史》時，要加上一章「離島文

學」，把金門文學也寫進去。[1]地理上有本島與離島，但在文學創作上很難分台灣與金門，一些金門籍的作家，常年旅居台灣，其作品中所呈現的原鄉情結，已不足以使人聯想到金門。

很多金門籍作家不喜歡被冠上「鄉土作家」的稱號，把「鄉土」、「原鄉」這些詞語用在他們身上，未免小看了他們的格局，「離島」一詞也常含貶損之意。翁慧玫的碩士論文《金門鄉土文學之研究：以軍管時期為中心》一書，以陳長慶、黃克全、張國治、楊樹清、吳鈞堯為研究對象。[2]除了陳長慶這位在籍作家，作品中有較多的鄉土關懷，其他人的作品題材廣泛，用「鄉土」一詞絕對不足以概括，黃克全似乎就很在意被歸納為鄉土作家，至於「原鄉」一詞也容易造成誤解。

解嚴後，一些金門人前往大陸唸書，作研究，拿學位；一些原籍金門的大陸學者也應邀來金講學、聯誼，福建師範大學教授陳慶元便是其中之一。曾在中正大學講金門文學的陳教授，自從解開身世之謎後便全心全意擁抱金門、親近金門、研究金門，一對兒女陳煒與陳茗，都投入金門文學的研究，陳煒寫《新世紀的金門文學研究》，陳茗寫《近十五年來金門原鄉文學略論》。陳茗所析論的金門原鄉文學作家，包括陳長慶、黃東平、張國治、歐陽柏燕、寒川、鄭愁予、黃振良、楊樹清、東瑞、邱少華、黃美芬、芊華、吳玲瑤等。[3]

依照文化人類學的說法，原鄉指的是祖靈所在的地方，台灣原住民的祖靈都有明確的所在，日本人所稱的故鄉也是祖靈所在的地方。只有對出生在金門，而後離散在異域的金門人而言，才有所謂的原鄉，上述的這些作家，不全然有這樣的背景，用原鄉一詞來形容他們的作品，未必恰當。楊樹清是土生土長的金門人，但他的原鄉不是金門，他的祖靈在湖南，以獲得梁實秋文學獎散文首獎的《番薯王》為例，書中呈現的是充滿人道關懷的島鄉書寫，不是原鄉追尋。[4]楊樹清仍在創作，尚未

---

1 陳長慶，〈遊子心故鄉情——試讀陳慶元教授《東吳手記》〉，《金門日報》，副刊，2011/06/02。
2 翁慧玫，《金門鄉土文學之研究——以軍管時期為中心》，銘傳大學應用中國文學研究所，碩士論文，2006年。
3 陳茗，《近十五年來金門原鄉文學略論》，福建師範大學高等學校教師在職攻讀碩士學位論文，2006年。
4 蔡秉蓉，《楊樹清散文中的原鄉追尋》，銘傳大學應用中國文學系在職專班，碩士論文，

到給予歷史定位的時候。但是，由於他長期投入解嚴前後的金門文史記錄，報導與金門相關的社會運動，對金門的關愛，少有人能及，詩人瘂弦讚譽他為「金門主義者」，是非常中肯的一個詞。

談到原鄉，我們又得回到誰才是金門人的議題。祖靈在金門，當然是金門人，但是一輩子在金門落地生根的人，如何能說他們不是金門人？金門人是一個族裔，或者單純只是一群住在這塊土地上的人們。或者，只要認同金門，就可以算是金門人，像鄭愁予一樣。這群「半金門人」與「新金門人」，有時候比金門人還金門，金門需要他們，而他們正逐漸取代世居的金門人，成為這座島的代言人。文學為人所創作，但創作金門文學的人卻未必是金門人，金門文學與金門人不全然可以劃上等號，但少了「金門」這個要素，就不能稱為金門文學。歷史研究不外乎人、事、地、物，就文學研究而言，包括作家、作品與藝文活動。以下就這幾個層面，一起來看看金門文學的概況。

一、金門文學作家

（一）在地金門人寫金門

出生金門金沙，長期旅居台灣，2001年回返金門，兼具大學教師、作家、戲劇學者等多重身分，有金門才女之稱的陳則錄（1968-2015），於2012年12月接受金門文化局委託，編撰出版了《心動了，花開了～金門在地10位作家的文學（心靈）地圖》一書。作者訪談並記錄長期居住在金門的在地作家，包括陳長慶、林媽肴、洪春柳、楊清國、王金鍊、陳秀竹、陳欽進、翁朝安、陳榮昌、陳則錄。這書是有目的的創作，編者希望從他們的身影與創作理念，連結作家與生長的土地，描繪出屬於金門特有的文學地圖，讓金門在有形的觀光地圖之外，形塑另一種文學文化風景。[5]

這些作家常年生活在金門，其作品大多以金門為題材，用「在地」一詞來形容他們，確實有其代表性。但是，在地的金門文學作家，絕對不只這十位。在金門，會寫文章的人很多，金門日報副刊上經常可以見

2008年。
[5] 許峻魁，〈10位作家聯手書寫金門心靈地圖〉，《金門日報》，2012-12-13。

到他們的作品。只是，這類文章的文學性不強，作者的本業也與文學不太相干，其創作或許仍可以包含在文學領域，給他們冠個作家頭銜也無不可，稱他們為「文學作家」就太不敬業了。「文學」的定義可以很廣泛，但「作家」不能浪得虛名，總要有一些讓人肯定的作品吧！

（二）外地金門籍人寫金門

1.華僑作家

　　1994年新加坡國家圖書館與新加坡文藝協會聯合出版《新華作家傳略》，收錄206位新華作家，其中原籍金門的作家有12位，包括馬田、王里、芊華、許乃炎、邱少華、歐冰冰、鄭安侖、莎士碧雅（許永順）、郭史翼、黃念予、黃美芬、寒川。2005年出版的《金門文學叢刊》第二輯，收錄的都是金門海外鄉親的作品，包括洪絲絲《異鄉奇遇》、黃東平《僑歌三部曲》、翁華璧《落日故人情》、寒川《古厝》、東瑞《失落的珍珠》、李金昌《浯島啟示錄》、吳玲瑤《幽默伊甸》、黃美芬《鄉宴》、方然《烤紅薯》、張讓《高速風景》。[6]

　　除了《金門文學》叢刊之外，金門縣政府更為旅居印尼的鄉僑黃東平出版《黃東平全集》，十大冊，五百餘萬字。黃東平的創作以小說為主軸，旁及散文、新詩與劇本，類型繁多。其小說，詳實記錄了南洋華人的生活情景，華人到南洋群島開疆拓土的艱辛，以及殖民主義入侵後的血淚史等。黃東平希望「為苦難無告的華僑華人寫盡我這一生」，是東南亞華文文學的主流，也是南洋金門籍作家的代表人物。

　　2001年，新加坡國立大學中文系的戴紫儀撰寫碩士論文《黃東平與普拉穆迪亞作品中印尼華人形象之比較研究》，此論文雖研究黃東平，但對金門沒有太多著墨。2007年，銘傳大學應用中文系的陳長志以黃東平的《僑歌》為對象，完成《黃東平《僑歌》三部曲之研究》碩士論文。《僑歌》三部曲真實反映了當地華僑社會生活圖景，但並未觸及原鄉的議題。此書絕對有其價值，但我們研究南洋金門籍作家，不能只做文本分析，還要解剖其與原鄉的關連。楊樹清在報導南洋的金門籍作家

---

[6]　有關這些作品的評述，參閱莊彩燕，《金門籍南洋作家及其作品研究——以《金門文學叢刊》第二輯為例》，銘傳大學應用中國文學系碩士在職專班，碩士論文，2011年。

時，最常用的標題就是：原鄉與異鄉。[7]

　　楊樹清認為，寒川是南洋的金門籍作家作品中，「原鄉」情愫表達最濃烈的一位，在2000年出版的詩集《金門系列》中，「原鄉」與「異鄉」氛圍全面凝結。奇特的是，寒川五歲離鄉，之後未曾回過金門，卻能在詩裡「回鄉」，營造出醇厚的原鄉詩韻。1996年，寒川發表〈文學回原鄉〉一文，希望能結合「原鄉」金門與「異鄉」南洋的金門籍作家，整理、出版一套《浯洲文學》，向世人述說、展現一座島嶼獨特的土地氣候與文學聲音。

　　2003年以後，「文學回原鄉」開始在金門藝文界發酵，《金門日報》上常見這類的文章。《金門文藝》6（2005年5月）作了一個專輯，邀來了一些稿子，一起來談文學回原鄉。對這些再度踏上原鄉土地的南洋作家來說，故鄉情其實是很薄弱的，更不要提祖國認同這種沉重的意識型態。「原鄉」與「異鄉」是一種情感，一種與認同有關的情感。金門文學，或者說僑鄉文學，基本上，談的就是金門認同的覺醒。在上述這些金門籍作家中，黃東平與寒川兩人的作品，所呈現的金門想像與認同，最讓人印象深刻。余懿珊在《金門意識與地方感形塑：以「僑鄉文學」之建構為例》，所舉的例子便是這兩人。在謝佳玲的論文中，所謂的「故鄉感」，就是金門認同。作者應用了安德森（Benedict Anderson）的民族主義觀點，民族是個「想像的共同體」。在番客眼中，金門這個原鄉，想像的成分多於真實的存在。[8]

　2.旅台作家

　　台灣和金門雖然只有一水之隔，但在戒嚴時代，非金門人不能輕易來訪，金門人也得經由出入境管理局的許可才能回去或前往台灣。某些對政治較狂熱，對時局不滿的異議分子，甚至被列入黑名單，無法回鄉。這種隔離是短暫的，尚不足以夠成原鄉與故鄉情結，但所謂的金門文學，認真說來，正是由這群旅居台灣的金門人所構築而成。

---

[7]　楊樹清，〈《浯洲文學志》原鄉與異鄉──南洋的金門籍作家〉，《金門日報》，2002/10/30-31，副刊。
[8]　參閱班納迪克·安德森（Benedict Anderson）著，吳叡人譯，《想像的共同體：民族主義的起源與散佈》，台北市：時報文化，1999 年。

2008年，文建會所屬的國立台灣文學館，委託文訊雜誌社出版《2007台灣作家作品目錄》，收錄2,500餘位作家及十萬餘筆作品目錄，其中，金門籍作家有36人上榜。分別是：洪絲絲、黃東平、李金昌、洪乾祐、陳文慶、翁華璧、東瑞、陳長慶、陳漢平、許水富、寒川、吳玲瑤、黃克全、楊筑君、林媽肴、黃美芬、續美玲、陳亞馨、黃珍珍、陳秀端、洪春柳、張讓、陳延宗、張國治、蔡振念、歐陽柏燕、楊樹清、洪進業、童雲、吳鈞堯、黃永德、石曉楓、吳慧菱、趙惠芬、馬筱鳳、翁明哲。

　　其中有28人是《金門文學叢刊》的作者，包含了僑居地、金門在地及在台灣的各種文學類型作家。入選基本條件之一是必須出版一本以上的個人作品集，且其作品已獲文學社群之肯定者。有作品出版的金門籍作家，不下數十位，或許如同楊樹清〈金門作家隊伍挺進台灣文學版圖〉一文所說，他們的被「遺忘」，應是資訊連繫管道未暢通所致。作家是很難定義的一種身份，很多人喜歡寫作，作品常見於雜誌報刊，但終其一生都沒有集結成書；另外，也有一群人，文史著作很多，但似乎與文學扯不上。他們也寫一些雜文、散文，甚至研究金門文學，出過專書，卻從未被以作家看待。

　　我們常說「演而優則導」，創作與研究雖是兩回事，但在金門文學領域中，不乏學者型的作家，由創作走向研究。2009年，吳鈞堯以《金門現代文學發展之研究》獲東吳大學中國文學系碩士學位，研究〈金門現代文學及其發展的環境因素〉、〈金門現代文學的面貌與特色〉、〈金門現代文學代表性作家〉、〈金門現代文學發展的困境與出路〉等議題。文中所介紹的金門現代文學代表性作家，在地的有陳長慶、林媽肴、洪春柳、陳文慶、李福井、陳秀端、楊筑君、陳榮昌、趙惠芬；旅台的有黃克全、張國治、歐陽柏燕、楊樹清、吳鈞堯、許水富、蔡振念、洪進業、陳亞馨、翁國鈞、石曉楓、吳慧菱等。

　　在吳鈞堯之前有翁惠玟的《金門鄉土文學之研究——以軍管時期為中心》、福建師大文學所陳煒的《新世紀的金門文學研究》，之後有林宏信的《觀察1990年代後地方文學的興起與發展——以金門文學為觀察對象》，都在對金門文學進行學術性的分析。不過，吳鈞堯的重要性不

在於他的研究，在於他結合了金門的史料，推動金門的文學活動，把金門的形象推上能被更多人聽聞的舞台。吳鈞堯研究金門現代文學，但他的創作呈現的卻是金門古史的影子，我們用歷史記述文學，他用文學呈現歷史。除楊樹清外，吳鈞堯是另一個最容易讓人聯想到金門文學的作家，目前至少有三本學位論文專門研究吳鈞堯的金門書寫。

（三）不是金門人寫金門

1949年後金門曾駐守十萬大軍，「金馬獎」肯定是下下籤，沒有人會期待抽中。但是，這個令人畏懼的島，竟然成為他們一生最驕傲的回憶。談起那段在金門服役的日子，臉上總是洋溢著英雄般的自負。他們留下許多軍旅生涯的青春筆記，透過這些軍中作家的戰地文學書寫，幫我們見證那個風雨飄搖的年代。

1967年救國團金門團委會在金門策辦文藝營，同時與新聞局、國防部等單位陸續辦理相關的「金門文學之旅」、「金門參訪團」等活動，眾多熱愛寫作的藝文人士先後蒞金參訪，包括朱西寧、朱橋、張秀亞、張曉風、葉珊、蕭蕭、林瑞明、焦桐、吳鳴、楊照、孫偉芒等，尤其是詩人洛夫、瘂弦、鄭愁予、商禽、管管、楊牧、余光中等人，豐沃了金門文學的土壤，燦爛了金門文學的星空。

詩人在金門留下了感動，金門也挪出空間等待這些詩人舊地重遊。鄭愁予已獲聘為金門大學教授，2012年7月18日余光中在金門文化局演講「島嶼與寫作」，座無虛席，吸引無數書友詩迷。之後金門大學校長李金振頒給余光中「榮譽講座教授」聘書，金門於是成為名符其實的「詩人的島」。

二、金門文學文獻[9]

2003年至2006年，金門縣政府委由文化局執行，連續三年出了三輯，共30冊的《金門文學叢刊》。在此之前，金門當然已有文學，但這套精裝版著作的出現，象徵著金門文學的成形，有一個較為確且具體，

---

[9] 參閱古正今，〈溫厚的遊戲──當金門文學與文獻相遇〉，《金門文藝》20（2007.09），頁12-14。

可以討論的對象。金門仍有一批具代表性的創作者，創作的質與量，未必在這些前輩作家之下，但迄今未結集成書，而《金門文學叢刊》也未再有後續動作。收錄這些作家作品，其中因素很多，不明究裡的人，不免懷疑，金門文學就只有這些嗎？

在《金門文學》叢刊之外，金門縣政府同時為旅居印尼的鄉僑黃東平出版《黃東平全集》。用公部門的經費為一個金門人其實不太熟悉的作家，出版10本內容與金門未必有太多關聯的著作，文化局得承擔來自各方的批評壓力。好在，金門縣文化局同時也為金門縣作家出版選集，包括寫作協會會員專輯，以及金門縣作家選集（散文卷）（新詩卷）（小說卷）（評論卷）等書。而委由吳鈞堯規劃的《金門史‧故事‧小說》叢刊，則以金門歷史為經，發展為緯，區分小說，故事兩脈絡去書寫。包括《丹心：金門歷史故事集》、《履霜：金門歷史小說集》、《擎天：金門歷史故事集1949～1978》、《凌雲：金門歷史小說集1949～1978》。

公部門的出版與發行，對地區文學的發展極具鼓勵作用。《金門文學叢刊》縣長的序言提到「觀光立縣，文化金門」。意思是說，金門縣在發展觀光的大方向之下，要展現金門文化給觀光客看，而文學叢刊的推出，正是展現文化軟實力的一部分。當然，這絕對是一種政治手段，「利用」文學來發展觀光，文學是被動的，是發生在作品產生之後的「利用」，文學沒有反對或抗拒的選擇，但是若為觀光而創作文學，這樣的「文學」沒有價值。

作品獲得出版，對任何作家來說，都是難能可貴的成就。通常，只有能暢銷，能獲利，有賣點，或是知名作家的作品，才有可能被出版社看上。因此，作品能出版，絕對是令人興奮的大事。近年來，網路與電子媒體流行，紙本出版式微，但另一種客製化的自費出版，反而深受喜愛。出書已不再那麼遙不可及，基本上只要願意花點錢，任何人，任何東西都可以出版成書。送人也好，留作紀念也好，書已不像書，但這也不是壞事，金門有一大堆一本書的作家，在「谷歌」上可以搜尋到有此一書，但在圖書館或書店中，卻是雲深不知處。

2013年國立台灣文學館在台南、金門馬祖三地辦了一場名為《仙洲‧

戰地・曙光》的金馬文學特展。從海上仙洲、反共前哨，到初露和平曙光，以金門、兩地文學發展為主軸，藉由作家與作品的引領，偕同讀者穿越時空，照見神秘面紗下的繽紛容顏。金馬文學史，有了一次對外發聲、發光的機會與平台，讓世人重新認識、擁抱、走進一座島嶼的文學秘境。這是一場混凝、交揉多種文化、文學元素的特展，可以看到金馬作家提供的著作、手稿、文物、文獻、也可以讀到軍旅過客作家的金馬書寫作品。

其中，《顯影月刊》、《金門日報》、《金門文藝》三種刊物對金門文學的發展尤其重要。《顯影月刊》發行於1928年，除報導株山鄉訊外，不乏詩文創作與翻譯作品的刊載。對日戰爭時期一度停刊，戰後復刊，1949年無疾而終，今所見為1979年重新整理的影印本；《金門日報》是金門藝文作品發表的重要園地，從早期的料羅灣副刊、正氣副刊，到解嚴後的浯江副刊，數十年來，一直是金門人的精神食糧；《金門文藝》季刊於1973年由陳文慶創刊，是軍管時期金門民間唯一的藝文刊物，發行七期後停刊。1978年1月推出「革新號」，發行4期後停刊。[10]2004年7月1日由掛牌運作的金門縣文化局接手，改為雙月刊。2011年縣議會刪除預算，「金門文藝」再度斷炊關門。[11]

三、金門文學活動

金門文學的發展能有今天這樣的規模，公部門的付出，絕對要給予肯定。為提升金門的藝文創作水平，金門縣文化局與藝文人士合辦過許多活動，其中最具實質效益和知名度的有文藝研習營、金門書展、浯島文學獎等，三者輔相成，具有推動寫作風氣，塑造書香社會的功效，既可鼓勵台金各地金門鄉親文友們努力創作，更可藉由文學魅力認識金門，讓大家在文學中與金門相遇。另外、金門縣寫作協會與金門縣作家協會的成立，對金門文學的推展和創作也有積極的鼓舞作用。

2005年暑假，金門縣文化局成立周年，7月1日假文化局各講堂盛大舉辦「第一屆金門文藝研習營」，吸引國內外與地區文藝同好近百人參

---

[10] 陳長慶，〈《金門文藝》的前世今生〉，《金門日報》，2010/01/03，副刊。
[11] 參閱李增汪，〈李台山獨資贊助金門文藝復刊〉，《金門日報》，2014/09/14。

加，展開為期三天的文學之旅。除邀請國內知名作家、學者蒞金授課外，並安排各項金門文化巡禮活動。[12]文藝研習營是一種短期的活動，課程安排緊湊，能真正學到的東西不多，且經費支出龐大，很難繼續推行。相較之下，浯島文學獎就比較單純了。金門縣文化局於2004年起開始策辦浯島文學獎，至2015年進入第十二屆，徵文項目從剛開始只有散文到目前的小說、散文與兒童文學等三類。徵稿對象雖為全國，但書寫內容必須與金門相關。2007年金門縣文化局將一到四屆的得獎作品集結出版，書名為《滄海風雅》。[13]

1998年3月，在陳秀竹、李榮團等人發起下，結合一群熱愛寫作的民眾，成立「金門縣寫作協會」，以提倡寫作研究發展、團結熱心文藝、推廣寫作文化交流、參與地方文化建設、提昇生活品質為宗旨。該會除了鼓勵會員創作，並且出版會員專輯，包括1999年《仙洲群唱》、2001年《浯島海吟》、2002年的《浯江曲調》、2003年《浯島跫音》、2004年《貴島雅集》、2005年《海印傳奇》、2014年《浯鄉傳承》（15周年專輯）。另外還有一個「金門縣作家協會」，成員主要為《金門文學》叢刊與《金門文藝》雜誌的作者群。該會成立於2007年，由陳長慶、吳鈞堯、陳延宗等人所發起，會員區分為基本會員與榮譽會員，必須是熱愛並勤於寫作且常有作品發表者。

四、金門文學類型

（一）散文

金門文學作家，個個多才多藝，詩、散文、小說、評論幾乎都涉獵。通常散文較好寫，形式不拘，長短隨意，作品千變萬化，《金門文學》叢刊中散文就占了一半。《金門文學》叢刊的散文作品，涵涉金門、台灣、僑居三地，雖然強調金門鄉情書寫，事實上，除了「金門人」這一共同身份外，每個人的書寫特色與涵蓋內容不盡相同。從「金門」文學的角度來看，以下這些人的作品才是真正的原鄉書寫。由金門

---

[12] 參閱陳延宗，〈發現金門文學田園：第一屆金門文藝研習營紀實〉，《金門文藝》8（2015.09），頁105-108。
[13] 楊加順總編輯，《滄海風雅》，金門縣：金門縣文化局，2007年。

到台灣的吳鈞堯、楊樹清、楊筑君，以及定居金門的林媽肴、陳榮昌、洪春柳、林怡種、陳延宗、陳秀竹，總是將生活所依托的親情與鄉情擺放在心底，最終醞釀成文學創作的元素。

吳鈞堯幼年離鄉，金門對他而言，是座斷代島，他對金門這塊土地的記憶，大抵停留在童年時期，其土地情懷來自文學創作，來自對金門史書與文獻的理解。最近兩部重要的著作《火殤世紀》與《遺神》，雖是小說，但用了很多史料，可以看作另一種形式的史書。前者寫人，後者寫神；前者寫金門近代史，後者寫金門古史。吳鈞堯以小說見長，但小說中的文體卻是甚為優美的詞句，他在《金門日報・浯江副刊》專欄上的文章，以「說」字為引，寫人事，寫風景，也是獨樹一格。2014年，吳鈞堯將十數年的散文作品和報紙專欄文章集結出版，這本名為《熱地圖》的創作，用了兩個概念。「金門很熱、人情很熱、酒也熱。」這三要素，是書名「熱」的背景，而「地圖」則是昇華了的鄉愁。吳鈞堯有意用這本書來總結他對金門的情感，「我才發現我認識的金門很狹隘，這是很要命的發現。我不能一直只認識我的鄉愁啊！」吳鈞堯獲獎無數，是少數能擠進台灣主流文壇的金門籍作家。

講到鄉愁，當然不能漏掉長年居住在金門烈嶼的林媽肴。《浴在火光中的鄉愁》一書，以家鄉的蛻變過程及個人的求學成長歷程為主軸，以常民生活史與歷史相印證，全書充滿著擁抱鄉土的熱烈情懷，是作者對飽受戰火摧殘的故鄉，所作的深刻省思；是一本對戰火體驗深層的書寫，也是對家鄉歷史人文風情深入的探索，更是對島嶼生活青澀歲月情感的描繪。

林媽肴用文學印證金門，陳榮昌以金門豐富文學。陳榮昌是繼吳承明、楊樹清、吳鈞堯、林媽肴之後，第五位獲得時報文學獎的金門籍作家。陳榮昌擅於書寫人物，《金門金女人》一書，以金門女性為對象，希望由不同的觀點照見金門，也希望藉此，向金門的偉大女性們致上最高敬意。

筆名牧羊女的楊筑君，偏好以金門風光為題材，或追記自身成長，或寫生活靈光片羽，由此呈現金門生活之種種細節，由其所懷詠之人事，側面照見金門斯土發展與變遷。作品有《五月的故事》、《裙襬搖

曳》等。《五月的故事》收入《金門文學叢刊》，卷一「金色年華」，卷二「原野綠林」，寫人生際遇，生活雜感；《裙襬搖曳》，寫置身台北浮華世界的中年女子，對愛情、事業及周遭所見所聞的種種觀察。全書配合文字，穿插精美攝影圖片，是一本圖文並茂的美麗書籍。

洪春柳是筆者的老師、師母，在金門教育界及文壇，有相當的地位，受人敬重與愛戴，向有「金門第一才女」的稱謂。作品以金門生活風土為素材，寫金門生活種種，或追往憶昔，或寫離開金門後的生活。因常年居住金門，對地方掌故、神話傳奇、古詩舊詞甚為熟稔。著有《金門傳奇：七鶴戲水的故鄉》、《浯江詩話》、《金門島居聲音》、《不知春去》、《當代金門演藝的變遷》（博士論文）。《七鶴戲水的故鄉》寫金門各種傳奇，包括鄉賢、宗祠、寺廟、風水、土產、文物、禮俗等；《不知春去》分為四卷：來路、師說、島內、島外，記錄不同人生階段的感觸與見聞。吳鈞堯評其作品：「寫得藏鋒，看似樸實，卻是英華內斂了。」

林怡種曾任《金門日報》總編輯，並以「根本」為筆名，在「浯江夜話」寫了十幾年的專欄。2008年時，一口氣將這些文章集結出版，包括《心寬路更廣》、《拾血蚶的少年》、《走過烽火歲月》、《天公疼戀人》、《人間有情》等，稱之為根本真情系列。並以其報人身分，對流傳在金門的傳說故事作了一番採訪、考證，出版《金門奇人軼事》。

許多金門文學作家都是記者出身，其散文形式，屬於報導文學。談到金門的報導文學，一定會把楊樹清擺在第一位。楊樹清是個筆鋒常帶感情的報導文學家，是「金門學」的催生者，參與過金門各種文學活動。他對書寫的素材有足夠的敏感度，能以綜觀的方式，用質樸文字，展示強大的文學圖像與人道關懷。他花了20年的時間，走訪金門、大陸、台灣、南洋各地，採訪四百餘位金門籍人物，將所獲資料寫成文章，刊載於金門的報章雜誌上。2012年，在台北金門同鄉會與熱心人士的贊助下，楊樹清將舊作文稿重新整理，加入人物影像，出版《金門鄉訊人物誌》。此書共十冊，百萬餘字。雖然以人物為書寫對象，實則細訴金門故事，可以當作金門斷代史的散文集來讀，也可以當作金門人才資料庫，或鄉土教學紀錄參考書來用。

陳延宗曾任《金門文藝》雙月刊主編，熱心推動金門地區的閱讀活動，在《金門日報》上介紹各地的鄉親作品。從他的書寫中，可以感受到他對金門這塊土地的深厚情意。《海上仙洲原鄉人》是這些文章的匯編，他在自序中說，這是一本閱讀活動的動感指數，描述讀後迴盪心靈的萬般氣韻；也是一本鄉親熱愛家園的真誠故事，更是一本對作者表達尊重與敬仰的心情筆記。陳延宗的散文融鑄了自身對故鄉歷史文化的敬意，處處可見他對金門這塊「海上仙洲」的熱愛。

曾任金門高中軍訓教官的陳秀竹，常以藍茵的筆名在報刊上發表文章，寫詩、散文、小說；寫植物、寫動物、寫人物。作品有《榮民口述歷史：用生命寫歷史的英雄》、《用熱情灌溉金門》、《叩訪春天：前進金門》、《浯島念真情──故鄉的水土》等。退休後到金門國家公園當解說志工，寫了一些關於金門候鳥的報導和介紹，並在銘傳大學進修，論文名稱為《國家公園解說志工的認真休閒特質、家庭休閒衝突與幸福感關係之研究》。

金門還有很多寫作高手，常在《金門文藝》雜誌、《浯江副刊》園地上發表作品，作品也都散發著迷人的馨香，吸引不同的讀者群。

（二）小說

金門作家當中，小說創作較少，在《金門文學叢刊》中，共計十本，分別是洪乾祐《紅樹梅》、陳長慶《失去的春天》、黃克全《時間懺悔錄》、吳鈞堯《假如我在那裡》、黃東平《僑歌首部曲》、洪絲絲《異鄉奇遇》、翁華璧《落日故人情》、東瑞《失落的珍珠》、陳文慶《戰地兒女》、陳秀端《藤壺之戀》。這十個人，老中青三代都有，分居海內外各地，寫作環境不相同，小說展現的風格與節奏也不同，綜合起來，仍可看出金門鄉親生活發展的原型。

黃克全早期的小說偏向人生之探索，近期則將故事題材轉向故鄉金門及老兵身上，例如《太人性的小鎮》、《夜戲》、《時間懺悔錄》，皆以早期金門為故事背景。黃克全的作品對於悲傷不幸的心靈寄予深切的同情，並將各類人物之情境作哲學性的探索，頗有存在主義的風格。2006年出版詩集《兩百個玩笑──給那些遭時代及命運嘲弄的老兵》，

每首詩寫一個人物。洛夫說：「他以血淚的意象為一群老兵立碑，以動人的詞語為他們作傳；他以富於『莊嚴而崇高』的精神，寫出了空前的詩泉。」黃克全從每個人的經歷及詩人的感懷中提煉出獨特的意象，再附上數十字小傳。若不讀小傳，每首詩幾乎都可獨立成為普遍性的詩篇。詩人雖志在寫史，我們看到的卻更多是詩人感憤的心痕。[14]

陳長慶是金門重量級作家，小說創作的數量，無人能比。引張國治的話說：「陳長慶擅長以寫實手法，描寫金門之風土民情，並植根於對時局的感受，對家鄉政治環境的變遷，世風流俗的易變，戰火悲傷命運以及不向悲苦困境屈服的堅強意志，鋪成一股濃濃的鄉土情懷。」除小說外，陳長慶也寫散文、評論，有《攀越文學的另一座高峰》與《頹廢中的堅持》兩本書。前者收錄陳長慶評論別人作品的文章，後者集結別人評論陳長慶作品的文章。儘管陳長慶的讀者群很多，但是一般大眾最津津樂道的卻是他的另一本文史作品，《金門特約茶室》。

洪乾祐的創作文類以論述、小說為主。因啟蒙於金門閩南語私塾，能以閩南語講十三經，故而有堅實的漢文與閩南語基礎。論述多以閩南語的語言學考釋為主，著有《金門話考釋》，對於金門話研究著力甚深。小說則充滿濃厚的歷史感與金門鄉土風情，語言帶有方言活力，善於刻畫小人物在鄉土中的哀喜。《紅樹梅》，原名《相愛應是別離時》，又名《金門六傳奇》，自費出版於1998年。印行後，經親友引薦，曾於金門日報副刊連載，頗獲時人好評。全書包含六篇小說，小說中的人物和內容都是真人真事。全書皆以金門早期居民生活為背景，充滿著昔日離島文化的深刻記憶。

陳秀端筆名沐思，是金門高中的老師，創作文類以小說為主。短篇小說多以金門風土作為背景，文字風格質樸，敘事平穩不尚華巧，揉合地方文史、自然、習俗等元素，透過主人翁的創傷、孤獨、離合等人事移往，傳達小人物在大時代中的滄桑。《藤壺之戀》由六篇短篇小說構成，記錄半個世紀以來，居住在金門島上的人民，如何為生活奮鬥的感人故事。這些故事，見證了金門的過去，同時也反映了現在的金門。石

---

[14] 有關黃克全研究，參閱楊雅婷《黃克全小說中的歷史困境與生命哲學》與謝雨珊《戰地狂想曲的變奏——黃克全現代主義小說研究》，學位論文。

曉楓說，對於金門子弟而言，閱讀本書是一趟愉悅的回憶之旅，其中種種記憶地標的書寫，在在牽引出在地人遙遠的思念。[15]

陳文慶曾為職業軍人，出生於福建仙遊縣，1949年過來，定居金門。創作文類以小說為主，兼有散文。其創作多半描寫金門社會環境的變遷，自早期農村生活、「古寧頭戰役」的爆發，到金門年輕人的離鄉背井。陳文慶的文字樸實自然，作品中充滿對定居鄉土的熱愛，記錄了金門與金門人在戰爭期間的演變。作品散見《忠誠報》、《忠勤報》、《青年戰士報》、《革命軍》、《金門日報》浯江副刊。《戰地兒女》一書收錄二篇小說，〈戰地兒女〉與〈浯島鄉情〉。

小說作品是文學的貴族，好的小說具有魔力，影響深遠。金門的小說家不僅這些，像是徐月娟與馬筱鳳，以青少年小說為主；歐陽柏燕創作以詩為主，但對於小說創作也難割捨；李福井在文化書寫中建立自己的小說特色，而洪敏珍、寒玉、顏炳洳、吳素霞、李柔靜、張姿慧等人，正嘗試在小說創作中，建立自己的風格。

（三）詩

金門是詩的國度，先賢留下來的文獻中，不乏優美的詩歌。近代以來，金門文壇百花齊放，也出了不少寫詩的高手，不時可見到他們的詩作在報刊雜誌上發表。新詩是文學中的珍品，因形式不拘，文字多寡隨意，任何人都可以嘗試創作。寫個幾首不難，但要寫到可以集結成書，除了才華之外，也要有一定的創作功力。在《金門文學叢刊》中就收錄了六本詩集，包括許水富《孤傷可樂》、張國治《戰爭的顏色》、歐陽柏燕《飛翔密碼》、寒川《古厝》、蔡振念《水的記憶》，與洪進業《離開或者回來》。

許水富，筆名離人，擅長書法與廣告設計，最愛的是詩。作品有《叫醒私密痛覺：詩與視覺的叫吶》、《許水富短詩選》、《孤傷可樂》、《多邊形體溫》。許水富的新詩融合了平面設計及書畫藝術，充滿詩意美學，對於金門的童年回憶、創作生命與私密情感都有發自內心

---

[15] 石曉楓，〈在地人情的如實展現——《藤壺之戀》評介〉，《金門文藝》16（2007.01），頁76-78。

的省思。《孤傷可樂》這本詩集，是作者對故鄉深厚的鄉愁，對母親深深的依戀。許水富主張詩是用來吞噬孤單，「孤傷」是現代，「可樂」是後現代。蔡振念說，閱讀《孤傷可樂》，處處可見許水富語言創新的努力。[16]

張國治創作文類包括論述、詩和散文，早期題材均與金門有關，充分表達他對鄉土深切的熱愛。詩作分別選入台灣以及大陸多種選集，作品有《三種男人的情思》、《雪白的夜》、《憂鬱的極限》、《帶你回花崗岩島》、《末世桂冠》、《張國治短詩選》、《戰爭的顏色》等。《帶你回花崗岩島》是第一本以金門為主題展現的詩集，帶著一種文化地標的指向，透露著張國治的島鄉情懷。《戰爭的顏色》共有三卷，卷一「帶你回花崗岩島」描述青年詩人對故鄉的熱愛，卷二「想家的時候」抒發詩人悲天憫人的情懷，卷三「戰爭的顏色」刻劃在大時代潮流下，花崗岩島擺盪在戰爭與和平之間，浯島子民深刻的情境。

歐陽柏燕創作文類以小說為主，兼有詩、散文、繪本。小說內容除著墨於男女間曲折、隱約的愛情故事外，增添了島嶼歷史、社會習俗等人文領域。文筆含蓄而善感，詩集有《飛翔密碼》、《歐陽柏燕短詩選》、《燃燒的箭矢》。歐陽柏燕說，無論任何樣態的人都是作繭自縛的，她寫詩是為了突破一些困窘，因為無法安定的站在地面上，只好飛翔穿過雲層，利用那些激昂、敏感、脆弱、詭譎的片刻來寫詩，不斷向未知與禁忌挑戰。藉著寫詩，向內心注視，不斷探挖，深刻思考，認真過生活，即使身處黑暗中，也因有詩而增加血氣，安慰了靈魂。《飛翔密碼》是歐陽柏燕一路走來的真誠紀錄。

寒川，本名呂紀葆，五歲隨家人遠渡新加坡。寒川的詩，最醒目的主題是在變動的離鄉行旅中頻頻重現的哀嘆。善於使用典故，在古典與現代的會合點上抒發情思，在歷史的想像與憑弔之間頌念一己之憂樂；或在遊歷的腳程裡，接合個人對情愛的想望，而以富哲學性的辯證提昇思想高度。寒川詩作中經常充滿原鄉情愫和文化鄉愁，傾注了詩人對原鄉的濃濃思念，稱得上是南洋金門籍作家中，作品原鄉情愫表達最濃烈

---

[16] 蔡振念，〈靈魂的探險——評許水富《孤傷可樂》〉，《金門文藝》19（2007.07），頁73-75。

的一位。[17]寒川之外，方然、芊華、馬田、罔雷、游子等人，都曾返回金門，拜訪祖先的故居，並發表不少詩作。

蔡振念是學者，中文教授，文學理論深厚，對詩與語言的矛盾辯證，有獨到的見解。自言以詩作為記憶世界的方式，同時也是告別的手勢。寫詩，是最孤獨的旅程，詩人，是最孤獨的行業，知音，因此成為詩人可遇不可求的稀世珍寶。作品有《陌地生憶往》、《漂流預言》、《水的記憶》。《水的記憶》全書分六卷，各有一主題，卷一鄉魂篇，寫故鄉金門；卷二家族篇，寫生命中的過往的親人：卷三浪遊篇，仿杜甫的紀行詩；卷四情愛篇，題材較雜；卷五野獲篇，係舊作收集；卷六遺珠篇，為未發表之作品。收在這本詩集中的作品，是作者追求詩藝與情感和鳴的成果。

洪進業，筆名洪驊，創作文類以詩為主。其詩作或懷家國憂思，或寓戀人情思，或懷昔憶往，題材甚廣。能對時事與社會作出關懷，能與原鄉金門之在地風景結合，並出入於文學與歷史之間，藉由對金門當地風土、民俗、傳說之重寫，為地方史事立傳。洪進業是史學博士，是高考及格的模範公務員，編有《金門風雲——胡璉將軍百年紀念專刊，1907-1977》，但文學卻是他一生懸命，矢志不移的最愛。《離開或者回來》是洪進業的第一部新詩選集，收錄新詩75首。蔡振念說，讀洪進業的詩集，是一場心靈的美學饗宴。其語言純熟，聲韻節奏掌握精準，意象融合古典與現代，抒情與敘事兼工，而且有寫長詩的能力，已經具備一個全方位詩人的條件。[18]

翁翁，本名翁國鈞，長期投注於視覺設計領域，工作之餘浸潤於文學與藝術範疇。散文集《柴門輕扣》，是一本結合圖像與文字，精心編排設計，充滿人文質地的創作集，以半彩色印刷呈現，超越一般文學書種的視覺美學。詩作名為《禁忌海峽》，海峽是自由無涯的流泂，禁忌是金門島民從前共同的命題，翁翁的詩是一種在從前的禁忌中試圖突圍的演示。他回首童時，記載家族，描寫鄉景、山水，對家鄉的摯愛躍然

---

[17] 有關寒川的詩作分析，參閱前述莊彩燕的學位論文第五章。
[18] 蔡振念，〈美學的饗宴——評洪進業《離開或者回來》〉，《金門文藝》16（2007.01），頁73-75。

紙上。翁翁明白，穿越過漫漫海峽，他終有一個島鄉可以回去。楊樹清說，翁翁的詩，既不魔幻超現實，也不純然紀事寫實。詩意象與詩語言中，他選擇較單一的畫面，運用純淨的文字以及拉出音樂性，經營出屬於一座島嶼人的共同記憶情節。[19]

楊忠彬，筆名杜雨霏，生於金門湖下，畢業於台北教育大學語文與創作學系碩士班，現為國小教師。作品有《岩島飛翔記事》，卷一「帶你回花崗岩島」、卷二「飛翔之歌」、卷三「告別青春紀事」，收錄58首詩作。讀楊忠彬的詩，感覺上就像乘著滑翔翼隨風飄浮，一幕一幕的故鄉景緻在眼前拂掠而過；幽雅閑逸地倘佯於天地間，來來回回穿梭於金門島和台灣島之間的家園。《岩島飛翔記事》全書湧動著詩人的古典頭腦與浪漫心腸，交織了故鄉的眼與異鄉的心，形塑出超齡的時間滄桑感與空間漂泊感。

（四）兒童文學

一般的文學創作，不會設定讀者群，從事創作的人，也無法預知粉絲會在哪裡。兒童文學不一樣，它有很多的限制，甚至可以說，不能自由創作，要考量的面向很多，作為一種文學類型，它其實是一門很專業的創作。因此，即便在台灣文壇，兒童文學創作比率向來偏低，金門也不例外。近年來，金門縣文化局曾舉辦多次兒童文學研習營，期待藉由豐富的文獻史料，作為兒童創作的素材，來豐富金門的兒童文學創作。

2004年，文化局委由聯經出版公司企劃系列童書繪本，包括《來金門作客》、《漫畫金門歷史故事》，2005年底又出了《金的菜刀》、《坑坑洞洞》、《風獅爺減肥記》、《咪咪‧古厝‧魚》、《阿公的假牙》等繪本叢刊。2007年再度推出《鱟》、《水獺找新家》、《等待霧散的戴勝島》等三本生態繪本。同時間，周志強也推出兩本生態繪本《阿彩返鄉記》、《黃娘的姑婆情》，都是以在地題材創作的童話繪本，顯現不同的繪本風格。為鼓勵更多小朋友認識金門，文化局在2007年底再度策劃《金門有聲故事書》，借由影音光碟模式，提供更多小

---

[19] 有關甚他詩人的介紹，參閱王先正，〈新詩與金門（1949-2002）──「寫金名詩」與「金門詩人」〉，《金門日報》，2002/10/13，副刊。

朋友學習管道，也開啟金門繪本故事的新序幕。目前已出版17種印製精美、內容豐富的兒童繪本暨有聲書，其中有很多本獲得優良讀物或政府出版獎。

旅居台灣的金門籍作家馬筱鳳與徐月娟，從事少年小說創作，但題材與金門無關，主要為台灣原住民或漢人社會。曾在金門服役的臺灣資深兒童作家陳啟淦，以他在金門的所見所聞，完成《再見金門》一書。此書以「古寧頭大戰」和「八二三炮戰」之後的金門為背景，戰火後的金門百廢待興，無數家庭毀壞，人民流離失所。戰爭是無情的，戰爭是殘酷的，金門位在兩個敵對政權的交界點，無可避免地要接受無情的、殘酷的考驗。在這本書裡，穿插了一些帶有金門特色的情節，比如「民敬軍、軍愛民」的標語，「單打雙不打」的砲彈威脅，還有「水鬼」偷襲的恐怖氣氛，以及遊覽金門的名勝古蹟等等，作者希望小讀者能夠藉著這些情節，更加了解被「封閉」了好長一段時間的金門。

（五）古典文學

目前，尚無金門文學史的著作，因此，無法定出金門文學發展的歷史階段。2012年台灣文學館舉辦「仙洲、戰地、曙光，金馬文學特展」，將金門文學發展分成古典時期、1950-1992戰地戒嚴的軍管時期，以及1992年之後戰地政務解除至今。古代金門，文豐漪盛，賢士碩儒輩出，根據金門縣志的記載，其中較知名者有邱葵（1242-1332）、蔡獻臣（1563-1641）、洪受（1565-？）、許獬1570-1606）、蔡復一（1577-1625）、盧若騰（1598-1663）等人。

在這些先賢中，許獬有「金門第一才子」之稱，因此成為後人喜歡研究的對象。例如徐麗霞〈金門第一才子——許獬的傳說〉、[20]陳慶元〈許獬與徐的交遊——讀徐《祭許子遜太史文》〉、[21]許績鑫〈「會元傳臚」閩南第一人：許獬〉、[22]以及許績鑫編撰《金門第一才子——許

---

[20] 徐麗霞，〈金門第一才子——許獬的傳說 -上-〉，《中國語文》102:4=610（2008.04），頁116-130。
[21] 陳慶元，〈許獬與徐的交遊——讀徐《祭許子遜太史文》〉，《金門日報》，2006/10/28，副刊。
[22] 許績鑫，〈『會元傳臚』閩南第一人：許獬〉，李金振編，《閩南文化學術研討會論文

獮》等。[23]學位論文方面則有鄭沛文的《許獮及其作品研究》，經由人格考察與作品賞析，並透過民間傳說的描述，呈現這位同安聞人的生活面貌與形象。另外，許績鑫的學位論文也以許獮為例，探討明代的科舉制度。

至於邱葵與蔡獻臣，洪進業在金門日報副刊曾發表過許多雜感文章，談邱葵的釣磯詩和「卻聘詩」。2007年金門縣文化局將楊天厚、林麗寬的《釣磯詩集譯注》與郭哲銘的《遯庵蔡先生文集校釋》予以出版，開啟金門古典文學的整理。關於這兩本書，蔡振念在〈金門古典文學的整理〉一文中有簡略的分析與評論。[24]銘傳大學研究生張建騰，於2003年時完成碩士論文《金門蔡獻臣研究》，在第九章中談到蔡獻臣與金門其他儒士之交遊，包括洪受、許獮、蔡守愚、蔡復一、盧若騰等。2002年臺灣古籍出版社曾印行吳島的《滄海紀遺校釋》。基本上，金門古典文學的整理與研究，還在起步階段，如同蔡振念所說，金門古典文學的整理，仍待有心人士，再接再厲。

另外，民間文學方面，劉國棋的《金門民間文學傳承人楊黃宛及其傳承作品研究》、唐蕙韻的《金門民間故事研究》，都是透過在金門當地所採集的民間口傳故事，參考金門歷代文獻紀錄，經由分類統計、現象歸納、特徵觀察，分析內容意涵，寫成論文。用此一研究模式，一方面可以驗證民間文學理論方法的可行性，另一方，也能為金門民間故事的特色與存在，作一完整的詮釋與正確的評價。2005年唐蕙韻參與金門縣文化局主辦的「金門民間文學採錄與整理計劃」，採訪人次超過150人，採錄所得共約300則，選擇部份作品，輯為《金門民間文學——傳說故事卷》，並附錄「歌謠俚諺俗謎語敘事詩精選集」。俚語與俗諺是民間文學重要的要素，這方面的作品，除了洪乾祐《金門話考釋》外，尚有林永塘《浯洲俗諺集》、吳家篯《浯島情懷》、許丕華《浯鄉俗諺風華錄》等。

集》（金門縣：金門縣立文化中心，2004年），頁155-168。
[23] 許績鑫編撰，《金門第一才子——許獮》，金門：金門縣文化局，2006年。
[24] 蔡振念，〈金門古典文學的整理〉，《金門文藝》30（2009.05），頁73-75。

藝術研究

　　傳統上藝術包括文學藝術、視覺藝術、造形藝術、裝飾藝術、表演藝術等。在金門，藝術種類不多，大致上較有成就的有文學、書畫、攝影、雕塑、戲曲、音樂等。部份作家本身也是藝術家，如翁國鈞、張國治、歐陽柏燕等人，在藝術上的表現也很亮眼。分類的目的通常是為了方便研究，實際上的情形可能更為複雜。在金門藝文界，跨界的情形頗為普遍，能畫能寫的人很多，畫冊經常是圖文並茂。

　　要了解金門藝文現狀不難，1997年後連續幾年，金門縣社會教育館出了幾本年度《金門縣藝文資源調查報告》，金門縣志中文化志也記錄了各種藝文團體及其成員。私人著述方面，張火木的《金門藝文人物誌》，記錄金門近百年來之藝文人物概況，包括簡要的生平事蹟、重要的藝文著作。楊樹清的《金門鄉訊人物誌》第六卷《島嶼游藝》，記錄了數十位金門籍的藝文人士，並附有人物肖像，是本重要的藝文參考書，楊樹清另編著《台灣美術地方發展史全集——金門地區》。張國治《金門藝文鉤微》、陳延宗《海上仙洲原鄉人——金門文化人物誌》，與洪明燦《藝動的心》，除了藝文報導外，對作家作品也有深入的分析。

　　此外，《金門日報》副刊的「藝文片羽」專欄，不定期刊出作家動態、畫家點滴、文化訊息、出版脈絡等藝文資訊。這些都還只是文字紀錄，在《金門文藝》中，從創刊號以來，每期都有一個專欄名為「藝鄉人」，是真正以藝術家為對象的介紹，可欣賞到彩色精美的作品。本文就以《金門文藝》所報導的藝術家為主，再從上述諸著作挑選較知名的人物進行介紹與述評。

一、書畫

　　金門的書畫家陣容最龐大，雖然從事藝術創作的人數眾多，但純粹專業創作者卻少，大部份是定居金門，擔任教職，從事美術教育，在課餘之後的即興創作。會員的成就極其豐富，國畫與書法並題，展覽頻

繁且受肯定者有吳鼎仁、唐敏達、呂坤和、李沃源等。其中,吳鼎仁在美術書法、金石工藝,表現具佳,已出版十餘種畫冊。吳鼎仁的創作題材,經常以金門為藍本,其水墨畫作,揮灑著濃密的金門熱情。吳鼎仁是個典型的傳統文人,悠游於琴棋書畫之間,對鄉賢呂世宜的書法風格,特別有研究,2003年以《呂世宜書學風格研究》獲得銘傳大學應用中國文學研究所碩士學位。

呂坤和生於金湖鎮蓮庵村庵邊,畢業於國立台灣師範大學藝術所博士班,對金門的政治與文化工作期許至深。[25]曾發表一份「萬言書」,對金門的藝術展覽空間、內涵及文化現象,提出了深刻地省思、批判與建言,[26]2015年1月如願接掌金門縣文化局長一職。呂坤和生性喜愛大自然,對山水情有獨鍾,創作常以「金門」和「自然」為題材,其「雨後江山系列」經常出現在各大美術館與藝文中心的個展與聯展中,參展無數,作品中裝滿鄉愁的眷戀。

水墨畫創作頗有風格者另有在梁宗傑、陳能梨、張國英、陳海贊、洪永善、楊天澤、郭朝暉、陳昆仁、呂家恂、翁明川等人。新生代的楊文斌、董皓雲、翁明哲等人也深具潛力,是金門藝壇未來之星。

陳能梨有兩個身份,水墨畫家陳能梨與文藝女青年陳亞馨是同一個人。陳能梨自十七歲起便開始寫作,並任職金門陶瓷廠從事彩繪陶藝,能寫善畫,在他的文字作品中,經常可以看到金門身影。1979年出版《春之林》之後淡出文壇,專心繪畫,彩墨繪鄉情,在金門藝壇揮灑出另一片天空。

洪永善生於烈嶼,畢業於師大美術系,是作者國中時的老師,世居金門,或因個性使然,不善自我行銷。曾說:「繪畫對我而言,應是要以敏銳的感性眼光,用寫實的技法,超越再現觀世界的層次,而傳達一份濃郁,歸結於生活的鄉土情懷。」洪明燦在《藝動的心》一書中說,洪永善展出的作品量不多,但質地精良,不論布局、運筆、用墨、設色,皆考究獨到,他用水彩的技巧畫水墨,有時不免輕薄卻呈現出濃厚

---

[25] 楊樹清,《島嶼游藝》(新北市:旺文,2012年),頁77。

[26] 呂坤和,〈藝術展覽的省思——以金門文化局成立兩周年為例〉,《視覺藝術論壇》2(2007.07),頁47-58。

的西畫韻味。家鄉的人文風情是洪師創作的重要元素，他描繪故鄉人文景物、市集節慶、古厝巷弄，緬懷烈嶼風華，寫盡故鄉歲月，道盡滄桑美感。

在西洋畫作方面，李錫奇、黃世團是國際知名的藝術家。蔡繼堯、翁清土、梁文勇、董皓雲、陳瓦木、許玉音、翁享祝、楊文斌、李水潭、顏國榮等人，也都有不凡的表現。

李錫奇是古寧頭人，作品常遊牧於傳統與現代之間，試圖以西方的外貌，東方的內涵，賦予藝術新的定義。綜觀其創作泉源，大部份都取材於中國傳統精神。40餘年的藝術創作歷程，除了各種不同媒材的原作之外，重要畫作可歸納為兩大項目，一是水墨系列，一是漆畫系列。欣賞李錫奇的作品，我們可以在漆與墨之間，觀賞到文學的語言，體會到美學的新意。李錫奇的70大展，從上海、福州、北京，一路展回台北。配合這次展出，李錫奇委託王士朝、林守敬精編一冊大開本的《七十‧本位‧李錫奇——走過台灣現代藝術五十年》畫集，內容有專文、創作歷程、歷史回顧、評介，收錄上百張創作珍貴影像。

與李錫奇齊名的版畫家黃世團，有台灣「版畫四冠王」、「版畫之父」的美稱。[27]黃世團對金門有一份放不下的熱情，身為藝術家，對「美的事物」永遠保有一份堅持。看到開放、進步的金門故鄉，面對多元的衝擊，不知何去何從，黃世團心中不捨，腦中充滿彩繪故鄉的理想，一度投入政治圈，參選金門縣長，發心為為金門打拼。政治是一條不歸路，金門不缺可當縣長的人，但藝術圈少了黃世團，將會是金門藝術發展史中最大的損失。

1970年，金門地區在社教館輔導下，成立「中國書法學會金門支會」，1991年依人民團體法改組為「金門縣書法學會」。金門縣書法學會會員在長年書寫之下，書法造詣精益求精，且自成一格者不乏其人。從創始會員姜炎、傅維德等，到張奇才、傅子貞、陳昆乾、洪啟義等，各有特色；中生代的吳鼎仁、唐敏達、洪明燦等，作品深具水準；陳為庸、呂光浯、洪松柏等，功力日見深厚，其餘會員作品在各個展覽場

---

27 陳慶元，〈生命是一場盡力的演出——黃世團版畫個展隨想〉，《金門日報》，2012/6/18，副刊。

合，深獲好評。

　　金門的書畫界大致分成兩類，一是美術科系畢業的美術教師，這些人的作品主要為繪畫；另一是從事教育工作或在公務部門服務的在地人士，作品以書法為主。書畫不分家，但是一般而言，由畫而書較容易，專攻書法而成名者不多見。寫書法可以怡情養性，在金門本地畫家中，洪明燦在書法上所下的功夫，至為深切。近年來，許多鄉親越加感覺洪明燦書法寫得非常流暢，奇美兼顧，曲折多變，蒼勁有力，收藏他的字畫，是一種榮耀。洪明燦喜歡繪畫，也擅長筆耕，常在金門日報副刊上發表文章，記述地方藝文活動、美展實錄、寫生感懷。

　　相較於美術科班出身的書畫家，洪松柏的書法創作純粹是基於興趣，說他是「玩」書法，並不為過。書房取名「醉墨軒」，收藏不少古人碑帖、名家字畫，工作之餘，鑑賞臨摹。各種字體，博涉融通，卓然有成，尤其是行草，素有口碑。雖然沒有高學歷背景，或出自名師門下，經過多年的勤學苦練，書藝漸臻成熟，已獲名家肯定。2015年10月假烈嶼鄉文化館，以「意涉閑雅」為題，舉辦個展，展出作品近百幅。其中，陶瓷題字的作品，最受喜愛，語詞雋永，安排巧妙，充分反映出他的慧心與靈性。的確，字如其人，洪明燦在為洪松柏書法展作序時說，「我們在賞玩他的書法時，定能讀出他隱藏在字裡行間的人格特質。」[28]

二、攝影

　　戰地政務時代，照相器材列為管制物品，百姓不得私自擁有。加上，到處都是軍事重地，都是軍事機密，不得任意拍攝，因怕觸法，地區攝影風氣甚是沈寂。1992年底金門解嚴，照相機隨之解禁，地區喜好攝影人口日益增多，因此，在熱愛攝影人士號召下，金門縣攝影學會終在1998年7月6日宣告成立。初期成員約40餘員，以常投入攝影工作者為主。最需要攝影的肯定是記者，基於工作需要，金門地區的資深媒體人郭堯齡、顏伯仁、許少昆、李錫回等人，都曾為地區留下不少新聞照片檔案。一些地方上的文史研究者，如林金榮、許維民、葉鈞培、倪國

---

[28] 洪明燦，〈筆墨隨心──洪松柏書法首展序〉，《金門日報》，2015/10/4，副刊。

炎、吳正庭等人，在採擷地方文史資料時，也留下豐厚的影像資料，在他們所編著的書籍中，經常可以看到精美的攝影作品。

專門從事攝影創作，且已具知名度的有，在金門的蔡顯國，人文攝影為其代表；在台灣的張國治，以視覺傳達見長；洪世國，作品充滿對家鄉的眷戀。另外，王士朝、翁國鈞師徒在出版設計各領風騷。其他攝影同好如姚水泉、陳為信、王賢德、盧根陣、洪清漳等人，作品都有相當水準。

蔡顯國是瓊林人，當兵時擔任陸軍美工攝影員，1983年回金門後經營「瓊林十三間影像民宿」，創作迄今，舉辦過數次攝影個展。2005年9月出版攝影集《島鄉顯影──蔡顯國，金門人文影像》，收錄不同時期146幀黑白人文影像。蔡顯國自剖「走入影像記錄的金門，感受消失的歲月，記憶與隆隆砲聲交椽的神秘境遇。選擇影像，記錄我的島嶼，我的鄉愁。」

洪世國、翁國鈞、蔡顯國，都是復興美工科畢業，因名字中都有國，被楊樹清戲稱為「同一國」。洪世國曾是日本Konica（柯尼卡）台灣的代理商，對照相器材感覺比一般人更敏銳。年輕時便已投入影像記錄工作，留下不少攝影作品，但是，或因個性較拘謹、內斂，直到2007年才敢為自己辦一場個展。這場名為《遠鄉的眺望》攝影展，2008年2月回到烈嶼鄉文化館展出，深受地區好評。在洪世國的鏡頭裡，記錄著烈嶼紅山靶場的滄桑晚景；也有青春年少，與母親的私密對話；更有與妻子約定一生的見證；每張展出相片，都有著不同的生命故事。

盧根陣，筆名盧根，也是「復興幫」成員。1983年畢業後返鄉，任職於金門陶瓷廠，從事金門高粱酒瓶的設計工作。曾與詩人管管、攝影家鐘永和結為異姓兄弟，藝術之路深受李錫奇的栽培。以「伏碼・流影」為題，在國父紀念館辦過兩次個展。李錫奇說，「伏碼」是一種內在的壓抑，是對當前環境轉變、政治氛圍、個人情感窘境的混雜敘事；「流影」則是一種外在的釋放，預兆著由壓抑到釋放的過程，是個人對外在環境的一些省思。[29]

---

29 李錫奇，〈伏碼・流影的捕捉與重生〉，《金門日報》，2006/9/7，副刊。

洪清漳曾為國小老師，是烈嶼地區知名的生態觀察家及部落客。利用「烈嶼觀察筆記」部落格，長期投入島嶼人、事、物的記錄，並發表觀察心得。2015年1-2月在烈嶼鄉文化館舉辦「洪清漳——與海有約」攝影展，展出近60餘幅攝影作品，包括稀有的潮間帶生物、戰地史蹟，與人文活動。洪清漳以敘事手法表達他對金門海岸的豐厚情感；以精彩影像記錄潮間帶的繽紛之美；藉由展覽傳達攝影者與環境間的對話。隨著金門社會環境的改變，在迎向經濟建設之餘，洪清漳有感這些珍貴的自然資產可能會隨之消逝，盼藉由本次攝影展，喚起或提升金門民眾的保育意識。[30]

三、雕塑

金門地區瓷土蘊藏量豐富，政府於1963年成立金門陶瓷廠，初期生產項目為手繪餐碗盤，被民間戲稱為碗廠，1967年以後改生產金門高粱酒瓶。最盛時期，員工近300人，金門的陶藝家中，不乏早年曾在陶瓷廠工作的技工。金門酒廠與陶瓷廠合作，用彩繪瓷器盛裝陳年高粱酒，是國內外愛酒人士爭相收藏的精品。近期以來，金門縣文化局廣邀詩人、藝術家到金門作客，舉辦詩酒文化節，酒酣之餘，競相在瓷器上作畫題詩，名詩、名畫、配上名酒，這次第豈是「藝術」兩字可以形容。

金門人對這些瓶瓶罐罐，一點都不陌生，然而，作為一種生活器皿的瓷器，和作為藝術擺設的創作，二者之間仍有很大的距離。對金門一些玩陶的人來說，大部份是出於興趣，創作目的不為營利；以之作為商品，養家活口，專門從事創作，並把自己定位為藝術家的不多。1998年7月，金門地區眾多喜愛陶藝者成立了陶藝學會，為地區玩陶人士建了一個家園。初期會員40餘人，有的任職金門陶瓷廠或陶藝公司，有的自設陶藝工作室，有的純粹業餘玩陶。在會員中，陶藝創作具相當水準者，有王明宗、吳鼎信、呂榮和、吳惠民、蔡金頤、陳金城、洪壽林、謝華東等人。

---

[30] 董森堡，〈洪清漳攝影展元旦烈嶼登場〉，《金門日報》，2014/12/22，地方報導。

吳鼎信自部隊退下來後，從事古寺廟建築維修，致力於交趾燒研究，並進而創作以風獅爺為主題的民俗陶藝。因家族成員中有人經營鐵工廠，意外誘發他對鐵雕的興趣，由陶藝延伸到鐵雕創作，逐漸開創出自己的一片天地，成為地區獨創一格的鐵雕創作者。2004年，吳鼎信在金門縣文化局舉辦「現代焊雕個展」，不僅是他個人鐵雕創作的第一次，也是金門藝壇親炙鐵雕題材的第一次。吳鼎信的鐵雕作品有形有意，充滿著原創的精神，富有在地生根的活力。

有人說：「藝術無價」，事實上，在拍賣會場，每一件藝術品都可以訂出價格。若能結合藝術與商業，對藝術創作，絕對利多於弊，在王明宗身上，我們明確看到他如何利用藝術賺錢。1992年金門開放觀光後，矗立在各村落的風獅爺，立刻成為矚目的觀光景點，深受觀光客眷顧。腦筋動得快的王明宗，發現此一商機，於是設法將風獅爺改頭換面，轉換身份，將原本屬於厭勝物的風獅爺，變成可愛的工藝品。並與陶藝家黃金郎在家鄉泗湖成立「浯洲陶藝坊」，大量生產，如今坊內的風獅爺作品數量，已多到儼如一座「風獅爺博物館」，成為藝文人士及觀光客到金門必遊的景點。

四、音樂

金門舊屬泉州府同安縣，因此，以泉州為中心發展出來的「南音」，在金門也很盛行。台灣稱為「南管」、金門習慣稱為「洞管」。在電視尚未開播之前，金門有很多館閣，像目前還很活躍的烈嶼「群聲樂社」，經常參與兩岸三地的弦友聚會。老一輩的金門人，很多人會哼唱南管。1999年，金門樂府傳統樂團成立，成為地區代表性的演奏團體，常在各種活動中擔綱演出。2015年7月，金門縣文化局輔導設立金門傳統音樂館，位址在金城鎮邱良功古厝西側宅院。

金門樂府傳統樂團，是金門縣政府第一個正式立案的演藝團體，致力於「鼓吹樂」、「南管樂」、「京劇音樂」等傳統音樂的推廣與研習；[31]除探討地區各項傳統戲曲音樂外，另邀請名師開設正音班、鑼鼓

---

[31] 參閱李國俊，〈金門鼓吹樂的整理與傳習〉，國立傳統藝術中心籌備處編，《傳統藝術研討會論文集：傳承、交流、成長》（台北市：國立傳統藝術中心籌備處，1998年），頁

班、南音班及二絃班等，鼓勵有興趣的學校教師、學生及社會人士參加。南管是一種傳統且保守的貴族音樂，雖然詞曲優美，能領略的人其實不多，對年青人、小孩子來說，尤其沒有吸引力。

在金門民間文學中收錄不少傳統歌謠，被當作文學作品來讀，來保存。[32]要真正欣賞到這些歌謠的演唱，機會不多，會唱的人日益凋零，傳統歌謠已快變成絕響。2010年，金門國家公園委託金宏影視錄音有限公司，採集部份金門民間傳唱歌謠，請金門籍的知名音樂人李子恆重新編曲，並由當地老少演唱。此一作為，具有濃厚的文化保存與傳承意涵，能讓閱聽者藉此認識金門悠遠的文化，體會金門歌謠的濃厚藝術價值。

這套DVD片長60分鐘，收錄20首歌謠，有童謠如田蛉扛轎、月光暝、一放雞、大箍呆、白鷺鷥、嬰仔唔唔睡、火金星、十二生肖、月光光；有描述金門習俗的如24節氣歌、抽壯丁、番薯情、醉臥殘花裡、南海佛祖；有與落番有關的如長相思、洋客苦、君在番邦、爸母主意嫁番客等，詞句優美，意境深遠。例如〈君在番邦〉：「君汝在番邦，妾身在唐山，等到無地看，割吊我腸肝，除非我君返來，我心才喜歡。」不徒歌詞與金門歷史息息相關，吟唱的語言也是道地金門腔調。

這張影音名為《金門傳統歌謠》，其實不全是傳統，〈番薯情〉是李子恆創作的現代流行歌曲。曲風柔和，歌詞簡單，許多民國40、50年代出生的金門人聽來，常會眼框濕潤。金門以前很窮，番薯是主食，「阮是吃番薯大漢的金門子」、「細漢的夢是一區番薯園」、「故鄉的情是一滴番薯乳，尚難洗啊尚久長」，就這麼幾句話，道盡異鄉遊子的心情。近年來金門為了行銷觀光，出現一些商業歌曲，例如像由丁小東作曲，志峰填詞的〈來去金門〉與〈勇敢的金門人〉，介紹金門的物產與觀光，但MTV看起來倒像李縣長的競選廣告。這類歌還有江蕙幫金門酒廠錄製的廣告歌〈溫溫的〉，只會在廣告中出現，不會單獨唱。

除了李子恆外，另一金門籍音樂人黃永德，以「流氓阿德」之名

3-20。

[32] 例如王先正等，《金門詩文歌謠選析，五卷》，臺北市：設計家，1999年；林文鍊，《俚諺歌謠語文趣》，金門：金門縣文化局，2008年。

享譽樂壇。黃永德是台灣文學館收錄的金門籍文學家，作品以樂壇為背景，藉搖滾樂與樂團，書寫青春成長與愛情故事，但最終意圖卻是以音樂觸碰社會現實，反應時代。作品有〈我愛妳，金門〉、董振良《單打雙不打》的片尾曲〈流放〉。前者，講金門的風土民情，會讓人產生一種想〈回家〉（李子恆的另一首歌）的企盼；後者，歌詞充滿對島嶼與軍管體制的反叛與控訴，雖然這並不是所有金門人的記憶，但阿德親自演唱，那充滿滄桑的嗓音，總是令人動容，心情沉重。

　　最近，在金門的社群網站上流傳著另一首金門之歌，名為〈金門山〉，由金門籍音樂製作人陳慶良所作，曲風格調類似蔡振南的〈母親的名叫台灣〉。「金門山」一詞是老一輩金門人對自己家鄉的稱呼，像有人稱筆者的家鄉為「烈嶼山」一樣，並不是真的有一座山叫「金門山」或「烈嶼山」。照陳慶良的說法，他希望這首歌能像〈外婆的澎湖灣〉一樣，人人朗朗上口，能成為代表金門的歌。[33]

　　每一個時代，都會產生反映那個時期、環境的歌聲和音樂作品，金門也不例外。在戒嚴、軍管時代，留下不少官方、軍方版的戰鬥文藝歌曲，諸如〈錦繡大地〉、〈英雄島〉、〈戰地春曉〉、〈太武雄風〉、〈古崗湖畔〉、〈金門之歌〉、〈海上長城〉、〈歡樂漁家〉等，較特別的是〈悲憤的女神〉，講烈嶼仙姑廟的故事。基本上，這些都是反共抗俄的樣版歌曲，對激勵民心士氣，有其一定的效用，但沒啥藝術價值，加上它們是一種潛藏著庶民情感被壓抑的聲音，因此很難被傳唱。

---

[33] 陳麗妤，〈陳慶良金門山歌友會感動人心〉，《金門日報》，2014/7/6，副刊。

Chapter 8
自然與生態

動物研究

金門舊志說：「浯洲蕞爾地，羽毛齒革之所弗生。」[1]主要原因是金門沒有深山密林，野生動物之獸類難以生存。好在金門四面環海，淺灘深澳，有利於魚蝦貝介之滋生，濱海鄉村之居民，幾乎都兼業漁獲。據史書記載，金門在元代以前是個樹木蓊鬱的小島，而且多是一些松柏樟櫸的有用之材，可惜歷經戰亂兵燹之災；再加上元代在金門設置鹽場，民丁被編為灶戶徵鹽。煎鹽耗費燃料，島上樹木被砍伐殆盡，以至「童山濯濯，荒埔茫茫」。在無森林覆蓋下，東北季風長驅直入，風沙漫天，不但影響島內耕作，也影響生物生息。

到了1949年國軍進駐，因軍事構工需求，以及深受風沙所苦的民眾感於綠化之重要，遂開始積極造林。歷經近半個世紀的努力，才有今日蓊鬱再現之地景與多樣豐富的生態系。關於金門的生態系，縣志記載甚詳，物種極多，但未必是金門常見之生物，就與民眾的生活相關度而言，不如諺語和童謠所陳述的精彩。這些地方俚語與歌謠，雖然出現的時代不詳，卻足以說明金門過去與生物相關的紀錄。例如「水頭鱟、昔果山留大蝙」，說明鱟與紅脈熊蟬（金門俗稱「大蝙」）的棲息地及分布情形；童謠：「埔丟仔，埔丟仔！啫，啫，啫！生囝無地憩，憩佇草埔下，予一個囡仔牽牛伊踢一下。」[2]說明小雲雀的生態習性。類似的歌謠甚多，又如「苦楝開花，落葉（鷲鷹科）抓雞。」反映了苦楝樹開

---

1 （清）林焜熿纂輯、林豪續修，《金門志》卷二，〈分域略〉，「物貨」。

2 參閱金門正義國小官網，「教學資源——母語教學」，〈http://webjyps.km.edu.tw/onweb.jsp?webno=3333333326〉，2013/11/03檢索。

花的季節正是猛禽過境的時間等。

　　常民文化表現了先民的智慧，只是這些知識並沒有形成學問體系，真正符合科學的記錄始於1933年。當年有一批廈門大學生物學院海產動物系的調查員，來金門採集海中生物，據說帶回學校之後，作成標本，作為研究之用。[3]抗戰期間，日本佔領金門，曾對金門作過大規模的調查。根據《日據時期金門調查實錄1937-1945》的記載，金門的野生鳥類有烏鴉、雁、鴨、家鴿、鵪鶉、雀等；水產類有養殖牡蠣、養殖鱅魚、烏魚、鯉魚；近海漁貨則有鰤魚、鱧魚、鰈魚、鱵魚小黃魚、鯛魚、鯔魚、甲殼烏賊、槍烏賊、望朝（墨魚的一種）以及文蛤等。[4]

　　有關金門的動物研究，約可分成二個時期，以1990年金門國家公園成立作為分水嶺。在此之前，金門受軍事管制，台灣的學者很難前來做田野調查研究，以致有關金門的生物種類及棲息狀態，僅有零星資料可供參考。動物類的研究報告有吳尊賢的〈金門鳥類略記〉、[5]連日清的〈金門列島常見豆娘和蜻蜓〉、[6]下野谷豊一、余清金的〈台湾產蝶の未記錄種および金門島產の蝶に關する覚書〉，[7]以及王先勝、李恆祥、張繼漆的〈金門地區田野昆蟲標本製作及研究〉。[8]

　　金門國家公園成立後，積極投入相關生物調查研究計畫，金門縣政府亦感於時代趨勢，大力資助環境保育工作之研究，金門的生物資訊方得以建立基礎。這些研究成果和調查報告，陸續出版成書；或以有聲書、電子書的方式呈現，幾乎涵蓋各個生物層面。

　　以動物為例，曾接受金門國家公園委託的單位就有中國生物學會，調查金門國家公園濱海潮間帶動物相（1996）；台大動物系，調

---

[3] 李炷烽監修，《金門縣志：96年續修》《土地志》（金門縣：金門縣政府，2009年），頁268。

[4] 中村誠道著；金門縣文化局編譯，《日據時期金門調查實錄1937-1945》，南洋協會台灣支部出版，中文版，1997年。

[5] 吳尊賢，〈金門鳥類略記〉，《台北市野鳥學會年刊》第2期（1987年），頁48-53。

[6] Lien Jih Cing, "Common Damselflies and Dragonflies of the Quemoy Islands (Odonata, Zygoptera, Anisopetera)", *Bull. Soc. Entomol. 15*（1980），pp. 115-126.

[7] 下野谷豊一、余清金，〈台湾產蝶の未記錄種および金門島產の蝶に關する覚書〉，日本鱗翅目学会，《蝶と蛾》（*Transactions of the Lepidopterological Society of Japan*）22（1‧2）（1971-10-30），pp. 57-61.

[8] 王先勝、李恆祥、張繼漆，〈金門地區田野昆蟲標本製作及研究〉，《國民教育》30: 1/2（1989.09），頁35-41。

查金門近海地區哺乳動物（1997）；中華民國自然生態保育協會，調查金門國家公園兩棲爬行動物（1998）；中華民國國家公園學會，調查金門哺乳動物相（2003）；中央研究院，調查金門地區軟體動物相（2006）；中華民國自然生態保育協會，調查金門地區環節動物——貧毛綱（2008）。

另外，尚有一些期刊論文，例如李玲玲、林宜靜發表於《國家公園學報》的〈金門地區自然資源基礎調查與保育方針之研究——野生動物資源〉、[9]山馥嫻的〈金門地區動物群聚監測方法初探〉、[10]以及收錄在《金門國家公園及鄰近水域動物資源之調查、研究與應用研討會成果論文集》中的文章，[11]對金門的動物相都有詳細且專業的調查與研究。

一、鳥類

金門幅地不廣，景觀、地貌鮮少變化，因此動物種類不豐富。雖為海島，但與大陸相距太近，沒有「地理隔絕」效應，以致缺少獨特的品種。不過，由於到處都有湖泊沼澤，加上正位於候鳥的遷徙路徑上，過境金門的鳥類，不論種類與數量，都極為可觀。近20年來，金門縣旅遊局大力推展賞鳥的觀光活動，且讓參與者一再參與，成為永續發展的項目。鳥類是金門極為重要的野生資源，可惜，近年來的棲地過度開發與缺乏整體規劃，使得金門野生環境的鳥類資源日漸消失，盛景不再。

1980-1983年間，金門高中教師莊西進，將利用肉眼觀察（當時尚不能使用望遠鏡）和鳥網捕捉到的記錄，[12]發表金門鳥類生態調查研究。1990年莊西進撰述金門鳥類生態，於1994年出版，名為《金門地區賞鳥指南》，[13]這是金門第一本鳥類圖鑑。1996年6月，莊西進接受金門國家公園委託，在慈湖、田墩、水頭及陵水湖等四個金門主要鳥類棲地，

9　李玲玲、林宜靜，〈金門地區自然資源基礎調查與保育方針之研究——野生動物資源〉，《國家公園學報》5:1（1994.06），頁1-20。

10　山馥嫻、董景生、許嘉錦、陳世煌、楊平世，〈金門地區動物群聚監測方法初探〉，《國立臺灣大學生物資源暨農學院實驗林研究報告》21:3=257（2007.09），頁207-227。

11　陳天來，《金門國家公園及鄰近水域動物資源之調查、研究與應用研討會成果論文集》，金門縣：內政部營建署金門國家公園管理處，1996年。

12　中華民國野鳥學會，《金門國家公園鳥類遷徙及棲地環境調查研究》（金門：金門國家公園，1996年），頁3。

13　莊西進，《金門地區賞鳥指南》，金門：金門國家公園，1996年。

調查鳥類的停棲狀況，初步將金門的鳥類歸納為三類：候鳥（冬候鳥、夏候鳥、過境鳥）、留鳥、迷鳥。[14]1997年金門縣政府將莊西進的研究成果出版，名為《浯洲飛羽：金門常見鳥類圖鑑》，分成總論、個論與附錄三部份。有學術性的解說，也有旅遊指南，並附金門鳥類中英文名稱索引，彩色圖文，對想來金門旅遊或單純賞鳥的遊客而言，相當實用。[15]

金門鳥類資源豐富，每年吸引大批遊客到金門賞鳥，有鑑於此，金門國家管理處也委託廖東坤，拍攝並撰寫《風中之舞——金門的鳥》一書，希望以他多年的野外觀察經驗，將金門的鳥類介紹給社會大眾認識，藉此提高學習者對鳥類的觀察能力及興趣。廖東坤以兩年的時間，持續在金門各處等候蹲踞，攝取各種鳥類姿態及行為，配合深入淺出的文字說明，於2004年完成此書，其中有對自然感性的禮讚，也有對鳥類行為的理性剖析。[16]另外，金門縣政府也出版一些賞鳥指南，例如《賞鳥趣：金門地區鳥類多樣性》、[17]《觀鳥金門：金門賞鳥指南》，[18]免費提供給鳥友與旅客，頗受好評。金門的公家單位，從以前送高粱酒和貢糖作公關，改成送書籍與文創用品，這也算是一種文化上的長進吧！

「浯洲無處不飛鳥」，[19]鳥之美在於牠的飛舞，若只是翻閱鳥類圖鑑或賞鳥指南，無法產生感動，而且，鳥的動態也不是文字可以描述的。因此，金門國家公園錄製了一些音像檔案，例如《浯洲羽踪：金門國家公園鳥類生態》、[20]《聽！是誰在歌唱：金門的留鳥》、《聽！是誰在歌唱：金門的候鳥》。欣賞金門的候鳥，除了掌握時間、地點、如果還能辨識鳥音，必能提升賞鳥的樂趣。2002年金門國家公園先錄製留

14　莊西進，〈金門鳥類的分佈調查研究〉，《金門國家公園及鄰近水域動物資源之調查、研究與應用研討會論文集》（金門：金門國家公園，1996年5月），頁25-34。

15　金門縣政府，《浯洲飛羽：金門常見鳥類圖鑑》，金門縣：金門縣政府，1997年。

16　廖東坤，《風中之舞：金門的鳥》，金門縣：內政部營建署金門國家公園管理處，2004年。

17　李增財編，《賞鳥趣：金門地區鳥類多樣性》，金門縣：金門縣政府建設局，2006年。

18　梁皆得撰文、攝影，《觀鳥金門：金門賞鳥指南》，金門縣金城鎮：金門縣政府，2008年。

19　范孟雯、謝仲甫、方偉，〈浯洲無處不飛鳥——金門鳥類冬季調查記行〉，《自然保育季刊》58（2007.06），頁45-53。

20　金門國家公園管理處，《浯洲羽踪：金門國家公園鳥類生態》，金門縣：金門國家公園管理處，1997年。（錄影帶）

鳥的聲音，有樹林的鳥如喜鵲、戴勝、環頸雉等；村落的鳥如八哥、珠頸斑鳩、鵲鴝等；濕地的鳥如白腹秧雞、花嘴鴨、玉頸鴉等，叫好又叫座。於是在2004年，委請知名廣播人李可繼續錄製候鳥聲音。收錄金門23種候鳥的聲音，以19種野鳥鳴叫為主軸，18種環境聲音為背景，襯托出金門野鳥特色及生活環境。

　　金門國家公園曾在1998-1999年、2004年，與2010年分別委託學者對金門的鳥類進行研究，例如劉小如計畫主持的《金門國家公園鳥類生態記錄研究》、劉小如、梁皆得的《「金門佛法僧目鳥類調查」：金門佛法僧目鳥類分布及其他鳥類生態調查》，以及許育誠、劉小如的《金門鳥類調查》。金門的鳥類主要為佛法僧目，因此劉小如的研究報告共計三次，2004年先對佛法僧目的鳥類進行普查，2006年研究戴勝的繁殖生態，2007年則研究戴勝的巢位選擇、子代性別差異、遺傳婚配制度（genetic mating system）及族群結構等議題。

　　根據許育誠的調查，金門的鳥類超過260種，在其所記錄的158種中，就有57,072隻次。[21]物種與族群數量的確相當豐富，其中有些鳥像是栗喉蜂虎，只見於金門，戴勝在台灣雖有，但數量稀少。鳥，有所謂害鳥與益鳥，並不是所有的鳥都受歡迎。如此多的鳥，對金門的農作必然也是一種潛在的威脅。2013年金門國家公園管理處經常查獲農民掛網捕鳥，甚至有農民懸掛鳥屍以嚇鳥，因此引來輿論撻伐。

　　然而，也不能為保護鳥而傷害農民，看到一大群候鳥列隊飛過，景象美不勝收；看到農作物被一掃而空，卻是欲哭無淚。政府單位必須儘速擬妥補償方案，否則，「鳥類的天堂」將是「農民的地獄」。早在2007年時，金門國家公園便已委託國家公園學會研究鳥類對農業之影響，提供因應對策。[22]保育與生計是個兩難問題，不是金門所獨有，一直以來都沒有完美的兩全之策。金門縣政府與金門國家公園絕對有足夠資源與能力解決問題，就看是否有意願與決心。

---

[21] 許育誠、劉小如，《金門鳥類調查》（金門：金門國家公園管理處，2010年），頁9。
[22] 袁孝維研究主持，《金門鳥類對農業產業之影響及因應對策之研究》，金門縣金寧鄉：內政部營建署金門國家公園管理處，2007年。

（一）栗喉蜂虎

　　2003年5月，卡登實業股份有限公司印製了一組「保育鳥類郵票──栗喉蜂虎」，郵票圖案主題包括捕食、群棲、沐浴、育雛。栗喉蜂虎是金門最受注目的夏候鳥，有一席亮麗的彩衣，全身以黃綠色為主，尾巴卻是藍色，之所以有栗喉蜂虎這樣的名字，主要是因為栗紅色的喉部和高明的獵捕技巧，素有「空中獵手」的稱號。每年4、5月間來到金門，營巢繁殖，五彩繽紛的羽毛，為金門的夏日天空增添許多斑斕色彩，令賞鳥人士嘆為觀止。

　　來金門賞鳥絕對不能錯過栗喉蜂虎，也應該不會錯過。如果來的不是時候，可以走一趟金門國家公園「雙鯉溼地自然中心」，了解各種鳥的生態，聆聽各種鳥的美妙聲音；或是購買一張《夏日的精靈：栗喉蜂虎》DVD，[23]回家慢慢欣賞。根據〈金門島栗喉蜂虎繁殖生物學研究〉，金門的栗喉蜂虎營巢區多分布在金門的東半島，[24]由於人為的土地開發利用，許多營巢區都面臨不穩定與不確定性。因此，作者建議在金門國家公園範圍內，營造一個固定的巢區，如此才能進行長程棲地經營管理計畫，確保棲地品質。同時，栗喉蜂虎有趣豐富的自然史也是解說教育最好的題材，後續的研究工作應持續進行。

　　2002年，金門國家公園開始對栗喉蜂虎的繁殖生態學展開研究，了解此物種的習性、行為，以便進一步擬訂保育方針。《栗喉蜂虎營巢地環境因子研究報告》（2002），係針對栗喉蜂虎的營巢地需求與生活史進行研究；《栗喉蜂虎營巢地維護與評估》（2003），選擇栗喉蜂虎曾使用過的四個營巢地，記錄栗喉蜂虎掘洞築巢的情形，並追蹤其生殖成功機率；《金門栗喉蜂虎營巢地復育及生殖生態學研究》（2004），[25]延續2003年的研究，首度運用無線電追蹤技術，計算並繪出田埔水庫巢區蜂虎

---

[23] 尖端公司，《夏日的精靈：栗喉蜂虎》，金門縣：內政部營建署金門國家公園管理處，2003年。

[24] 袁孝維、王力平、丁宗蘇，〈金門島栗喉蜂虎（Merops philipennus）繁殖生物學研究〉，《國家公園學報》13：2（2003.12），頁75。

[25] 袁孝維、王怡平、王元均，《金門栗喉蜂虎營巢地復育及生殖生態學研究》（修正本），金門縣：內政部營建署金門國家公園管理處，2004年。

在育雛期的覓食活動範圍；《栗喉蜂虎生態棲地維護與保育》（2009），針對全島的栗喉蜂虎進行生殖族群普查。依據作者的調查，得知金門全島栗喉蜂虎生殖族群約為2,000隻，分別位於至少21個營巢地，與往年生殖族群及夜棲地的調查數量比較，顯示蜂虎在金門的整體族群量有減少的趨勢；《金門栗喉蜂虎生殖族群與棲地經營管理》（2010），持續在乳山營巢地及田埔、青年農莊營巢地進行生殖監測，並新增三角堡營巢地，調查栗喉蜂虎全島族群分布及生殖狀況。作者建議在栗喉蜂虎上裝置衛星發報器及採集穩定同位素，藉此了解金門栗喉蜂虎的遷徙路徑。

（二）戴勝

2007年7月1日，金門縣政府為了促進觀光，推出專門跑著名景點的觀光公車。並且為車身和沿線站牌設計了一個醒目的logo——頭戴紳士帽、身穿黃褐色和黑白色相間禮服的擬人卡通圖案——一隻名為Mr. Bird的戴勝鳥。在金門的野鳥家族中，夏候鳥以栗喉蜂虎聞名，冬候鳥以鸕鷀著稱，但是，要見到牠們得選對季節，不像戴勝，在金門，四季常見，是金門地區最普遍、最具代表性的留鳥。因此被用以代表金門，迎接賓客，算得上是金門的縣鳥。

事實上，金門百姓並不喜歡這種鳥，視之為不祥的徵兆。因為戴勝經常出沒荒郊墓地，以細長彎曲的嘴巴啄食棺木上的昆蟲，被誤認為是以墳墓中屍體為食的鳥類，金門人稱之為「蒙崆鳥」（或蒙崆雞），「蒙崆」即墓坑的意思。在中國北方某些地區，這種鳥被稱作「一把扇」，多數在丘子（北方習俗，女人先死後用磚砌一個長方形的墓，叫作丘子，待配偶逝世後入土合葬）裡居住，據說以死人腐屍為食，這種鳥身上腐臭很重。顯見這種鳥的習性，給人的感覺不脫離墳墓，並不是只有金門人有此看法。

戴勝鳥在中國歷史上出現甚早，〈禮記・月令〉：「鳴鳩拂其羽，戴勝降於桑。」戴勝之「勝」字，指的就是頭頂上的羽冠，是首飾的意思。[26]在中國傳統繪畫史上，戴勝鳥具有悠遠的地位，畫家常將之與金

26　參閱梁皆得，〈金門神秘的留鳥——戴勝〉，《國家公園》，2007.01，頁14-17。

萱一同描繪，具有「母愛」的象徵意義。中國古代有許多讚美戴勝鳥的詩，如唐・賈島〈題戴勝〉：「星點花冠道士衣，紫陽宮女化身飛。能傳世上春消息，若到蓬山莫放歸。」；元・僧守仁〈戴勝〉：「青林暖雨飽桑蟲，勝雨離披濕翠紅。亦有春思禁不得，舜花枝上訴春風。」

　　戴勝鳥也不是中國所獨有，2008年5月28日以色列15萬人民參與投票，從10種本土鳥中選出戴勝作為國鳥。戴勝鳥之所以脫穎而出，取其對配偶鳥的忠貞與對幼子的提攜。自從戴勝成為金門的縣鳥之後，當局希望掃除人們對這種鳥的既有印象，不要再以墓坑之鳥視之。事實上，這些年金門積極發展鄉村整建，傳統墓穴在金門已經非常少見，戴勝的棲息地轉向荒廢的傳統古厝。根據金門國家公園管理處委託學者劉小如、許育誠的研究，調查52個金門村落，其中40個村落有戴勝的足跡，而且八成三的戴勝是居住在古厝或農舍，特別是供奉祖先的「祖公厝」，因此，研究人員認為戴勝應改稱「祖厝鳥」，才是名副其實。[27]

　　劉小如是中央研究院的研究員，長期投入生物多樣性與自然資源保育研究，曾經獲頒美洲鳥類學會榮譽研究員，以及入選為國際鳥類學委員會成員（Member of International Ornithological Committee），是台灣知名的鳥類研究專家，2010年時出版台灣首部《台灣鳥類誌》。此套鳥類誌共分三冊，涵蓋了所有曾在台灣出現的鳥種，書中整理編纂近60年來有關台灣鳥類的研究與觀察記錄，依照最新國際鳥類分類標準，清晰說明台灣鳥類之分類、型態、生態、行為與保育需求，資料詳實，極具研究與參考價值。[28]

　　從1999年起，劉小如教授便開始接受金門國家公園委託，投入金門鳥類生態記錄研究，對佛法僧類的鳥類進行長期調查。先後提出三份報告：《金門佛法僧目鳥類調查》（2004）、《金門佛法僧目鳥類調查（二）——金門地區戴勝繁殖生態研究》（2006）、《金門佛法僧目鳥類調查（三）》（2007）。調查的對象主要為戴勝鳥，包括戴勝的繁殖行為、巢位選擇、子代性別差異、遺傳婚配制度及族群結構等議題。

---

[27] 劉小如、詹仕凡、胡文寅、許育誠，〈金門地區戴勝（Upupa epops）的繁殖生態研究〉，《國家公園學報》20:3（2010.09），頁34-44。

[28] 劉小如等，《台灣鳥類誌》，臺北市：行政院農業委員會林務局，2010年。

近幾年，金門國家公園花了不少錢從事古厝整修，戴勝可用的巢洞逐漸減少。自從戰地政務解除後，金門的環境已有很大的改變，例如駐軍部隊大量減少，原本軍隊駐紮的地區被開發；傳統古厝陸續翻修，新式建築快速增加；道路拓寬及綠化措施，使一些大樹消失等，都給金門的自然環境帶來多方面的影響。劉小如建議政府，利用衛星影像，搭配地面調查，每年監測環境變化，此類變化對金門的長遠影響，應被納入金門土地利用與規範的長期計劃之中。[29]

2007年金門縣文化局委請知名插畫家張振松，出版了一本童書繪本，名為《等待霧散的戴勝鳥》。[30]用一種擬人化的方式，介紹戴勝鳥的生活，融合了知識與情感，是一本很受小朋友歡迎的好書。筆者小時候，同儕中常有人綽號「墓壙鳥」，被稱為「墓壙鳥」，心裡感受當然不好，只是，在金門常民生活中，卻有不少與墓壙鳥相關的俚語，像是「墓孔鳥，恁兜一家死了了」。[31]看著觀光公車載著Mr. Bird到處跑，便可感受到金門人對於戴勝鳥的感情，以及戴勝鳥在金門常民文化中的地位。看到「墓壙鳥」雖然不舒服，換個心態想，牠可是一隻有智慧的鳥，[32]也是象徵對配偶忠貞的鳥。

唐·白居易〈春村〉：「二月村園暖，桑間戴勝飛」，在金門，這句詩得改一個字。2008年12月，金門國家公園管理處出版發行了一張DVD，取名為《簷間戴勝飛》（Hoopoes in Kinmen Residence），介紹金門戴勝之生活習性。不管是在桑間飛或簷間飛，也不管該稱作「墓壙鳥」或「古厝鳥」，隨著金門生態環境的改變，戴勝的數量已愈來愈少。來金門旅遊，看到觀光巴士在路上跑的機會，肯定多於看到戴勝在屋簷上飛。或許，就像觀光客一樣，戴勝原來也不屬於金門，留不住的，終究留不住。

---

[29] 劉小如計畫主持，《金門佛法僧目鳥類調查（三）》（金門：金門國家公園，2007年），頁25。

[30] 張振松，《等待霧散的戴勝鳥》，金門：金門縣文化局，2007年。

[31] 吳家箴，〈阿娘的俗語話之七〉，《金門日報》，「副刊文學」，2008/01/02。

[32] 參閱梁皆得，〈金門神秘的留鳥——戴勝〉，《國家公園》，2007.01，頁15-16。

（三）鸕鶿

　　金門的觀光公車以戴勝鳥作為標誌，主要考量在於此鳥有悠久的歷史，而且形態討喜。事實上，真正吸引觀光客的鳥不是戴勝，而是被稱為「黑色大軍」的鸕鶿。請大家來金門看「墓壙鳥」，這種話實在很難說出口。但是，請大家「到金門看鸕鶿」，[33]已經不是說說而已，每年冬季金門都會有「金門采風——古厝·鸕鶿」的活動，看鸕鶿是金門旅遊的賣點。從2003年開始金門縣政府每年都會在十一月左右舉辦「鸕鶿季」，邀請觀光客來金門賞鳥，品味金門。

　　每年十二月前後，一波波的鸕鶿便會南遷至金門過冬，有些來自西伯利亞烏蘇里地區，有些來自大陸東北邊境，彷彿訂好的盛會，相約在慈湖壯麗登場。根據金門鸕鶿專家丁宗蘇的研究，近年來在大小金門之越冬鸕鶿最大數量皆在5,000隻以上。[34]一月份是高峰期，數以千計的鸕鶿聚集在慈湖一帶，使慈湖一帶成為全球最大的鸕鶿越冬地之一。日日晨昏上演黑色大軍壓境，相當壯觀，這是金門冬季一大盛景。到了二月中旬，鸕鶿的頸部及腰側會長出白色的繁殖羽，身體則會呈現亮麗的金屬光澤，意味著北返的時間即將到來，牠們將回到出生地繁殖下一代。三月之後，依據棲息地的不同，會分批陸續離開金門。

　　丁宗蘇認為，鸕鶿龐大族群在晨昏進出的壯觀奇景，對賞鳥者與一般民眾都是相當難以忘懷的經驗，因此，可以將觀賞鸕鶿設計成金門發展生態旅遊的一個重要項目。金門國家公園管理處順應此一建議，在2009年時拍了一張影音光碟，名為《黑色舞影：鸕鶿生態紀實》。影片製作成本將近600萬元，歷經四年始告完成。除了記錄鸕鶿在金門渡冬的覓食、棲息、群聚移動、夜棲等情況，為了記錄牠們的精彩生活史，更遠赴歐洲、大陸、香港各地，深入水湄與林間拍攝，將鸕鶿多樣的生態與行為完整呈現。影片以鸕鶿生態為主軸，同時帶出金門的自然景觀、環境棲地、鳥類資源、潮間帶生態以及與自然的互動，期望以自然

---

[33]　丁宗蘇，〈到金門看鸕鶿〉，《國家公園》，2007.01，頁18-25。
[34]　丁宗蘇，《鸕鶿生態調查研究》，內政部營建署金門國家公園管理處委託研究報告，2005年。

的語言律動，呈現金門豐富的自然生態。

　　繼金門國家公園管理處發表廖東坤的紀錄片《黑色舞影》之後，金門縣文化局也緊跟著推出結合故事、繪圖、攝影和知識的賞鳥書《看，冬日的黑色大軍——金門鸕鶿之旅》，[35]由劉伯樂撰文、丁宗蘇審訂。這支黑色大軍，少則幾千隻，多的時候高達上萬隻。根據傅淑瑋等人的研究，金門島渡冬鸕鶿的數量近年來也有增加的趨勢，[36]對賞鳥人士來說，這或許是好消息，但對慈湖一帶的生態環境而言，卻是一大負荷，光是鸕鶿的排遺便相當可觀。

　　2009年，金門國家公園委託中國文化大學盧堅富，對慈湖地區生態保育型態及經營管理進行評估。在析論「各利益關係者對慈湖地區經營管理之觀點」時，建議公部門在執行保育工作時，應兼顧當地居民現有之生活作息。居民之部份為，若對生態體系無重大危害或破壞，應多從「人」的立場，考量居民之經濟、文化、社會需求，騰出緩衝協調之空間。[37]

　　鸕鶿，也叫水老鴉、魚鷹。除南北極外，幾乎遍佈全球。可馴養捕魚，中國古代就已馴養利用，為常見的籠養和散養鳥類。《爾雅·釋鳥》中有「鷀鷜」之名，據郭璞的注解，即鸕鶿也。李時珍也說，韻書盧與茲皆黑也，此鳥色深黑，故名。鸕鶿又名「烏鬼」，唐·杜甫〈戲作俳諧遣悶〉：「異俗吁可怪，斯人難並居。家家養烏鬼，頓頓食黃魚」。沈括在《夢溪筆談》中說，烏鬼就是鸕鷀，精確的說，即普通鸕鷀。沈括曾到過四川，見過鸕鷀被馴養補魚的情況。《夔州圖經》記載，夔州人以鸕鷀捕魚，謂之烏鬼。

　　有關鸕鶿的記載，距今已有二千年的歷史，但台灣地區有關鸕鷀的研究仍不多見。鸕鷀是金門島上冬季最具代表性的冬候鳥，但長久以來，雖有不少田野觀察紀錄和資料，卻一直沒能作有系統的分析和研究，因此對金門地區鸕鷀生態的了解仍然十分有限，相關的資料檔案未

---

[35] 劉伯樂文、圖，《看，冬日的黑色大軍——金門鸕鶿之旅》，金門縣：文化局出版，2009年。

[36] 傅淑瑋、謝欣怡、徐中琪、丁宗蘇，〈金門島越冬鸕鷀（Phalacrocorax Carbo）之日活動模式及其移動研究〉，《國家公園學報》19:1（2009.03），頁24。

[37] 盧堅富計畫主持，《慈湖地區生態保育型態及經營管理之評估》（金門：金門國家公園，2009年），頁53。

建立，也造成後續研究的困難和障礙。

2000年莊西進、許永面、李慶豐等教師率先以「鸕鶿之生態研究」，作為當年教育部中小學科學教育專案研究報告。調查日期從1999年10月開始，到第二年5月，共計8個月。針對鸕鶿的生態、行為，進行序列的調查與觀察記錄，包括鸕鶿在金門地區的棲地分布、各棲地的族群數量、移棲狀況、季節變化及日變化等，逐一建立基礎生態資料。同時就鸕鶿的越冬行為，拍攝生態影像紀錄，作為教學的媒體資源。[38]2003年在「金門歷史、文化與生態國際學術研討會」上，莊西進等人再將研究成果發表，論文名稱為〈金門地區鸕鶿（Phalacrocora carbo）越冬行為之研究〉。[39]

2005年開始，金門國家公園委託台大森林系助理教授丁宗蘇，就鸕鶿的生態習性作進一步的調查研究，期以建立完整之保育研究、環境解說教育及環境生態監測系統，並應用於未來生態紀錄片之拍攝，推動發展金門觀光之永續經營。《鸕鶿生態調查研究》目的有三：估算鸕鶿在金門之族群數量變化、探討鸕鶿之活動範圍及日常行為模式、了解鸕鶿之覓食行為。由於之前相關的金門鸕鶿研究，多是針對其在金門渡冬時的生態及習性，對這些鸕鶿究竟從何而來，以及其在繁殖地之習性與生態，缺少較深入的追蹤與探討。

《鸕鶿生態調查研究（二）》，使用了穩定性同位素技術，探討金門越冬鸕鶿可能的繁殖地來源，並記錄普通鸕鶿於烏蘇里江流域、青海湖、日本知多半島等繁殖地的棲地環境。經由比對繁殖地及金門地區採集羽毛間關係，推測金門越冬鸕鶿可能的繁殖地點。[40]研究發現，由穩定性同位素分析、對照文獻紀錄及實地訪查結果，金門鸕鶿族群所來自的繁殖地並不完全相同，主力可能來自於更北方的俄羅斯境內烏蘇里江流域，或是貝加爾湖南側一帶。

---

[38] 莊西進、許永面、李慶豐，《鸕鶿之生態研究》，金門高中，2000年。文章刊載於「金門縣野鳥協會」官網，〈http://www.kmvs.km.edu.tw/~bird/〉。

[39] 莊西進、許永面、李慶豐，〈金門地區鸕鶿越冬行為之研究〉，江柏煒編，《金門歷史、文化與生態國際學術研討會論文集》，金門縣：金門縣立文化中心，2003年。

[40] 丁宗蘇研究主持，《鸕鶿生態調查研究（二）》（金門縣：內政部營建署金門國家公園管理處，2006年），頁4。

（四）其他鳥類

　　1992年6月1日，一群熱心野生鳥類保護運動者，在太武山苗圃營區成立「金門縣野鳥學會」，希望藉由這樣的組織，促進地區居民對野生鳥類的觀賞、研究與保育。在其官網中收錄了會員們所撰寫，與鳥有關的各種文章與成果，包括賞鳥心情經驗、金門自然風情、攝影作品欣賞，與研究計畫等。金門的野鳥高達280-300種，即便是專家學者，也無法盡窺全貌。似乎，每個人心中都有自己喜愛的鳥，在這些作家筆下的鳥，已經不只是動物的鳥，早已化身成情感的寄託，人與鳥，鳥與人，彼此之間有太多如「莊周夢蝴蝶」的故事。鳥是文學最好的題材，總是有寫不完的鳥言、鳥語、鳥事，對愛鳥人士來說，似乎也樂此不疲。梁實秋有一篇散文「鳥」，收錄在國中國文課本中，第一段只有三個字：「我愛鳥」。世界上的生物，沒有比鳥更俊俏的，要不愛牠還真難。

　　然而，欣賞與研究畢竟不同，愛鳥人士對鳥的觀察自有其獨到之處。只是，可能因為移情作用，形之於文的描述，經常不符科學精神。知識可以大略分成兩種，一種是藉由長期的觀察，得出結論；另一種則是透過科學實驗，產生結果。有關金門鳥類的研究，這兩種研究方法都有其價值。也就是說，即便是純文學的創作，仍有其科學的意義。金門高中教官退休後，轉任金門國家公園解說員的陳秀竹，正是這方面的專才。她用浪漫的文學筆觸，書寫金門的自然生態；用浯島真情，為金門的鳥兒寫歷史，寫傳記。在她的文章中，每一隻鳥都有個性，每隻蝴蝶都是美的化身。

　　愛鳥人士對鳥的觀察與記錄，通常不會被視為研究成果。金門的野鳥雖多，除了上述幾種鳥類外，單獨被作為研究對象的不多。一方面可能因為數量太少，不易觀察；另一方面可能是因為與生態關係不密切，較少研究價值。金門國家公園所委託的調查研究案，大抵都是為了了解鳥類與生態關係，不是單純想了解鳥類。例如，對環頸雉的調查，就是想了解其棲息生態環境，建立遺傳基本資料，作為保育之參考。依目前野生動物保育法，金門的環頸雉被列為珍貴稀有的保育類物種，但是其分類地位長久以來一直有所爭議。根據師大李壽先教授利用粒腺體DNA

的研究，結果發現，不論在遺傳或外型上，金門環頸雉與台灣環頸雉都不同，應為環頸雉華東亞種，不是台灣特有亞種。因此建議，應將金門環頸雉排除於野生動物保育法公告之外，考慮於金門地區環頸雉危害較嚴重的農地，適度開放，讓農民對環頸雉進行有限度的獵捕。[41]

另外，近年來，金門地區的八哥數量正在持續增加中，雖是野生動物保育法下的保育類鳥種，可能已對金門其他洞巢鳥造成衝擊，部分農民也認為八哥會吃農作物，造成收成上的損失。在劉小如的研究中，推論八哥數量增加的原因可能跟食物來源有關。金門農民向金門酒廠購買酒糟，用來當飼料與肥料，八哥常聚集在酒糟堆上覓食，顯示在食物短缺時，酒糟必然提供了重要的能量來源，降低了八哥的死亡率。調查人員也訪問了農民對八哥的看法，大致而言，八哥對作物的損害程度還在可接受的程度。在野鳥中，斑鳩吃高粱吃得最多，會把高粱穀粒吃光；其他作物也會受鳥傷害，以環頸雉造成的問題最多。[42]

八哥是金門地區非常普遍的留鳥，數量龐大，接近二萬隻，[43]到處都可以看到，已快取代麻雀，成為金門最大的鳥群了。常見牠們停棲在牛背上，捕食牛隻吃草時驚飛的昆蟲；高粱收成時，也會隨著收割機覓食。非繁殖季喜歡結群活動，休息時多選擇在樹梢、枯枝或電線上，有集體夜棲的行為，會和其他椋鳥在避風的樹林一起過夜。[44]以前金門八哥很少見，如今有鳥滿為患的感覺，這與金門的生態環境改變有關。

根據《浯洲鷹颺：金門地區猛禽觀賞手冊》一書的說法，[45]我們可以從金門地區猛禽相的複雜與否、數量的多寡作為判斷生態體系健康與否的指標。一個平衡穩定的生態體系應是生物物種多樣化、環境複雜化的。根據梁皆得的統計，金門地區有26種猛禽，包括19種日猛禽、

[41] 李壽先研究主持、洪心怡研究，《金門環頸雉暨相關棲息生態環境調查》（金門縣金寧鄉：內政部營建署金門國家公園，2007年），頁13。
[42] 劉小如計畫主持，《金門八哥（Acridotheres cristatellus）生態調查》（金門：金門國家公園，2011年），頁50-51。
[43] 陳守信，〈保育鳥類白嘴八哥金門滿地跑〉，《大紀元》，2012-01-29，〈http://epochtimes.com/b5/12/1/29/n3497235.htm〉。
[44] 參閱廖東坤，《風中之舞——金門的鳥》（金門：內政部營建署金門國家公園管理處，2004年），頁290-291。
[45] 李慶豐、林永鎮、周志強，《浯洲鷹颺：金門地區猛禽觀賞手冊》，金門縣：金門縣政府，2005年。

7種夜猛禽。常見的猛禽有黑翅鳶（Elanus caeruleus）、魚鷹（Pandion haliaetus）、鵟（Buteo buteo）、紅隼（Falco tinnunculus）等4種，皆為適應曠野的種類，黑翅鳶為唯一的留鳥猛禽。[46]

在金門的曠野中，遊客可以輕易地看見展翅飛翔的鵟鷹，或是速度驚人的隼，甚至幾個主要湖庫都可看見捕魚高手魚鷹（另稱「鶚」）。除此之外，老一輩稱為「白箭翎」的留鳥——黑翅鳶，稱得上是金門飛禽中的代表性鳥種。2005年，金門縣政府委託金門縣野鳥學會李慶豐、周志強、莊西進等人，調查黑翅鳶的生態，所獲得的資料，出版成書，即《浯洲鷹颺：金門地區猛禽觀賞手冊》。

二、昆蟲與蜘蛛

昆蟲是所有物種之中數量最多的一群，根據估計至少有200萬種以上，佔地球上所有生物的七成數量。由於昆蟲分類及種類非常多，且因體型小、個體變異性大，造成研究與調查上的困難。金門國家公園自成立以來，為進行區內資源的管理與保育，曾於1998、2000年委請學者進行昆蟲調查，主要調查目標為鱗翅目昆蟲，並曾進行較全面性的昆蟲相普查，且於2004年出版金門常見昆蟲推廣書籍。然而，整體而言，目前金門地區昆蟲相著墨於鱗翅目及農業害蟲，其他昆蟲科群則尚需進一步的調查鑑定。

1998年，陳建志與楊世平接受金門國家公園委託，完成《金門國家公園昆蟲相調查研究》，這是有關金門昆蟲的最早研究。但是從內容看，主要還是觀察記錄，整理舊的文獻，添加新的物種，由於調查範圍局限在大金門，因此採樣不足。據其觀察，金門的昆蟲總計222種。[47]2000年，國立師範大學生物系與金門國家公園合作，研究金門國家公園昆蟲之多樣性。除了昆蟲多樣性調查以外，還進行金門地區昆蟲的普查工作，日間採用穿越線調查法，夜間則以燈光誘集法進行調查。研究結果在蝴蝶方面新增10種新紀錄種，天牛方面新增10種新紀錄種，

---

[46] 梁皆得，〈金門島猛禽之種類組成與出現狀況〉，《臺灣猛禽研究》，第4期（2005.03），頁22-28。

[47] 陳建志計畫主持（中華民國自然保育協會），《金門國家公園昆蟲相調查研究》（金門縣：金門國家公園管理處，1998年），頁3。

金龜子方面新增6種新紀錄種，顯示經由不同調查方式，可以大幅提升對金門昆蟲種類的了解。[48]2008年，金門國家公園管理處委託中華民國自然生態保育協會，由董景生主持研究，為金門的昆蟲建立名錄。依據該研究的現場調查鑑定，若包含未確認之形態種（morphospecies），金門地區的昆蟲可能增加至14目123科666種。[49]

調查金門究竟有多少昆蟲種類，意義不大，除非牠是全世界絕無僅有的，但要鑑定出這種昆蟲，以目前金門國家公園的人力和財力，肯定做不到。就現有的昆蟲研究來看，主要是探討其與農業、林業、病蟲害，和生態的關係。另外，將之作為生態解說與鄉土教育之用。金門自然環境優良，在綠意盎然的島嶼上，生存著各式各樣的昆蟲，若能透過地區專業、熱心人士之努力，將多年來之田野調查與研究成果集結成冊，成為地區生態教育完整之教材，當有助於自然知識之傳播。

2004年金門國家公園出版《金門常見昆蟲》一書，以淺顯易懂的文字和簡單圖示，介紹一般昆蟲。同時選擇60餘種金門地區常見昆蟲，介紹其棲息環境和觀察地點。[50]2005年，在行政院農委會林務局補助下，金門縣政府編印了《與蟲共舞：金門地區的昆蟲多樣性》一書，由周志強、莊西進等人撰稿、攝影。類似書籍，最著名的當是金門國家公園委託知名昆蟲生態攝影作家張永仁，以一年的時間拍攝、製作完成的《金色島嶼的六足精靈》。此書共分上下二冊，以圖文方式，說明金門330多種昆蟲生態。為了適合兒童閱讀，2012年，另外出版《六足精靈保衛戰》。本書呈現昆蟲在自然演替的過程中，如何運用自身及周遭環境的自衛模式，內容包括：自然隱身術、偽裝欺敵術、碉堡防禦戰、極速脫身術、蟲海戰術、化學戰、狐假虎威術等，頗受小朋友歡迎。

---

[48] 黃生、徐堉峰、余澄埮，《金門國家公園昆蟲多樣性之研究》（金門：金門國家公園管理處，2000年），頁13。

[49] 董景生計畫主持，《金門昆蟲多樣性調查與名錄建立》（金門：金門國家公園，2008年），頁27。

[50] 邱天火主編，《金門常見昆蟲》，金門縣金寧鄉：內政部營建署金門國家公園管理處，2004年。

（一）蝴蝶

　　蝴蝶，可能是當今所有語彙中，用得最廣的名詞之一。戲劇有《蝴蝶夫人》；棒球有「蝴蝶球」；植物有「蝴蝶蘭」；手機有「蝴蝶機」；演藝圈有「蝴蝶姐姐」；武俠小說有《流星蝴蝶劍》；最著名的則是氣象上的「蝴蝶效應」。這類例子，不勝枚舉。以蝴蝶為logo的商品，更是多到爆。台灣舊稱蝴蝶王國，依《維基百科》的記載，約有370種蝴蝶曾在台灣被記錄，若再加上偶發種、偶發定居種和疑問種等，台灣的蝴蝶可能超過400種。1960年代，台灣有很多較困苦的家庭靠蝴蝶為生，例如產蝶重鎮——埔里，與昆蟲有關的商店比比皆是，蝴蝶製品加工廠或家庭代工四處林立，粗略估計當時每年因蝴蝶加工，至少有30萬隻蝴蝶的生命被終結。

　　相較於台灣，金門的蝴蝶種類就沒有那麼豐富。依照黃生的全島普查結果，金門地區確切存留的蝴蝶種類有67種，[51]其中最能代表金門的，當屬鳳蝶科的「黃邊鳳蝶」。這種蝴蝶從每年春天就開始出現在金門全島平地山野中，後翅下緣有著與台灣地區其他鳳蝶不一樣的鮮豔黃色斑紋，因此得名。更重要的是，這種蝴蝶在台灣看不見。為了表示對黃邊鳳蝶的珍惜，金門縣文化局出了一本童書繪本，名為《黃花娘的姑婆情》。[52]

　　金門人稱黃邊鳳蝶為「黃花娘」，稱潺槁樹為「姑婆樹」。潺槁樹，又名潺槁木薑子，是金門地區少數僅存的原生木本。黃邊鳳蝶幼蟲的食草是潺槁樹，因此黃邊鳳蝶會把卵產在潺槁樹上，這兩個物種之間「共同演化」的關係相當密切。《黃花娘的姑婆情》借用這種關係，講一個金門民間傳說，大意是一對因戰亂而流落金門的婆孫，孫女名為黃花娘，兩人為了能有機會回故鄉，努力在退休的官員王大人家中當幫傭。後來黃花娘因為病而過世，姑婆也因太過思念黃花娘，病倒過世。深厚的親情，讓兩人過世後化作黃邊鳳蝶與姑婆樹，永遠相偎相依，不離不棄。

---

[51] 黃生等，《金門國家公園昆蟲多樣性之研究》，頁13。
[52] 周志強文稿、廖翊荼繪，《黃花娘的姑婆情》，金門：金門縣文化局，2006年。

故事讓聯想到中國著名的傳說《梁山伯與祝英台》，男女主角雙雙殉情後，靈魂化為蝴蝶，蝴蝶在當中成為追求自由與愛情的象徵。蝴蝶是美麗的生物，但壽命短暫，如曇花一現，因此人們常以蝴蝶為題材創作關於愛情的故事，甚至傳說蝴蝶是靈魂化成的，人死後都會先變成蝴蝶。靈魂飄離自己軀殼，如同蝴蝶破繭而出。香港有很多人相信，一個人死後會依附在美麗的蝴蝶身上，去探望他的親人；愛爾蘭的傳統民族也相信人死後會化成蝴蝶。

（二）蜘蛛

相較於蝴蝶，蜘蛛就沒有那麼討喜。近年來金門國家公園針對鳥類、昆蟲進行頗為全面的研究，唯獨在蜘蛛方面，研究成果極其有限。金門島位於大陸邊緣，鄰接福建地區，從過去的研究發現，金門地區動植物相與大陸福建地區有密切關係，反而與台灣之間差異較大。目前，利用遺傳標記探討金門地區之物種族群，與台灣地區之物種族群親源關係的研究極少。因此，若能利用遺傳多樣性研究，探討金門產物種族群與其地區族群間的遺傳變異，應當有助於金門保育工作之進行，其中，蜘蛛的研究便具備這樣的效果。

蜘蛛在分類學上屬於節肢動物門，蛛形綱，真蛛目。種類的數量在陸域生態系中僅次於昆蟲，約莫36,000種。蜘蛛不僅是物種的數量多，也是陸地生態系中捕食昆蟲種類數量最多的物種，幾乎所有蜘蛛都會獵食昆蟲。所以蜘蛛在控制節肢動物的數量，以及維持生態系動態平衡上，扮演著非常重要的角色。蜘蛛在不同的生活環境，其生理和形態上亦會產生不同的演化與適應。2004年東海大學生命科學系教授卓逸民，接受金門國家公園委託，在環島、乳山針葉林、古寧頭耕地、慈湖濕地及碧山廢耕地進行調查研究，總共收錄到金門的蜘蛛種類共22科151種。[53]

解嚴後，金門過度開發，許多地形地貌早已改變，無形中也改變了生態系統平衡。蜘蛛是維持生態系統平衡的重要角色，如何增加蜘蛛的

---

[53] 卓逸民、陳家諾、陳裕昇、謝宜恆，《金門地區蜘蛛相調查（修正本）》（金門縣：內政部營建署金門國家公園管理處，2004年），頁27-32。

多樣性與數量，關係到金門昆蟲保育的成敗。根據卓逸民的建議，應從改變植被複雜度著手，減少棲地破碎化、提高土壤肥沃度、提高生物歧異度、提高草本植被、增加植食性昆蟲數量及種類，進而影響並增加其他食性階層之動物。農委會特有生物研究保育中心助理研究員羅英元表示，台灣蜘蛛研究起步較晚，也是近十年才開始。他曾到蘭嶼、金門以及南投的能高越嶺作蜘蛛資源調查，發現有一半以上蜘蛛還沒被命名、鑑定，因此估計，台灣擁有的蜘蛛種類預計能到達1,000種。但是由於環境被破壞，蜘蛛種類與數量也在快速消失中。[54]

　　《爾雅・疏記》形容蜘蛛：「俗呼喜子。荊州河南人謂之喜母，此蟲來著人衣當有親客至，幽州人謂之親客。」根據林金榮的調查，在金門傳統建築裝飾中也有蜘蛛圖案，以蜘蛛張網由空而下，意為喜從天降。[55]雖說蜘蛛之出現，與喜事有關，但大家普遍不喜歡蜘蛛。金門話稱蜘蛛（白額高腳蛛）為「旯犽（ㄌㄚˊㄧㄚˊ）」，小孩看到會害怕，甚至傳說只要身體被旯犽爬過就會潰爛。因此，見到屋裡有它的蹤跡出現，定會順手拿起脫鞋或蒼蠅拍，用力一擊，將之擊斃。看到蝴蝶翩翩起舞，讓人心曠神怡；看到屋內結滿蜘蛛網，即便蜘蛛網看起來漂亮，仍是必除之而後快。這就是蜘蛛的宿命，雖是維護生態平衡的重要生物，卻相當討人厭，但不能因討厭而不研究，對於金門的蜘蛛，我們還得再用心。

三、魚貝類

　　依據考古學的發現，在六千年前金門便已有貝類使用的遺跡，除食用外，並應用於飾品、裝飾及建築。就食用方便而言，牡蠣是金門最大產量的貝類，人民採食牡蠣的歷史至少有四百年。早期金門人生活較清苦，常到海邊撿拾貝類當副食品，補充營養，除了牡蠣外，血蚶對於改善體質也頗具療效。[56]金門有一道美食，名為「蚵仔麵線」，使用的是

---

[54] 邱珮文，〈蜘蛛密碼大公開　羅英元：半數沒命名〉，《新頭殼newtalk》，〈http://newtalk.tw/news/2013/08/22/39454.html〉，2013/08/22 檢索。

[55] 林金榮研究主持、林金台協同主持，《金門傳統建築的裝飾藝術調查研究》（金門縣金寧鄉：內政部營建金門國家公園管理處，2007年），頁115。

[56] 參閱林怡種，《拾血蚶的少年》，台北：秀威，2008年。

野生的牡蠣，因體型較小，吃多了不會覺得噁心，甚受觀光客的歡迎。只可惜因為環境的變遷，野生牡蠣已愈來愈少，如今金門的牡蠣也是人工養殖。

　　1990年金門水產試驗所出版由楊鴻嘉編輯的《金門沿海魚介類圖說》，有系統地介紹金門海域出現的各種魚介。[57]2001年金門國家公園委託國立海洋生物博物館調查金門國家公園的魚類，在12個水系38個測站，共採獲淡水及河口魚類25科39屬47種，其中純淡水魚有8科13屬13種。[58]至於金門沿海的魚類，在2005年林金榮主持的研究計畫中附錄中，詳列各種魚介的學名、中文名與俗名。[59]《96續修金門縣志·土地志》之「金門魚類名錄」便是利用這些資料編輯而成。

　　金門四面臨海，魚介貝類豐富，但因無洋流交會，且與中國大陸太近，漁場腹地太少，魚介種類不多。近年來，大陸漁民越界撈捕，漁場日漸枯竭，曾經繁盛一時的魚種，只能在文獻中查考，原本是金門重要的魚獲，如今多已成為歷史名詞。野生魚種的消失，是大自然的物競天擇，人力難以挽回；但人類憑著智慧與技術，還是可以養殖出高經濟價值的魚獲；或是藉由保育、復育，再現瀕臨絕種的生物。在金門，文昌魚的發現與保育，以及鱟的復育、野放，都是值得記錄的成就。

（一）文昌魚

　　文昌魚是海洋上最原始的珍貴動物，有活化石之稱，世界上不少地方都有文昌魚，金門附近海域的文昌魚，屬於廈門文昌魚種。金廈海域為文昌魚主要棲息地，尤其是廈門劉五店，曾年產百噸以上。但廈門建築海堤之後，生態環境被破壞，加上過度商業捕撈，漁源枯竭，文昌魚瀕臨絕種，因此，大陸將之列為國家二級保護動物，並在廈門劃設保護區進行研究和保育。廈門市水產研究所從2004年開始獨立研究，開發文昌魚的全人工養殖技術。如今，廈門文昌魚的批量生產技術已臻成熟，

---

[57] 楊鴻嘉，《金門沿海魚介類圖說》，金門縣：金門縣水產試驗所，1990年。

[58] 陳義雄、吳瑞賢、朱育民，《金門國家公園魚類相調查研究期末報告書》（金門縣：內政部營建署金門國家公園管理處，2001年），頁4。

[59] 林金榮主持，《金門傳統漁業調查研究》，金門縣：內政部營建署金門國家公園管理處，2005年。

不久後，文昌魚可望上市，重回百姓的日常餐桌。

在「金門國家公園及鄰近水域動物資源之調查、研究與應用研討會」中，中研院動物研究所研究員邵廣昭首先為文介紹此種魚類。金門位於廈門島外，其周圍已證實有相當豐富的文昌魚資源，此區域又正好位在國家公園之內，文昌魚的漁場調查和保育便成了國家公園的工作之一。[60]除了金門國家公園之外，金門水產試驗所對文昌魚的研究與復育，貢獻也很大。2010年中華民國溪流環境協會接受金門國家公園的委託，調查金門海域之文昌魚資源，便是借用水試所之研究船。根據張崑雄等人的研究，得知文昌魚與棲息地底質環境間有十分重要的關係，文昌魚保育的成功與否，有賴於能否維持適合文昌魚的棲息地環境。因此，建議金門國家公園及早制定文昌魚棲地保護計畫。另外，金廈水域相連，文昌魚的保護計畫需要雙方面的合作。再者，目前中國大陸對文昌魚的相關研究，技術成熟，成果豐碩，值得台灣方面學習。[61]

（二）鱟

筆者老家靠海，先人以捕魚為業，對鱟這種魚穫甚為熟悉。鱟不具經濟價值，加上一旦纏上網，很難處理，因此漁民普遍不喜歡。唯當農曆六、七月，時值金門鱟的盛產期，喜歡嚐鮮的人們會宰殺鱟，取其肉與卵烹而食之。當時尚無保育法令，在一般餐館中可以公然享受這道美食。據學者研究，四億年前便已有鱟的踪跡，年代可能比恐龍更久遠，而且由於形態完全沒有演化，幾乎和四億年前一樣，因此有「活化石」之稱。

早年金門，鱟是常見生物，是潮間帶的生活指標，甚至融入文化生活中，做成器具，如閩南話的「鱟殼」（「水瓢」）；形成裝飾圖騰，用以鎮煞辟邪、祈祥納福。近年來，由於大環境的開發與改變，台灣西部海灘已不多見。30年前的澎湖，鱟的數量也很多，如今也是不易覓得。只有金門，因戰地政務，海岸佈滿地雷，人跡罕至，少了人為的破壞，意外成了鱟最理想的產卵棲地。如今的金門仍可見到鱟的踪跡，這

---

[60] 邵廣昭，〈文昌魚〉，《金門國家公園及鄰近水域動物資源之調查、研究與應用研討會成果論文集》（金門：金門國家公園管理處，1996年），頁35-60。

[61] 張崑雄主持，《金門海域生態調查研究文昌魚之資源調查研究與應用》，金門：金門國家公園管理處，2010年），頁X。

是鱟與金門的緣份，而金門水試所成功復育鱟，並積極從事鱟的保育，維護鱟的生態環境，也是功不可沒。

有關金門鱟的研究，最著名的便是中央研究院的陳章波教授，在〈推動海濱棲地保育之策略──以金門地區鱟為例〉這篇文章中，率先建議將鱟列為保育類野生動物，限制捕撈量、設定禁漁期、劃定禁漁區、設置保護區、棲地重建、幼苗放流等，達到鱟及在潮間帶棲地的永續經營管理目的。但作者也知道，這項工作涉及民眾認知上的改變及地方發展之權益，因此需要時間宣導、研究，有共識之後，才有可能順利推行。[62]在鱟的保育上，陳教授曾協助金門縣水產試驗所，在古寧頭西北海域潮間帶進行復育與流放，並與通霄西濱海洋生態教育園區合作，進行鱟的人工棲地復育試驗。為了宣導鱟的保育，除了出版《二億年之鱟》解說圖書外，[63]更於2009年，完成《金門縣鱟資源保育區重新測量規劃研究》。

除學術性研究外，鱟是很有經濟價值的生物，肉和卵可以吃，殼可以用作器具，血可以做成醫學試劑。加上，鱟總是以一公一母的姿態出現，多少給人一種浪漫的感覺，被稱為「鴛鴦魚」或「夫妻魚」。為了教育宣導，也為了推廣保育觀念，金門縣政府委請繪本作家施政廷，用淺顯的文字和插畫，把這個長得很像鐵甲武士，具神話色彩的兩億年前生物，介紹給小朋友。這本名為《鱟ㄏㄡˋ》的繪本，[64]不僅僅是童書，更肩負著金門生態維護的潛在責任。保育固然重要，但要順應人性之欲望與社會之需求，天生萬物以養人，恐龍已滅絕，鱟卻依然存在，自有其道理。

四、哺乳動物

哺乳動物是地球上的動物中最晚出現的一支，卻也是最能有效利用各種生態區位（niche），演化出各種大小、食性、空間利用、活動方式

---

[62] 參閱陳章波，〈推動海濱棲地保育之策略──以金門地區鱟為例〉，行政院農委會林務局自然保育網；陳章波，〈金門鱟保育的芻議〉，《金門國家公園簡訊》6（1998.01），頁7-9。

[63] 陳章波、葉欣宜、林柏芬、吳松霖，《兩億年之鱟》，金門縣：金門縣政府，2002年。

[64] 施政廷，《鱟ㄏㄡˋ》，金門縣金城鎮：金門縣政府文化局，2007年。

的一類動物。[65]馬是金門最著名的哺乳動物，歷史悠久，唐時金門（浯洲）為萬安牧馬監地。近年金門畜牧業發達，牛肉及相關製品成了特產店極力推銷的伴手禮。黃牛不稀奇，但用金門高粱餵食製作而成的牛肉乾，風味自然非比尋常，已成金門的重要物產。早期金門靠牛耕田，對牛有一份深情，不忍宰殺。而今，以牛肉料理宴客，恐怕不只是單純的飲食習慣改變，其中更參雜了人心思維的轉換。金門是個小島，水資源缺乏，畜牧業對生態殺傷力太大，金門人是該多想想，賺這種錢，值得嗎？若真的要養，或許可以考慮一下水獺。

（一）水獺

　　一般而言，金門並沒有特別的原生動物，或是特有的動物，人民飼養之貓狗豬羊兔，與其他地區並無兩樣。比較奇特的是，當台灣幾乎已看不到野生水獺之時，金門這樣一個小島竟然還有固定族群的水獺。金門縣政府在黃海路上，設立了一塊「水獺出沒，請小心！」的標誌，用以提醒開車減速慢行，並愛惜珍貴的水獺，避免撞到。這樣一塊看板會讓人誤以為金門水獺很多，事實上，根據台大動物系教授李玲玲的調查，早在1996年時，儘管仍可在各水域中看到水獺出沒的生活痕跡，但數量已無法估算，而且，已愈來愈不容易見到活生生的水獺。[66]

　　水獺是濕地生態系食物網中最高級的消費者，一旦水體受到污染，牠們往往是最敏感、最先受害的物種，因此是水域環境的重要指標之一。1997年李玲玲教授在《台灣濕地》第五期發表有關金門水獺之分布與現況的調查報告，首度以科學的研究方法介紹金門的水獺。該期正好是水獺專輯，對水獺與濕地保育有詳細的介紹，攝影愛好者陸維元也以〈金門的水獺〉一文，表達他對金門水獺的觀察與記錄。金門是歐亞水獺的最後一塊淨土，因此，不論學者或一般人民都呼籲政府要重視水獺

---

[65] 李玲玲，〈哺乳動物調查方法〉，《金門國家公園及鄰近水域動物資源之調查、研究與應用研討會成果論文集》（金門：金門國家公園管理處，1996年），頁7。

[66] 李玲玲，〈金門地區水獺之分佈與現況〉，《金門國家公園及鄰近水域動物資源之調查、研究與應用研討會成果論文集》（金門：金門國家公園管理處，1996年），頁1-5；李玲玲，〈活躍在濕地上的野生動物——水獺：金門地區水獺之分佈與現況〉，《金門》53（1997.06），頁30-35。

的保育，效法日本與歐美的作法，搶救水獺，保育濕地。

「保育」二字，說比做容易。金門人對水獺了解不多，尤其正處於解嚴開發的關鍵時刻，經濟發展才是正道，多數人不明白生態保育的意義與價值，政府也未必真的了解保育的方向，儘管花錢委請學者研究，但對學者的研究成果和建議，也只是姑且聽之，礙難照辦。2000年金門國家公園管理處委託李玲玲與莊西進等人，使用族群調查與監測的方法，嘗試估算金門水獺的數量，並據此建立資料庫。[67]調查結果顯示，雖然使用了多種方法與器具，但成果並不理想，主要還是水獺的數量太少，捕捉不易，只能靠其排遺和足跡判斷，不太合乎科學研究方法。[68]儘管如此，金門有水獺生活與繁殖的事實，仍然吸引不少動物學者來研究，「歐亞水獺在金門」是金門國家公園引以為傲的生態成就。

2000年內政部營建署技正余澄培先在《金門國家公園簡訊》上論述水獺的保育方向，[69]接著於2002年完成《金門產歐亞水獺活動型態初探》，[70]只有簡短的13頁，大致上與李玲玲教授的調查接近。金門國家公園利用以上諸學者的調查，印製《金門歐亞水獺》的導覽手冊，行銷水獺生態旅遊。此一摺頁對金門歐亞水獺的生態習性、研究紀錄、分布圖、保育策略、注意事項等介紹甚詳。同年12月緯來電視網也來金門拍攝《臺灣生態部落格，第四季：3，金門水獺現形記》，在鏡頭下確實看到了水獺的可愛模樣，但要真正看到徜徉在大自然中的水獺，只能碰運氣。

金門縣文化局在2007年時出了一本故事繪本，名為《水獺找新家》，[71]是一本適合親子共同閱讀的好書，將金門此一獨特的動物「水獺」介紹給小朋友認識，讓小朋友從了解水獺的生態環境開始，進而關心生態保育。然而，正如此書的主角水獺妹妹，努力在找新家，金門還

---

[67] 李玲玲、莊西進、李溫林、洪志銘、黃傳景，《金門地區水獺族群之調查研究》，金門縣：內政部營建署金門國家公園管理處，2000/12。

[68] 李玲玲姑計有150隻以上，這數字可能是重復計算。參閱藍茵，〈水獺之歌〉，2013/09/20取自「金門無線島」部落格。

[69] 余澄培，〈金門的歐亞水獺──兼論保育研究方向〉，《金門國家公園簡訊》15（2000.06），頁13-16。

[70] 余澄培，《金門產歐亞水獺活動型態初探》，金門縣：內政部營建署金門國家公園管理處，2002年。

[71] 陳盈帆，《水獺找新家》，金門：金門縣政府文化局，2007年。

會是牠們的家嗎？還能繼續成為牠們的家嗎？如果我們再不積極保育生態，不久的將來，水獺妹妹只好學我們高唱：「台北不是我的家」！

（二）老鼠

　　現年50歲以上的金門人，或者民國80年以前在金門當兵的台灣人，可能都有抓老鼠，繳交老鼠尾巴的經驗。許多與老鼠尾巴相關的傳聞，經常是誇大其詞，真假難辨，老鼠尾巴成了金門特有商品，奇貨可居，有錢買不到。然而，重點不在老鼠尾巴，問題的核心是鼠疫。在歐洲歷史上曾發生過一場瘟疫，造成大約7,500萬人死亡，占當時（中世紀）人口總數的30%，歐洲人稱之為「黑死病」，也就是我們俗稱的「鼠疫」。這個在人類疾病史上惡名昭彰的傳染病，1894年時傳入香港，此後便以此地為疫疾傳播站，藉由商船往來沿海岸線，迅速蔓延，造成第三次世界性鼠疫大流行。金門因地理位置和交通貿易往來，在廈門爆發鼠疫未久後也遭傳染。

　　根據劉燕琪的研究，[72]從1894到1953年，金門鼠疫流行的歷史可以分成兩個時期，以1945年日軍將金門治理權交還國民政府為界。第一階段為光緒二十年（1894）至1945年，此期間金門歷經清朝、日軍和國民政府的治理，除了1937-45年日軍佔領期，鼠疫暫緩流行外，全島長期籠罩在鼠疫的威脅下，並因官方未能有效防治，前後爆發多次嚴重流行。金門縣志記載，民國前五年鼠疫流行，死亡人數約為8,000人、占當時金門人口五分之一強，死亡率之高極為可怕，此後每年都有發生，死亡人數少則數十，多則數百。

　　第二階段為1945至1952年，此期間鼠疫氣焰未若先前猛烈，然而，因檢疫措施未能及時推動，趁隙侵入的鼠疫憑恃著金門適宜的自然與人為環境，演變為地方病。1946年4月30日，瓊林、小徑發生鼠疫，死亡60多人。1947年4月金門城區與官裡發生鼠疫及腦炎，5月蔓延至瓊林、古寧等處，死亡30多人。1947年6月18日，上海《大公報》報導，金門鼠疫猖獗，全縣染犯鼠疫者200餘人，約50人死亡。當時雖然廈門防疫隊

---

[72] 劉燕琪，《鼠疫肆虐下的金門：1945至1992年金門的公共衛生建置》，中興大學歷史學系，碩士論文，2010年。

來金協助防治，但因沒有高明的醫師，又欠缺大量抗鼠疫血清，人民多半束手無策，只能仰賴求神問卜禱告上蒼。再加上不知道要將感染者隔離，所以傳染的速度非常快，這也使得人心惶惶，呼天天不應，叫地地不靈，有如世界末日。這場金門地區的鼠疫，奪去百條人命，瓊林尤其嚴重；隔年，后浦、古寧、金山一帶，也引發流行，共死200多人。

　　1949年，中國政治局勢劇變，金門成為軍事前線，大量軍隊進駐，促使政府正視金門傳染病流行的問題，並積極給予協助。1953年起，金門鼠疫在軍方主導與參與防疫工作下，終於獲得有效控制。雖然鼠疫不再流行，但鼠疫的陰影並未因此消除。除了檢討防疫工作外，[73]台灣的學者與醫學單位也紛紛來金門研究。1994年印度發生鼠疫，同年8月24日，國防醫學院進行金門地區鼠疫防治調查研究，初步發現金門印度鼠蚤指數已經超過二，依世界衛生組織的標準，有隨時爆發鼠疫的可能，行政院環境保護署立即在金門舉辦滅鼠示範講習，並推動滅鼠及環境整頓計劃，以杜絕鼠害滋生。

　　1999年3月15日，針對金門地區由老鼠作為傳染媒介的恙蟲病和萊姆病，國防醫學院和日本學者不約而同抵金捕鼠，採集檢體進行相關病原體研究。1999年8月至2000年6月，台灣大學昆蟲學研究所研究生王錫杰，在金城鎮、金湖鎮、金沙鎮、金寧鄉及烈嶼鄉等五鄉鎮進行定期之捕鼠研究，採集老鼠身上的恙蟎，以此建立方法，使用DNA模板（template），鑑定恙蟲種類，並檢測其所攜帶立克次菌之血清型，於2004年完成博士論文。[74]王錫杰並將論文內容摘要發表於《臺灣昆蟲》上，文章名稱為〈金門縣鼠類恙蟲病病媒與病原體調查研究〉。[75]在此之前，疾病管制局研究檢驗組便曾在2001年，由王錫杰、高長風、王秀端等人主持，自行研究金門地區恙蟲病病媒與病原體，建議金門縣應持續進行滅鼠工作，並於每年4-5月份展開防治，必要時可進行預防性噴灑

73　參閱張益三，〈黑禍──鼠疫在金門〉，《大眾醫學》，2: 6 （1952.03），頁4-8；蔣晉槐，〈金門鼠疫防治工作之再檢討〉，《軍醫文粹》，第6卷（1975.06），頁9-11。
74　王錫杰，《金門縣鼠形動物之恙蟲病病媒及病原體監測與分子鑑定》，臺灣大學昆蟲學研究所，博士論文，2004年。
75　王錫杰、鍾兆麟、林鼎翔、王重雄、吳文哲，〈金門縣鼠類恙蟲病病媒與病原體調查研究〉，《臺灣昆蟲》24:3（2004.09），頁257-272。

殺蟎劑，以殺死帶有病原之恙蟎。

　　金門鼠疫雖已絕跡，然鼠疫的陰影還在。現在醫學發達而且衛生環境大為改善，不可能再有大規模的流行。然而，老鼠一直是許多病媒的宿主，防止鼠類再度為患，仍是金門衛生單位與金門民眾重要的工作。清除鼠類，同時清除蚤類，才能真正杜絕傳染病傳播途徑。對這一代的金門人而言，生活中還是免不了要與老鼠為伴，老鼠依舊討人厭，但捉老鼠絕對不是為了老鼠尾巴，那段繳交或買賣老鼠尾巴的往事，如同海峽上空的砲彈煙花，漸漸成為歷史記憶。

植物研究

　　植物是生命的主要形態之一，其生長與分布，受到許多因素的限制，不同植物種類有不同的生長條件。因此，某一地區之氣候、土壤、以及過去之歷史經驗，都會影響植物種類之分布與生長現況。據金門史志記載，在元代以前，金門是個翁蔚之島，之後，緣於兵燹之禍及肆意濫伐，竟致童山濯濯，荒埔茫茫。民國38年國軍進駐後，基於戰備考量，及民眾感於綠化之重要，遂開始積極造林，經過數十年之努力，方有今日之綠意盎然，萬物競茂之景象。

　　金門是個離島，交通原本就不方便，解嚴以前，限制頗多，台灣學者很難前來從事田野調查，學界對金門植物所知不多。1957年台大森林系教授劉棠瑞前來考查，採集三日，撰成《金門植物小誌》一冊，內載植物種類115種。劉棠瑞是國際知名的森林研究學者，著有《樹木學》等書，被尊稱為「台灣植物分類學之父」。1975年以後，陸續有中興大學森林系劉業經教授、歐辰雄、呂金誠與呂福原等人前來考查，發表〈金門植物之初步探討〉，[76]呂金誠更在劉業經的指導下，完成碩士論文《金門植群之研究》。[77]

　　1985年，劉業經教授以《金門植被之調查與研究》，申請到國科會

---

[76] 呂金誠，〈金門植物之初步探討〉，《國立中興大學農學院實驗林研究報告》2（1980.04），頁168-194。
[77] 呂金誠，《金門植群之研究》，國立中興大學森林研究所，碩士論文，1982年。

的研究計畫，[78]呂福原及其嘉義大學的研究團隊，則成了金門國家公園植物研究的重要諮詢對象。先是在2008年12月接受金門國家公園委託，完成《金門植物資源調查與金門植物誌編纂計畫》，建立一個超過250種以上之植物資料庫。[79]接著由金門縣林務所於2011年將之出版，書名為《金門植物園植物資源解說手冊》。[80]同年，金門國家公園管理處，將呂福原及其研究團隊歷經三年的田野踏勘記錄結集出版，上下兩冊，名為《金門植物誌》。[81]本書為金門地區之植物總覽，匯集本地植物研究成果，有完整的植物種類及分類學資料，除提供金門地區植物鑑定之參考依據外，更是本地教師和學生鄉土教學、環境教育、生態旅遊解說及服務訓練最好的參考資料。

除前述專家學者之研究，本地中小學教師在參加科學展覽或科學教育之專案研究，亦做過不少調查研究。例如楊懿恒的《金門的蕨類植物》、陳炳容的《蕃薯、金門、四百年：88年金門文化節蕃薯田野調查》、盧元培、許志仁、葉鈞培等人的《金門地區校園植物》與《校園植物標示與解說》、以及莊宗翰、莊西進的〈金門西南濱海地區的待宵花形態觀察與族群分佈之研究〉，[82]都是在地的觀察，雖然較不具學術意味，但對於認識金門之人文意涵，以及植物與民生關係，仍有其重要價值。

呂福原與廖宇賡在「金門植物資源調查」中，將金門的植物分成蕨類植物、裸子植物及被子植物三類，最多的是被子植物雙子葉植物木本綱，共53科249種。植物分類是一門複雜的學問，非本門專業，不易了解。就金門民眾而言，最常見到的植物大概有以下幾類，包括觀賞植物、藥用植物與原生植物。這不是學術上的分類，但卻能真實反映金門的風土民情。對金門人而言，植物不只是植物，如同劉盛興的《老樹有

[78] 劉業經，《金門植被之調查與研究》，國科會計劃，台北市：國科會微縮小組，1985年。
[79] 呂福原、廖宇賡主持（國立嘉義大學森林暨自然資源學系），《金門植物資源調查與金門植物誌編纂計畫》，金門：金門國家公園管理處委託研究報告，2008/12。
[80] 呂福原編輯撰文，《金門植物園植物資源解說手冊》，金門縣：金門縣林務所，2011年。
[81] 呂福原，《金門植物誌》，金門：金門國家公園管理處，2011年。
[82] 莊宗翰、莊西進，〈金門西南濱海地區的待宵花形態觀察與族群分佈之研究〉，《科學教育》273（2004.10），頁2-7。

情》，[83]每棵老樹都有其耐人尋味的歷史源流與掌故傳說。1986年金門縣政府開始執行「金門地區稀有及固有古樹保育實施計畫」，這是國內第一個以保護老樹為施政目標的計畫。這個計畫由當時的林務所許寬所長主導，全面調查金門地區的老樹資源，共記錄12種112株老樹，除編號建檔予以列管保護外，並於1989年出版《金門古樹》專書。

一、觀賞植物

觀賞植物，係指專門培植用來供觀賞的植物，一般都有美麗的花朵或奇特的形態。中國人向來愛好園林之美，因此，觀賞植物資源非常豐富，僅高等植物就有3萬多種，木本植物也有7,000多種。相較於這個數字，金門的觀賞植物實在微不足道，尚未有專門的研究，只有少數業餘愛好者及學校教育人員，作些簡單的調查與記錄，例如黃奕展的《金門的開花植物圖鑑》。[84]這類書籍通常都是旅遊導覽的輔助資料，免費提供遊客使用，金門縣政府於1992年及1994年分別出版了《金門常見的綠化觀賞植物》與《金門常見觀賞植物》，都是陳明義、歐辰雄、與呂金誠等人所編撰，資料主要來自呂金誠與陳明義所主持的《金門地區觀賞植物之調查研究》。[85]

另外，像是《蔡厝古道植物解說導覽手冊》、[86]《金門縣森林遊樂區常見樹木解說手冊》，都可以看到有關金門常見植物的介紹。蔡厝古道位於太武山北麓，蔡厝村入口，古稱「百二階」，為紀念金門籍進士蔡復一而命名。2006年有登山客在此處山頂發現元代的「浯洲場築寨砌路記事碑」，因而突顯古道之歷史價值。為此，金管會出資修復，成為國家公園內重要的旅遊景點。古道沿途珍稀植物甚多，有潺槁樹、郁李、唐杜鵑、豆梨等，各個季節均有其特有的花卉，非常適合一邊登山，一邊欣賞。至於金門縣森林遊樂區，是一座森林公園，以森林植物

83　劉盛興，《老樹有情：金門縣珍貴老樹歷史源流與掌故傳說》，金門縣：金門縣林務所，1996年。

84　黃奕展，《金門的開花植物圖鑑》，金門：金湖中小學，1989年。

85　呂金誠、陳明義主持，《金門地區觀賞植物之調查研究》，行政院農業委員會，1994年。

86　陳西村編輯撰文、攝影，《蔡厝古道植物解說導覽手冊》，金門縣金沙鎮：金門縣蔡厝民享社區發展協會，2009年。

為主體，結合育林、育苗設施，於1996年開放。但觀光客似乎不愛看樹木，一般遊客大都過門不入，實屬可惜。

開放觀光後，民選縣長一直希望將金門打造成一座「海上花園」，花園除了花，也需要樹，林蔭夾道會是金門最賞心悅目的觀光資源。行道樹是構成林蔭大道的基礎元素，行道樹之種植最初的目的，雖然不是為了觀賞，但「數大便是美」，再沒有比行走在綠色隧道中，感受不同植物的美，更讓人舒暢的事。早年金門，車轍道兩旁種的都是木麻黃，因木麻黃之老化問題，以及為了增進景觀視覺效果，從1980年代開始換植其他樹種。經過20多年的規劃，如今金門到處可見不同種類的行道樹，每條道路各有特色。服務於金門林務局的陳西村，長期從事金門植物之調查，以圖錄方式出版《綠色隧道：金門的行道樹》一書，詳細介紹金門行道樹的種類、分布地點，並簡述許多不為人知的史料，[87]是了解金門行道樹不可或缺的參考指南。

二、民俗植物

植物與人類的生活關係密切，日常生活中的食衣住行育樂，所需原料均來自植物的直接或間接供給。植物伴隨著人類的歷史發展，人類生活的每個地區，都有其使用植物的獨特習俗。探討某地區住民對植物的認知與使用，研究其民俗與植物的關係，這套學問通稱為「民俗植物學」。根據美國植物學家H. J. Jones的研究，民俗（民族）植物學是一門科學，透過文化現象來研究人與植物種群之間的直接相互作用。[88]

金門人不是一個單獨的民族，但絕對是一個獨特的族群，有其與眾不同的地理環境和歷史背景。金門人對植物的利用衍生出來的風土民情，屬於金門地區文化的一部份，了解金門不能忽略這方面的研究。依照吳詩婷的研究，金門的民俗植物有284種，可以分成11類，依序為食用、藥用、慶典禮儀、民間文學、日常用具、辟邪及圖像、畜牧、農漁材料、建築用材、童玩、其他。[89]

---

[87] 陳西村，《綠色隧道：金門的行道樹》（金門：金門縣文化局，2006年），頁5。

[88] E. F. Castetter. "The Domain of Ethnobiology", *The American Naturalist*. Volume 78. Number 774（1944）. P. 158-170.

[89] 吳詩婷，《金門地區民俗植物之研究》（國立中興大學森林學系，碩士論文，2004年），

該論文對民俗植物的定義太廣泛，不合一般的認知。既稱民俗，應該偏重在社會的層面上。例如金門有一句俗諺：「一朴、二慶、三相思、四苦苓、奶阿佛無路用」，[90]講的是孩童用來製作陀螺的材質評價。金門人對苦苓樹有特殊的感情，一般人家不喜歡在住宅前種桑樹，在屋後種苦苓。桑的閩南語為「酸」，與苦苓樹的「苦」，諧音都不吉利。在金門的喪葬文化中，孝杖的使用，父喪用苴竹（蘆竹），母喪用苦楝，意在母親養育兒女最苦。另外，竹子也是金門重要的民俗植物。[91]雖然竹子到處都有，但在金門用途甚廣，有其不可取代性。例如，出殯時孝長孫執籓，籓需利用竹枝。烈嶼地區男子年滿16歲需拜天公，除宰豬殺羊外，並請糊紙師傅糊一座「七娘媽亭」祭拜、焚燒，七娘媽亭的製作原料需要用竹子。事實上，金門的各類紙糊，多以竹子為骨架。

　　吳詩婷研究金門五個鄉鎮民俗植物之異同，將之分為三個風俗區，除烈嶼自成一區外，大金門四個鄉鎮切成東半部與西半部。結果發現，差異不大，其差異以食用、慶典禮儀兩類較為顯著，而造成這種差異的原因則是婦女在傳承與保存民俗植物上所扮演的角色。吳詩婷以區域為主，另一位研究生江慈恩則以人作為研究對象，利用問卷調查的方式，訪問金寧鄉古寧村與金沙鎮三山里的居民，分析不同年齡層族群對民俗植物的認識程度，探討不同區域的民俗知識承傳情形。[92]其研究發現，年輕族群的民俗植物知識，主要來自「學校教育」為主的學習，其中，國中生普遍對民俗植物認識不足，這是個必須重視的現象。2008年金門國家公園再度委託吳詩婷的指導教授呂金誠，調查金門的民俗植物，吳詩婷掛名研究助理，但所謂的調查只是吳之論文摘要，附錄一些圖片而已，沒有新的發現。

頁96。

[90] 參閱周明儀，〈從文化觀點看「苦楝」之今昔〉，《明新通識學報》第三期（2006），頁111-121。

[91] 陳西村，〈金門民俗植物——瓊林竹子〉，《金門》77（2004.01），頁64-69。

[92] 江慈恩，《金門島的民俗植物知識傳承教育初探——以古寧頭、五虎山為例》（國立臺灣師範大學環境教育研究所，碩士論文，2007年），頁24。

三、藥用植物

　　金門縣農業試驗所在其官網上，收錄50種金門常見藥用植物、10種特色藥用植物，分別就其學名、別名、來源等，圖文並茂加以說明。當然，金門的藥用植物不只這個數量，1977年，中國醫藥學院邱年永技正與楊榮季先生發表〈金門藥用植物調查第一報〉，[93]記載藥用植物71科219種，其中栽培者110種，自生者109種。1979年，邱年永技正、陳珊峰與賴森賢再發表〈金門之藥用植物第二報〉，內載45科90種。其中栽培者22種，自生者68種，與第一報合計共91科308種。

　　根據柯裕仁的碩士論文，金門藥用植物在1998年時調查，已有7門207科762屬，共1,230種。[94]種類雖多，但具有經濟價值，值得開發，或已實際上在種植、開發、販售的只有9種，其中以「一條根」最著名，目前市面上的商品，主要還是學名為「闊葉大豆」的製品。因此，所謂的藥用植物研究，指的就是一條根的研究。近年來，在政府的推廣與商家的行銷下，「一條根」已經成為金門的特產，代表部份的金門觀光形象。

　　「一條根」的種類甚多，根據王麗珠的研究，金門地區一條根藥材之來源植物，計豆科5屬6種，石竹科1屬1種，共7種。作為藥材的一條根，以大豆屬澎湖大豆及闊葉大豆為主，臨床上發現這兩種豆科植物功效良好，其餘的都是混用充斥品。[95]經過現在學者的研究發現，一條根具有抗氧化特性，例如陳冠丞《闊葉大豆（金門一條根）之抗氧化特性及其有效多酚類化合物之分離》、[96]鄭朝安《金門及大陸一條根之抗氧化成分及基因圖譜演化相關性探討》，[97]兩人都是從食品科學的領域來研究一條根。一條根雖具有「護肝作用」，[98]但藥物規範較嚴格，製造

---

[93] 邱年永、楊榮季，〈金門之藥用植物研究（第一報）：金門之藥用植物調查〉，《私立中國醫藥學院研究年報》8（1977.06），頁891-904。

[94] 柯裕仁，《金門縣藥用植物資源之調查研究》，中國醫藥學院中國藥學研究所，碩士論文，1998年。

[95] 王麗珠，《金門地區一條根藥材之生藥學研究》，中國醫藥學院中國藥學研究所，碩士論文，1998年。

[96] 陳冠丞，《闊葉大豆（金門一條根）之抗氧化特性及其有效多酚類化合物之分離》，國立海洋大學食品科學系，碩士論文，2001年。

[97] 鄭朝安（國立金門大學食品科學系），《金門及大陸一條根之抗氧化成分及基因圖譜演化相關性探討》，國科會專題研究計畫，執行起迄：2007/08/01~2008/07/31。

[98] 林文川、柯裕仁、林維莉，《金門產保健植物一條根之護肝功能評估》，金門縣：金門縣

技術較高，金門的商家無此能力，多數委託台灣的藥廠代工，自行生產的一條根製品，主要為強調食補與養生的保健食品。

一條根並非金門所特有，在中國，「澎湖大豆」的植物學名為「煙豆」（烟豆），和「闊葉大豆」一樣，列在「國家重點保護野生植物名錄」中，屬於「珍稀瀕危植物」，不得隨意採集。金門在還未開放觀光以前，野外到處可見野生一條根，許多來金門當兵的人，都懂得去挖掘使用。金門屬海島型氣候，空氣較為潮濕，地區居民容易罹患風濕性關節炎，民間傳聞早在明末鄭成功撤回金門時，便已發現此種地方性藥草，能快速有效治療各種風濕症，挖掘晒乾後浸泡成藥酒，每日飲用，能打通筋絡活血化瘀，因此在金門流傳已久。開放觀光以後，一條根被大量挖採，幾盡絕種，金門農業試驗所為保存一條根這種原生藥草，成立「金門藥用植物研發中心」，積極輔導地區農民復育契作，使一條根得以繼續在金門流傳。至於野生的一條根與栽種的一條根，是否功效一樣，還需學者進一步研究。

四、原生植物

原生植物是指非外來植物，未經人類因素移植，原先就生長於該地的植物。最早記錄金門原生植物的是呂金誠，他在《金門》上連續刊載了一篇名為〈神奇的綠色大地——金門原生植物巡禮〉的文章，[99]記錄金門維管束植物426種，並將金門天然植被分成12類型。1997年金門國家公園管理處，委託楊遠波調查金門國家公園的原生植物資源。根據他們的調查，加上綜合前人結果，金門的原生及馴化之維管束植物約有106科352屬542種。[100]

目前，金門之原生植群幾乎已被破壞殆盡，僅在太武山區、濱海地區村落公有地，或因到達時間較短，或因風水之需，尚保留小面積較少被破壞之植群。關於金門植物較有系統的調查，始於1960年，當時劉棠

政府，2002年。

[99] 呂金誠，〈神奇的綠色大地——金門原生植物巡禮1〉，《金門》43（1994.10），頁48-55。

[100] 楊遠波、呂勝由，《金門國家公園原生植資源調查研究報告》（金門：金門國家公園管理處，1997/12），頁4。

瑞與莊燦暘一同來金門，記錄金門的維管束植物共115種。近些年，金門
國家公園也經常委託學者研究，每次調查都會有新的發現。調查金門植
物容易，但是對於是否為金門原生或外來移植的鑑定，仍有其困難度。

　　金門因屬大陸邊緣島嶼，其植群種類與中國大陸之關係最為密
切。將金門之自生維管束植物與鄰近地區比較的結果，有98.7%之屬同
時分布於中國大陸，其中僅4屬未見於大陸資料；而分布於台灣者亦達
97.7%，僅7屬未見發表於台灣本島。[101]金門真正的原生植物不多，與台
灣在植群組成上差異性甚大，如殼斗科在台灣為相當重要之一科，約產
50餘種，在金門迄今未發現；金門之樟科潺槁樹，為目前金門自生木本
植物中蓄積量最豐者，惟未見於台灣。為保護這些珍貴的原生植物，金
門植物園中設有一專區，廣納台灣及金門原生植物超過250種，除做為
金門林相改良的基因庫外，也提供教學與觀光之用。

　　戰地政務時代，金門有很多管制區、雷區，這種對人的限制，無
形中為野生物種提供保護作用。無奈，現今這種局面已完全改變。金門
的植被原本就不完整，土壤沖蝕嚴重，土地貧瘠，原生植物天然更新不
易。開放觀光後，地區大力推行綠化工作，使用相當多台灣常用綠化樹
種。這些物種與本地原生植群似乎不太契合，甚至威脅到原生植物的生
長。2005年金門國家公園委託陳永修等人，對金門國家公園內的原生種
樹木、花草進行育種研究。期盼經由了解植物生長形態、習性等特徵，
篩選出具綠化價值或稀有花木種類，進行採種及培育方法的研究，作為
金門地區繁殖、推廣、復育稀有植物之執行依據。根據他們的研究，共
選出30種植物，建議大量栽培，提供後續綠化之用。[102]

　　在所建議的植物中，最為金門人所熟悉，或者說最能代表金門的
樹，當屬樟科的潺槁樹，金門人俗稱「姑婆樹」。這是金門的優勢樹
種，廣泛分布於金門各種環境中。可耐強風貧瘠之地，在土讓較肥沃或
背風地區生長快速，其幼苗可在林冠下存活生長，為耐蔭性樹種。另
外，根據台大園藝系教授徐源泰的研究，金門有一種特殊的植物名為水

---

[101] 參見金門縣林務局官網，〈http://www.kinmen.gov.tw/Layout/sub_F/index.
aspx?frame=87〉，2013/10/27日快照。
[102] 陳永修、游漢明、張乃航、許原瑞，《金門國家公園珍貴原生種樹木、花草之育種研
究》，金門縣：內政部營建署金門國家公園管理處，2005年。

韭，對自然保育與環境生態，具特殊意義。這種水韭與台灣的不同，可能是其亞種，徐教授建議可將實驗結果在SCI期刊上發表，正式將之命名為「金門水韭」，以彰顯金門地區生物多樣性之價值。[103]

根據郭章儀《金門地區水韭之形態與生態調查研究》，金門水韭是近年來在太武山區某處發現的植物，[104]其生長環境範圍狹小且生態環境變異極大，受當地氣候之影響甚巨。因此，透過對太武山區水韭的研究，[105]可據此評估就地保育，或移地保育之可行性，了解其技術、方法及優缺點，將相關結果提供其他物種保育及經營管理之參考。

水韭與濕地生態關係密切，[106]水韭研究突顯金門當前的生態危機，因為濕地愈來愈少，某些賴以為生的植物已面臨絕種處境。經濟發展與物種保育如何取捨，如何取得平衡，不但考驗執政者的智慧與能力，也測試在地居民的包容度。近年來，金門的生態意識抬頭，不時出現各種抗爭。金門已是個民主社會，每個人都可以自由表達意見，但不能陷於偏執，認為只有自己才是對的。2013年2月，金門縣自來水廠於烈嶼鄉蓮湖水庫進行湖庫整治工程，造成一種名為「廈門老鼠」的罕見植物「蘄」棲地遭受破壞，有識之士擔心該植物會就此滅絕，呼籲政府停止開發，維護生態系統。如同其他議題，生態保育並不是唯一的意見，原生植物面臨絕跡危險，當然值得重視，但居民的生活品質，甚至生命安全也不容忽視，這就是今日金門經濟發展與保育問題的兩難。

「廈門老鼠」本身就是變種，其先也是從大陸漂流過來，真正講起來不算是金門原生。俗話說，生命會自己找出路，任何生物都會設法在環境改變時調整自己，努力繁衍，讓後代繼續生存。舊的物種滅絕了，新的物種便會出現，大自然有其生命法則，不是人力可以扭轉的。回到「童山濯濯」時代的金門，植物種類屈指可數，今日的林相，是人為復

---

[103] 徐源泰主持（國立台灣大學），《金門稀有植物遺傳多樣性調查》（金門：金門國家公園管理處委託研究報告，2008年），頁57。

[104] 郭章儀，《金門地區水韭之形態與生態調查研究》，師範大學生命科學研究所，碩士論文，2004年。

[105] 參閱張永達、郭章儀、賴明洲，〈金門太武山水韭的形態研究〉，《國家公園學報》14:2（2004.1），頁71-79。

[106] 張永達，《金門溼地及水韭之分類與生態調查研究（修正本）》，金門縣：內政部營建署金門國家公園管理處，2003年。

育的結果。[107]因此，嚴格說起來，目前定義的原生植物，多數是「外來種」。根據嘉義大學森林暨自然資源系呂福原與廖宇賡所主持的研究，金門地區的外來植物有146科608屬1,080種，其中馴化的125種。[108]在任何生態系統中，都會有外來種入侵的問題，它在基因、物種和生態系等各個層面，會造成不可逆的環境影響和社會經濟損失。

　　對金門的生態保育而言，最可怕的不是外來種，而是具侵略性的外來種。學術界自有一套標準來界定外來植物、歸化植物與侵略植物，也可以準確評估其衝擊與危害，但要真正責令相關單位去採取因應措施，還是困難重重。畢竟植物生長速度慢，環境影響不會立即出現，保育工作要人，也要錢。在《金門外來植物調查──金門國家公園外來植物對原生植物之衝擊計畫》中，附錄許多外來植物的圖片，豐富多彩，令人驚艷，我不相信會有人只因其外來身份而想要加以剷除。

　　物競天擇，能在金門生存下來的生命，必然就是可以在金門生活的生物。先來後到，時日久了，便融入金門的環境，成為金門的「在地的」。廖東坤的《浯洲芳草》、[109]陳西村的《浯洲芳草展風華：拜訪金門原生民俗植物》，[110]限於書的篇幅，只能嚴選，讀者切莫因此誤會金門的原生植物只有百種，或錯將浯洲芳草等同原生植物。事實上，金門的花木之美，不在這些攝影書籍中，在山之巔，在海之濱；在林務局的植物園裡，在國家公園的保育區裡；在太武山上的某個角落，在烈嶼陵水湖的堤岸與湖心。金門無處不飛花！

生態研究

　　2000年12月，金門國家公園管理處委託中央研究院陳章波，提出一份如何監測生態環境之報告。該研究動員了中研院動物所的所有成員，

---

[107] 參閱許維民、葉鈞培等，《金門林業經營四十年回顧與展望》，金門：金門縣林務所，1998年。

[108] 呂福原、廖宇賡，《金門外來植物調查──金門國家公園外來植物對原生植物之衝擊計畫》（金門：金門國家公園管理處，2011年12月），頁7。

[109] 廖東坤，《浯洲芳草》，金門縣：內政部營建署金門國家公園管理處，2002年。

[110] 陳西村，《浯洲芳草展風華：拜訪金門原生民俗植物》，金門縣：金門縣政府，2008年。

結合了學術界各行專家的專業知識和意見，並與各級學校和社會大眾進行多面向整合，最終完成一份95頁之研究報告，作為金門生態保育與永續發展的指導原則。根據該報告，在植物的監測上，金門的植物資源調查雖然已很完整，但這些都是定性的樹種調查，缺乏定量的研究。因此，在開始任何植物的長期監測之前，必須先做好植物量的調查。[111]

1949年以後金門開始積極造林，成功綠化了土地，但選用的樹種木麻黃和相思樹，皆為外來種。木麻黃在防風上有其效用，但在生態保育上並不是最好的植物。靠著十萬大軍的強力撫育，金門得以再度成為海上公園。根據呂志廣的研究，金門的氣候雨量並不適合木麻黃生長，尤其是當木麻黃年齡超過30以上，生長速率會急劇下降，[112]而且，不易自然更生。金門自解嚴後，為了方便遊覽車行駛，道路不斷拓寬，道路兩旁的木麻黃逐一被砍除，金門引以為傲的綠色隧道所剩無幾。木麻黃是否適合作行道樹，學者與公部門之間常有爭議，誰是誰非，留給歷史去評斷。慶幸的是，金門的綠化並沒有因木麻黃之消失而停止，造林的工作仍在進行，代之以別的樹種，目前金門各主要道路都栽植小葉欖仁，例如伯玉路（小徑圓環至榜林圓環）、金城和平社區、烈嶼八達樓子至青岐路段。

有人喜歡木麻黃，有人喜歡小葉欖仁，金門究竟該種什麼花、什麼樹，林務局與農試所自有定見，畢竟不是想種什麼就可以種的。在《金門國家公園生態環境監測架構之建立》中，陳章波建議金門的生態綠化應採用金門當地的原生樹種。原生植物是經過長期和本地環境共同演化之結果，早已適應氣候、土壤，並且和野生鳥類、昆蟲、土壤微生物等產生相互依存之密切關係，是本土生態系穩定上最好的選擇。從1991年開始，金門縣農試所在太武山麓及各營區潮濕處，蒐集一種名為紅花石蒜的原生植物，加以研發繁殖，至2006年已種植六萬多株，主要種植的區域在休閒農場道路小葉欖仁樹下。

小葉欖仁搭配紅花石蒜，形成一種高低層次的美感，就行道樹的景

---

[111] 陳章波計劃主持，《金門國家公園生態環境監測架構之建立》（內政部營建署金門國家公園管理處委託研究報告，2000年），頁19。

[112] 呂志廣，《金門地區木麻黃生長輪與氣候關係之研究》（國立東華大學自然資源管理研究所，碩士論文，2000年），頁10。

觀而言，值得讚許，只是美麗不等於生態，過度的「均一性」會扼殺生物的「多樣性」，不利於生態平衡。金門自解嚴開放後，最讓人擔憂的正是這種建設迷思，太多人為的操作，各種建設規劃缺乏遠見，急功好利，完全無視於對土地可能造成的傷害。任何形式的開發、整治、建設都是破壞，近年金門最引以為傲的排雷，固然保障了金門百姓的安全，但對生態而言卻是短時間內難以回復的浩劫。因為雷區內除了樹木，還有其他動植物，這不是種回多少樹可以挽救的。

金門近代史，造林成功絕對是必須加以記錄的大事。根據蔡家銘的研究，金門地區以人工造林地為主，其中又以木麻黃、相思樹所占面積最廣，若造林木適應不良，出現樹勢衰弱、死亡、更新不良時，未來將被原生樹種所取代。[113]另外，根據葉媚媚的調查，金門木麻黃造林地目前林相更新樹種以樟樹、楓香為主，在更新樹種之生長量方面，樟樹之生長情況良好，惟需加強人工之撫育措施。此外，在森林撫育方面，光臘樹之撫育工作較樟樹便利，因此光臘樹適合作為金門木麻黃造林地之林相改良樹種。[114]光臘樹廣泛分布於印度、印尼、菲律賓、日本、中國大陸華南地區與臺灣，為臺灣重要闊葉樹造林樹種。1965年引進金門，頗能適應金門環境，小樹苗在野地的更新情況良好，有逐漸取代木麻黃的趨勢。

金門的造林工作不會停止，雖然因為建設而砍掉許多樹，但大家都知道必須繼續種樹，沒有花草樹木的金門，只是一座沒有生氣的水泥島，別說引不來觀光客，連在地金門人都會出走。的確，那個木麻黃的時代已經回不去，金門的景緻已完全改觀。生態環境變了，變得讓老一輩的覺得陌生，年輕一輩的覺得無所適從。金門該種什麼樹，栽什麼花，植什麼草，不能只問森林系和植物系的教授，不妨也聽聽歷史與人文學者的意見。因為選擇小葉欖仁或木麻黃，不僅關乎生態，更關係到金門的文化意涵。這是一個哲學思考的問題：種的是土地的樹，開的是心靈的花。作者我只有一種單純的想法，能夠不砍就不要砍，能夠種就盡量種，至於什麼花，什麼草，什麼樹，都好。生命會自己找出路，能夠活下來，就是浯洲好芳草。

---

[113] 蔡家銘，《金門地區植群生態之研究》，國立中興大學森林學系，碩士論文，2004年。
[114] 葉媚媚，《金門地區林相改良成果探討》，台灣大學森林學研究所，碩士論文，2005年。

Chapter 9
結論

　　說「結論」太沉重，原本就不是什麼了不起的研究，不過就是拼湊一些資料，東拉西扯，把這些年自己在文獻堆裡摸索的心得，排列組合一下，看起來像學術著作，其實只是幾篇雜文。金門，絕對是我魂牽夢縈的家園，但自18歲那一年離家之後，我與金門已漸行漸遠，遠到必須經常在網路上搜尋一些照片，才能喚回兒時的記憶。

　　笛卡兒說：「我思故我在」，我說，因為想念金門，才發現原來我是金門人。「你是金門人，那你有配酒嗎？有。」「你是金門人，那你有看過水鬼嗎？有。」「你是金門人，那你有去過八三么嗎？沒有，我年紀太小。」金門人，真的有那麼奇怪嗎？每一個談論金門的人，心中都有一張地圖，標示著金門的一切，從吃喝玩樂到投資賺錢、從觀光旅遊到置產定居、從在金門當兵到娶金門老婆，金門的故事說不完，談話中若規定不可有「金門」二字，相信會有一堆人變成啞巴。

　　問金門是什麼，我一言難盡。蘇軾〈題西林壁〉：「橫看成嶺側成峰，遠近高低各不同。不識廬山真面目，只緣身在此山中」。在翻閱數百本有關金門的書籍、數百本有關金門的論文、數百篇有關金門的報導後，我特別喜歡東坡這首詩。你可以愛金門、欣賞金門，但不一定要懂金門。不懂，沒關係。事實上，像我們這些每天都在寫文章，自以為懂的人，也只是懂一點點。那麼「大」的金門，可以出918本碩博士論文，三代都讀不完，一輩子如何能懂！

　　2007年行政院新聞局、金門縣政府與Discovery頻道合作拍了一部紀錄片，名為《謎樣金門（Unknown Kinmen）》，英文原意應是你不知道的金門，用「謎樣」一詞，讓金門更加充滿神秘色彩。其實，對金門人來說，鏡頭下的一磚一瓦、一花一樹、一牆一柱、一個墳墓、一塊牌

樓，都是熟悉的存在。所講述的那些人物，那些故事，都是陪伴我們長大的記憶，何來神秘之有。金門被封閉了50年，外人難免好奇，面紗一旦揭開，會發現大家都一樣。

難道金門就沒有一些不一樣的嗎？當然有。這本書就是為了回答這個問題而寫，讓讀者見識一下上天文，下地理；內心理、外器物；人傑、鬼雄；戰爭、和平，不同風貌的金門。金門人如何在理想與現實之中煎熬，在悲傷與歡愉交織的歷史進程中，找到安身立命的依靠？我期盼這本書可以幫忙化解一些困惑，讓想了解金門，對金門感到好奇的人，在旅遊書籍的介紹之外，積累一點有深度的知識。

年輕時讀《史記》，對司馬遷作史之宏願頗為傾慕，把「究天人之際、通古今之變、成一家之言」當成座右銘，寫在書桌上，奉為圭臬。寫這本書時，已悄悄把它擦掉了，嘆一聲年輕不懂事，學術這一行，豈是想像的那麼簡單！但木已成舟，只得順勢出版。我很想寫一本好書，為此用了很深的情，遺憾疏漏還是難免。不管是對金門的理解，對學術的執著，對寫作的要求，離完美的地步，絕對不只一哩路。

我說寫此書是因為「無聊」，不全然是戲言，人必須到無所用心時，才能真正用心。這話看似矛盾，卻是我寫此書的心境。因為愛金門或金門人身份而寫金門，會很辛苦，這些年，無時無刻不沉浸在金門的氛圍中，對「金門」一詞已有點畏懼，怕又是一個不懂，沒聽過的故事。我已無力再「研究」下去，匆匆劃上句點，連結論都沒能好好寫，有點對不起讀者。我常教學生、孩子，要懂得「捨」，有捨才有「得」，這是身為教師與父親的責任。天知道，在「捨得」二字面前，我是多麼心虛。捨得是智慧，捨不得是人性，在「捨得」與「捨不得」之間掙扎，是凡人的宿命。就用這句話作結束吧，雖意猶未盡，捨不得還是得捨。

Do歷史67　PC0614

爺們的天空
——金門學術研究略論

作　　者／羅志平
責任編輯／鄭伊庭
圖文排版／周妤靜
封面設計／王嵩賀

出版策劃／獨立作家
發 行 人／宋政坤
法律顧問／毛國樑　律師
製作發行／秀威資訊科技股份有限公司
　　　　　地址：114 台北市內湖區瑞光路76巷65號1樓
　　　　　電話：+886-2-2796-3638　傳真：+886-2-2796-1377
　　　　　服務信箱：service@showwe.com.tw
展售門市／國家書店【松江門市】
　　　　　地址：104 台北市中山區松江路209號1樓
　　　　　電話：+886-2-2518-0207　傳真：+886-2-2518-0778
網路訂購／秀威網路書店：https://store.showwe.tw
　　　　　國家網路書店：https://www.govbooks.com.tw

出版日期／2016年6月　BOD一版　定價／390元

|獨立|作家|
Independent Author

寫自己的故事，唱自己的歌

爺們的天空：金門學術研究略論 / 羅志平著. --
一版. -- 臺北市：獨立作家, 2016.06
　　面；　公分
BOD版
ISBN 978-986-93316-2-3(平裝)

1. 區域研究　2. 文集　3. 福建省金門縣

673.19/205　　　　　　　　　105010376

國家圖書館出版品預行編目

讀 者 回 函 卡

感謝您購買本書，為提升服務品質，請填妥以下資料，將讀者回函卡直接寄回或傳真本公司，收到您的寶貴意見後，我們會收藏記錄及檢討，謝謝！如您需要了解本公司最新出版書目、購書優惠或企劃活動，歡迎您上網查詢或下載相關資料：http:// www.showwe.com.tw

您購買的書名：＿＿＿＿＿＿＿＿＿＿＿＿＿＿＿＿＿＿＿＿＿＿＿＿

出生日期：＿＿＿＿年＿＿＿＿月＿＿＿＿日

學歷：□高中 (含) 以下　　□大專　　□研究所 (含) 以上

職業：□製造業　□金融業　□資訊業　□軍警　□傳播業　□自由業
　　　□服務業　□公務員　□教職　　□學生　□家管　□其它＿＿＿

購書地點：□網路書店　□實體書店　□書展　□郵購　□贈閱　□其他

您從何得知本書的消息？

　□網路書店　□實體書店　□網路搜尋　□電子報　□書訊　□雜誌
　□傳播媒體　□親友推薦　□網站推薦　□部落格　□其他＿＿＿＿＿

您對本書的評價：（請填代號　1.非常滿意　2.滿意　3.尚可　4.再改進）

　封面設計＿＿＿　版面編排＿＿＿　內容＿＿＿　文／譯筆＿＿＿　價格＿＿＿

讀完書後您覺得：

　□很有收穫　□有收穫　□收穫不多　□沒收穫

對我們的建議：＿＿＿＿＿＿＿＿＿＿＿＿＿＿＿＿＿＿＿＿＿＿＿＿

＿＿＿＿＿＿＿＿＿＿＿＿＿＿＿＿＿＿＿＿＿＿＿＿＿＿＿＿＿＿＿＿

＿＿＿＿＿＿＿＿＿＿＿＿＿＿＿＿＿＿＿＿＿＿＿＿＿＿＿＿＿＿＿＿

＿＿＿＿＿＿＿＿＿＿＿＿＿＿＿＿＿＿＿＿＿＿＿＿＿＿＿＿＿＿＿＿

11466
台北市內湖區瑞光路 76 巷 65 號 1 樓
獨立作家讀者服務部　　　收

．．
（請沿線對折寄回，謝謝！）

姓　　名：_____　年齡：_____　性別：□女　□男

郵遞區號：□□□□□

地　　址：_____

聯絡電話：(日)_____　(夜)_____

E－mail：_____